사회, 문화
디스어빌리티

장애학에의 초대

이시카와 준(石川 准) · 나가세 오사무(長瀨 修) 편저
조 원 일 역

2010년도
대한민국학술원
기초학문육성
"우수학술도서"
선정

청목출판사

일러두기

1. 인명 및 지명 등의 고유명사는 일본어 표기를 그대로 사용하였다.

2. 각주는 '원저자 주석'과 '옮긴이 주석'이 있다. 원저자 주석은 각 장의 말미에, 옮긴이 주석은 해당 쪽의 각주에 *를 해 두었다.

3. 본문에 등장하는 단행본, 정기간행물, 논문 등 문헌자료는 〈 〉를 사용하였으며, 필요할 경우 번역문을 사용하였다.

4. 본문에 등장하는 장애인 관련 단체 이름에는 「 」를 사용하였다.

5. 원저에서 강조의 의미로 쓰인 " "은 ' '로 대체하였다.

6. 인용문은 " "를 사용하였다.

7. 그 외 부호에 관해서는 원전의 표기를 따랐다.

역자 서문

역자가 『장애학에의 초대』를 처음 접한 것은 2000년쯤이 아니었나 싶다. 당시 유학하고 있었던 일본 筑波大學 大學院 心身障害學硏究科에서 한국인 유학생 몇몇이 모여서 공부 겸 번역을 해보자고 시도한 바 있었다. 그러나 그 시도는 그다지 오래되지 않아 끝나 버렸는데, 내용 자체도 어려웠거니와 일본어로서 난해한 문장도 적지 않았기 때문이다. 그런 기억이 있기에 이 책을 번역하기에 앞서 장애학에 대한 나의 이해가 이 책의 정확한 내용 분석 및 그에 따른 일본어 표현을 담보해 낼 수 있을까 하는 주저함이 적지 않았다. 그럼에도 불구하고 이렇게 번역서를 내게 된 이유는 다음의 두 가지 이유에서이다.

먼저 우리사회에서는 장애인의 사회문제화의 가능성이 여전히 낮은 바, 여기에는 의료모델의 지배적 경향이 농후하여, 어떻게든 인식의 전환을 유도하는데 일조하고 싶었기 때문이다. 의료모델이란 간단히 말해서 장애인의 일상생활 또는 사회생활상의 문제가 발생하는 이유가 그 신체적 내지 정신적 장애로 인한 것이니, 문제 해결 방식도 그러한 장애를 경감, 해소하면 된다는 것이다. 즉 의료모델에 입각할 경우, 문제의 원인과 해결의 주체는 결국 장애인 개인에게 주어지게 된다. 한편 장애인 문제의 사회억압적 측면에 착안하여, 장애인 문제 해결의 사회적 책무성을 강조하는 시각이 사회모델이라 할 수 있다. 예컨대 사회적 장애의 대표격인 안면장애의 경우 신체적 정신적으로 아무런 기능상의 장애가 없음에도 불구하고 사회적 차별은 매우 뿌리깊은데, 여기에 장애를 바라보는 시각의 변화가 절실히 요구된다.

둘째, 일부 소개되어 있는 장애학 관련 자료들은 거의 대부분 서구의 이론과 실천 상황을 소개할 뿐, 구미종속주의를 넘어 아시아권 국가의 독자적인 장애학 정립이 학계의 당면 과제가 아닐까 판단하였기 때문이다. 그러나 이같은 현상이 우리와 문화적으로 많은 공통점을 갖고 있는 일본의 경우에는 꼭 들어맞는다고는 할 수 없는데, 일본에서는 일본 고유의 장애(인)관의 정립 시도가 서구의 그것에 비해 결코 뒤처지지 않은 역사적 경위가 있다. 그렇다면 우리에게 사회모델 내지 그 학적 체계화로서의 한국적 장애학의 구축 시도가 관련 학계와 현장에서는 시도되고 있지 않는가? 역자의 판단으로는 그러한 필요성의 감지는 어느 정도 제기되어 왔지만, 어디까지나 전망으로서의 필요성을 언급하는 것에 그치고 있으며, 본격적인 연구물들이 쏟아지기까지는 아직 많은 노력들이 뒤따라야 할 것으로 보인다. 이에 본 역서가 장애인 문제에 대해 역자에게나 관련 연구자들에게 구미종속주의를 초월하여 한국적 장애학 구축을 위한 좋은 자극(예컨대 관련 학회의 조직이나 연구물 간행 등)이 되기를 바라는 마음에서 출간하기에 이르렀다. 그러나 위와 같은 의도에도 불구하고 일본 최초의 장애학 입문 서적으로서 이 책의 주옥같은 글들이 독자들에게 제대로 전달되지 않았다면 이는 어디까지 역자의 역량부족에 기인한다. 이에 독자들의 많은 비판과 아낌없는 조언을 부탁드리는 바이다.

2009년 8월

역자 씀

들어가며

'장애학'이란 무엇일까 하면서 본서를 접하신 독자도 많으시리라 생각한다. 장애학(disability studies)이란 간단히 말하면 장애·장애인을 사회 및 문화의 시점에서 다시 생각하고 기존의 의료, 재활, 사회복지, 특수교육 같은 '테두리'에서 장애, 장애인을 해방하는 시도이다. 본서는 장애학을 구성해야 할 내용을 담아 독자에게 장애학을 접해 보실 것을 목적으로 하고 있다.

본서의 필진은 편자인 石川准과 내가 '이 분이 이 주제로'라는 시점에서 선정하였다. 보통의 경우 장애학을 구성해야 할 체계를 먼저 세우고 나서 책을 구성해야겠지만 그러한 방식은 취하고 있지 않음을 말씀 드리고 싶다. 우리 편자들이 그린 '장애학'이라는 테두리 속에서 '이 사람이 이 주제를 심화해 주었으면 한다'는 형태로 책을 엮었다. 그러나 목차에서 알 수 있듯이 장애학을 구성해야 할 큰 테마는 나름대로 망라하였다고 자부한다. 그렇다고 해도 미처 담지 못한 주제를 하나하나 열거하자면 끝이 없다. 그 중 젠더, 장애여성에 대해서는 대단히 중요하다고 생각하여 실제로 원고를 의뢰하였지만 관련 필자들의 형편으로 결국 원고를 받지 못했음을 아울러 말씀 드린다. 또한 현재 논의 중인 '농문화'가 차지하는 위상의 중요성으로부터 농문화관계의 원고를 한편 더 게재할 예정이었지만 실현되지 않았음도 부언한다.

막연하게 일본에서도 '장애학을'(福祉勞働 69호, 1995년 12월) 생각하고는 있었지만 본서로서 구체화한 것은 96년 12월 東京에서 열린 '제8회 장애인자립생활연구회'(전국자립생활센터협의회, 동경도자립생활센터협의회주최)와 동 분과회에서 발표한 石川准을 만나 전철역으로 가는 도중에 햄버거집에서 이야기한 것이 계기였다. 동아프리카의 스와힐리어로 '산과 산은 만나지 않지만, 사람과 사람은 만난다.'는 격언이 있다. 미디어가 발달한 현대이지만 사람과 사람이 만나는 것의 중요함은 변함없는 것일지도 모른다.

94년 말쯤부터 '장애학'이라는 어프로치에 매료되어 왔는데, 본서의 간행으로 하나의 작은, 그러나 중요한 선을 그을 수 있었다는 게 기쁘다. 일본에서 '장애학'을 의식한 실천은 막 시작되었다. '장애학'을 다룬 본서가 장애와 장애인을, 나아가서는 우리 사회, 문화를 다시 생각하는 계기가 된다면 정말로 기쁠 것이다. 또한 본서를 읽으시는 장애인과 비장애인이 장애학에 매력을 느끼고, 장애학의 일꾼이 되어 주신다면 이보다 더한 기쁨은 없다.

明石書店에서 당초, 편집을 담당하고 있었던 鈴木正美씨에게는 본서의 기획 때부터 큰 신세를 졌다. 감사한다. 또, 본서의 텍스트 파일판의 제공에 즈음하여는 明石書店의 樺山美保씨가 애써 주셨다. 더불어 감사드린다.

독자 여러분의 다양한 감상, 엄격한 비판을 마음 속으로부터 즐겁게 기대한다.

長瀨 修

차 례

제 1 장

장애학을 향해

長瀨 修
Nagase Osamu

1. 장애학이란 무엇인가?

장애학(disability studies)이란 장애를 분석의 단면으로 확립되는 학문, 사상, 지식의 운동이다. 그것은 종래의 의료, 사회복지의 시점에서 장애, 장애인을 바라보지 않는다. 개인의 임페어먼트(impairment, 손상) 치료를 지상명제로 하는 의료, '장애인 즉 장애인복지의 대상'이라는 틀로부터의 탈피를 목표로 하는 시도이다. 그리고 장애에 대한 독자적 시점의 확립을 지향하며, 문화로서의 장애, 장애인으로서 살아가는 가치에 착안한다.

장애학에서 중요한 것은 사회가 장애인에 대해 설정하고 있는 장벽, 그리고 지금까지 부정적으로 받아들여지는 일이 많았던 장애라는 경험의 긍정적 측면에 눈을 돌리는 것이다. 장애인이 가지는 독자적인 가치·문화를 탐색하는 시점을 확립하는 것이다.

이것은 또한 장애인상의 재검토를 의미한다. 미국의 자립생활 패러다임, 영국의 사회이론, 사회모델의 확립에 의해 개인의 문제라는 시점에서 환경, 사회의 배제, 차별로 그 시점은 전환되어 왔다. 그리고 이에 머무르지 않고 독자적인 문화집단, 커뮤니티로서의 장애까지 의식할 필요가 있다(長瀨, 1998).

장애학은 장애, 장애인의 전체상을 추구하며 필연적으로 지금까지의 각 분야를 횡단한다. 장애학이라는 기축, 장애라는 시점을 설정하는 것은 모든 분야에 영향을 끼치기 때문이다.

2. 장애학에 의한 역사의 재검토

새로운 '장애'의 시점을 확립하는 것은 예컨대 역사의 분야에서 지금까지 감춰져 온 장애인의 존재를 밝힌다. 그리고 그것에 머무르지 않고 지금까지의 역사 자체를 다시 바라본다. 기존의 역사에 장애인도 더할 뿐만 아니라 기존의 역사가 비장애인* 의 시점에서 본 역사였음을 노골적으로 드러내는 실천이다.

역사상 장애가 은폐된 한 예를 들어 보자. 미국의 프랭클린·델러노·루즈벨트 대통령이다. 머릿글자를 따서 FDR라고 불리

* (역자주) 健常者의 번역어로 최근에는 非障(がい)害者가 많이 쓰이고 있음을 반영했다. 그 외 장애명은 원문에 따르고자 하였다.

는 루즈벨트 대통령은 뉴딜 정책의 제창자로서, 또한 제2차 세계대전 개전시의 대통령이었던 사실로도 잘 알려져 있다. 그러나 루즈벨트가 39세에 소아마비에 걸려 그 후로 걷지 못하게 되고, 휠체어를 사용하고 있었던 것은 잘 알려져 있지 않다. 대통령이라는 강대한 권력을 이용해서 미국민 그리고 세계의 눈으로부터 교묘히 숨어 있었던 것이다. 휠체어 모습의 FDR의 사진은 두 장밖에 확인되고 있지 않으며, 생존 중 보도된 적도 없었다(Gallagher, 1994). 1997년 5월 수도 워싱턴에 FDR기념관[1]이 건설되었을 때에 큰 논쟁이 된 것은 루즈벨트가 휠체어를 사용하고 있는 상을 건립해야 할지의 여부였다. 장애인으로서 대통령을 있는 그대로 묘사해야 한다는 의견과 본인이 기대한 모습으로 그려야 한다는 의견이 대립했다. 많은 장애인 조직은 휠체어를 사용하고 있는 루즈벨트 대통령의 상을 바랬다. 휠체어를 사용하고 있는 FDR상도 가능한 방향에서 논의는 진행되고 있다.

이만큼 유명한 역사적 인물의 장애가 은폐되어 온 배경에는 당시의 미국 사회가 갖고 있었던 장애에 대한 매우 부정적인 시선이 있었을 것이며, 그것은 당연히 루즈벨트 자신에게도 투영되고 있었음에 틀림없다.

역사상의 장애인이라는 문제의식으로부터 〈나치 독일과 장애인 '안락사' 계획〉[2]을 저술한 게러퍼는 그 자신도 소아마비로 루즈벨트와 마찬가지로 웜스플링그스에서 치료를 받은 경험이 있다. 그 게러퍼가 장애를 대부분 무시한, 종래의 루즈벨트 연구에 이의를 주장하고, 루즈벨트에 있어 장애의 의미를 정면에서 다루고자 하는 연구를 하기에 이른 것은 어떤 의미에서 필연적이었다.[3]

게러퍼로부터 알 수 있듯이 역사의 상식을 다시 바라볼 것을 장애학은 제기하고 있다. 미국의 역사학자의 머더 · 에드워즈(트루먼 주립대학)는 고대 그리스, 특히 아테네와 스파르타에서 장애 신생아가 살해당하고 있었던 '상식'에 대해 의문을 제기하고, 이 사실을 뒷받침하는 근거가 거의 없음을 지적하고 있다(Edwards, 1996). 정상을 추구하고, 양수검사가 일반화되어 있는 현재의 구미적 가치관을 과거에 투영하고 있는 것에 지나지 않는다는 것이다. 장애인은 경제적으로 무거운 짐이 되고 심미적 가치가 없다는 것은 어디까지나 근대의 사상이며, 이 '신화'의 가장 중요한 역할은 태어나면 곧 죽이는 야만스러운 고대 그리스인들과 달리, 우리들은 그에 앞서 장애인이 태어나지 않도록 최선을 다하고 있다는 '정당화'에 있다고 한다.

일본역사 속에서의 장애인이라는 문제에 문화사적 시점에서 탐구해 온 뇌성마비 작가인 花田春兆는 "맹인을 위주로 한 장애인의 활약이 없었다면 지금까지의 일본의 예능문화는 훨씬 바싹 마른 모습밖에 보여줄 수 없었다."고 하면서 "무력하기는커녕 일본문화의 담당자였던 것이다. 그것을 지금 와서 요란스럽게 '장애인에게도 예술을……'이라고 생색내면서 선전문구화되면 화가 치밀어 온다."(花田, 1997a, p. 42)고 말하고 있는 것도 '장애학'적 시점이다.

3. 임페어먼트와 디스어빌리티, 신체와 사회

현재 장애학은 영국과 미국에서 가장 왕성하며 계속 발전하고 있다. 여기에서는 이론면에서의 평가가 높은 영국,[4] 미국의 장애학을 간단히 소개한다.

영국에서의 장애학은 남아프리카 출신의 핑켈슈타인(개방대학), 올리버(그리니치대학), 반스(리즈대학)같은 장애인 연구자, 운동가에 의해 발전해 왔다. 영국에서 장애학이 싹튼 것은 체셔 홈 등 입소 시설에 대한 저항에 있다.[5] 그리고 운동과 연구가 일체가 되어 연동하고 있는 점이 영국 장애학의 큰 특징이다.

핑켈슈타인은 1970년대부터 폴・헌트 등과 함께 활동하고 있다. 폴・헌트는 체셔 홈의 입주자로서 활동하고 있었다. 입소 시설은 '사회적인 죽음'을 의미한다고 하여 지역에서 살아갈 권리를 추구한 것이다. 그 활동이 '격리에 반대하는 신체장애인연맹'(UPIAS)의 결성에 연결된다. UPIAS는 장애인이 중심이 된 조직으로서 격리형의 입소 시설은 억압이라고 주장하였다.

UPIAS는 임페어먼트와 디스어빌리티에 관해 정의내리면서 신체적인 측면과 사회적인 측면을 명확히 분리하고, 사회적 측면인 디스어빌리티를 강조했다. UPIAS는 75년에 다음과 같이 정의했다.

impairment: 수족의 일부 또는 전부의 결손, 신체에 결함이 있는 지체, 기관 또는 기구를 가지고 있는 것

disability: 신체적인 임페어먼트를 가진 사람의 전부 또는 대부분을 고려하지 않고, 그에 따라 사회활동의 주류로부터 그들을 배제하고 있는 오늘날의 사회조직에 의해 만들어진 불이익 또는 활동의 제약(UPIAS, 1976, p. 14 번역은 佐藤, 1992, pp.

26-27)

그리고 초점은 디스어빌리티에 있으며, 디스어빌리티란 임페어먼트를 가진 인간에 대한 사회적 억압의 문제라고 한다.

핑켈슈타인이 통신제의 개방대학에서 사회적 시점으로부터 '지역사회에서의 장애인(Handicapped Person in the Community)'이라는 과정을 시작한 것은 이 시기, 75년이다. 영국에서의 장애학의 형성은 이 시기 이후라고 전해진다. 개방대학에서 이 과정의 성공은 다른 대학에도 좋은 영향을 끼쳤다.

영국에서의 장애학 발전에 큰 역할을 해 온 것이 연구지 〈disability and society〉이다. 이 연구지는 86년에 〈disability, handicap and society〉로 발간되었는데, 94년부터는 'handicap'이 '부정적, 억압적 이유'를 가진다는 이유로 현재의 명칭으로 되었다. 발간 당시는 연 3권이었던 것이 활발한 투고로 92년부터는 연 4권, 97년부터는 연 5권, 99년부터는 연 6권을 발행하고 있다. 중요한 논문의 발표의 장을 제공해 오고 있는 이 잡지는 그 빨간 표지로 인해 책장에서도 유달리 눈에 띈다. 영어권의 가장 주요한 장애학 저널로서 97년 시점에서 50개국에 구독자가 있다(Barton & Oliver, 1997).

이 연구지의 편집위원으로서 발간 당시부터 이름을 올려놓고 있는 핑켈슈타인은 81년 국제장애인연맹(DPI)의 결성에도 참여하여 이론면에서 크게 공헌하고 있다. 특히 DPI의 장애(impairment, disability, handicap)의 정의에 관해서는 현재 유엔의 〈장애인의 기회 균등화에 관한 기준규칙〉에 관한 특별보고자를 맡고 있는 스웨덴의 뱅크트・린드쿠비스토 등과 함께 중심

적인 역할을 수행하고 있다.[6)]

81년에 발족한 영국 DPI인 영국 장애인단체협의회(BCODP)의 초대회장을 핑켈슈타인이 맡은 사실은 영국에서의 운동과 연구의 일체화를 상징한다.

핑켈슈타인과 함께 영국 장애학의 형성에 큰 역할을 수행해 온 이가 올리버로, 〈disability and society〉의 중추적인 편집 위원을 발간 때부터 맡아 오고 있다. 올리버는 90년의 〈장애의 정치학〉에서 디스어빌리티를 사회적 억압으로 하는 UPIAS의 주장을 이론적으로 전개했다. 투표소 입구의 높이 차를 그린 표지가 상징하듯이 디스어빌리티의 문제는 자신의 신체에 있는 것이 아니라 장애인을 배제하는 사회에 있음을 내보였다. 영국의 장애학은 장애의 이론화에서 큰 성과를 올려 왔는데 핑켈슈타인과 올리버는 이론면에서 큰 공헌을 해오고 있다.

스스로를 배제하는 사회, 그야말로 '개인적인 것은 사회적인 것'이라는 시점에서 올리버의 눈은 자기 자신을 배제하는 사회조직을 향했던 것이다. 기존의 개인 모델, 의료모델로부터 벗어나 여기에 사회모델이 성립한 것이다(아래 표를 참조).

디스어빌리티의 모델

개인 모델	사회모델
개인적 비극이론	사회적 억압의 이론
개인적 문제	사회적 문제
개인적 치료	사회적 행동
의료화	자조
전문가의 지배	개인적 · 집단적 책임
전문성	경험
적응	긍정
개인적 정체성	집단적 정체성
편견	차별
태도	행동
케어	권리
통제	선택
정책	정치
개인적 적응	사회적 변화

(Oliver, 1996, p. 34, 長瀬 역)

이 사회모델의 시점, 장애인 개인에 대한 개입이 아니라 사회와 환경의 변화를 강조하는 시점은 미국의 자립생활모델과 많이 공통되며, 정책 수준에서도 반영되고 있다.

사회모델은 핑켈슈타인을 비롯한 장애인을 통해 특히 DPI의 사상이 되고, 국제정치 측면에서도 반영되고 있다. 1981년 국제 장애인의 해를 제정할 것을 결정한 76년의 유엔 총회결의(31/123)는 국제 장애인의 해의 목적으로서 "장애인이 심리적, 신체적으로 사회에 적응하는 것을 지원함"을 전면에 내세우고 있었다. 그러나 81년의 국제 장애인의 해, 83년부터 92년의 '유엔 장애인의 10년'을 거쳐 국제 사회의 인식은 극적으로 변화되어, 사회환경의 미비에 눈을 돌린 93년의 유엔 총회에서 '기회

균등 기준'의 채택에 이른다. 국제 사회의, 적어도 인식은 '장애인의 개인적 적응'에서 사회적 장벽의 제거로 바뀌었다. 그 배경에는 DPI로 대표되는 사회모델에 근거하는 국제적 장애인운동이 있었다.

그러나 이러한 영국 장애학의 최대 성과인 사회모델에 대한 의문이, 장애인인 페미니스트로부터 제기되었다. 그것은 올리버가 말하는 '개인적인 것은 사회적인 것'을 다른 시점에서 해석하고 자기 신체의 문제에도 임하는 것이다.

대표적인 이로 다음의 모리스를 들 수 있다.

> "그렇지만 디스어빌리티의 사회모델에는 우리들의 신체적 차이, 신체적 제약은 완전히 사회에 의해 가져온 것이라 하여 우리들의 신체 경험을 부정하는 경향이 있다. 환경적 장벽과 사회적 태도가 분명히 우리들의 디스어빌리티 경험의 핵심부분에 있고 우리들에게 불이익을 초래하고 있지만, 그것이 전부라고 주장하는 것은 신체적 · 지적 제약, 병, 죽음의 우려에 관한 자신의 체험을 부정하는 것이다."(Morris, 1991, p. 10. 長瀨 역)

시각장애인 프렌치도 자신에게 있었던 옆집 정안자와의 인사 등 교류의 문제를 비롯해, 임페어먼트의 문제도 아니고 디스어빌리티의 문제도 아닌 '회색의 영역'을 지적하고 있다(French, 1993).

모리스와 프렌치는 '개인적인 것은 정치적이다'를 올리버와는 다른 관점에서 신체의 문제도 포함시켜 디스어빌리티의 문제로 해야 하다고 주장하고 있다. 이것은 사회모델을 부정하는 움직임이 아니라 사회모델을 전제로 '사회모델'이 커버할 수 없는 측면의 지적이다.

즉, 신체 그리고 임페어먼트의 위상 부여에 관한 문제이다. 사회모델을 중심으로 한 영국의 장애학은 자칫하면 임페어먼트, 신체를 무시하는 결과를 낳아 왔다.

임페어먼트에 가장 정면에서 대응한 이가 아버레이이다. 아버레이는 87년에 〈억압과 디스어빌리티의 사회이론〉이라는 논문에서 '임페어먼트에 대한 양의적 태도[7)]'가 요구된다고 하였다. 즉, '비뚤어진 사회적 발전의 바람직하지 않은 결과인 이상 임페어먼트는 나쁜 것으로 여겨지지 않으면 안 되며, 임페어먼트를 가진 자의 긍정적인 특성으로서 받아들여진다.'(Abberley, 1987, p. 9 長瀨 역). 이 논문에서 전자의 비뚤어진 사회적 발전으로서 기술되어 있는 것은 탈리도마이드(thalidomide) 등의 약해나 도상국에서의 영양실조 등 사회・경제적으로 형성되는 임페어먼트이다. 한편, 후자의 '긍정적인 특성'은 일본에서의 장애개성론[8)]과 겹치고 있다.

아버레이는 이어 "중요한 구별이 이루어지지 않으면 안 된다. 그것은 한편으로는 임페어먼트의 예방이며, 다른 한편으로는 이미 손상을 가지는 사람에 대한 태도, 이미 손상을 가진 사람을 어떻게 할 것이냐에 관해서이다."라고 말하고 있다.

어떤 의미에서 사회모델은 신체를 은폐하는 역할을 해 오고, 임페어먼트를 무시하는 기능을 맡았다. 그것은, 임페어먼트에의 개입은 디스어빌리티의 문제가 아닌 것으로 방치하는 역할을 수행해 왔다(Hughes & Paterson, 1997).

그러한 반성이 예를 들어 리즈대학의 스톤(Stone, 1996)에 의해 수행된 우생학적인 중국의 모자보건법 연구에서 엿보인다.

스톤은 중국 정부의 정책이 아버레이가 말하는 '중요한 구별'의 실천이며, 그것은 선진국에서의 실태와 겹친다고 한다. 즉 법률에 의해 태어난 후엔 죽임을 당하거나 학대되는 것이 허용되지 않는다. 그러나 법률이나 사회에 의해 장려되지는 않아도 출생 전 중절은 문제없다고 여겨진다. 스톤은 도상국에서 사회경제적으로 초래되는 심각한 임페어먼트의 문제를 무시하는 한편, 모자보건법만을 나치 독일적 정책이라고 비난하는 선진국측의 태도를 비판적으로 바라보고 있다. 그것은 아버레이를 소수의 예외로 하면서 임페어먼트에 정면으로 맞서 오지 않은 영국을 중심으로 하는 장애학에 반성을 촉구하고 있다. 사회모델의 지향이 신체에의 개입=예방을 간과하는 결과를 초래해 온 것이 아닐까라는 제기인 것이다.

사회모델을 둘러싼 논의는 계속되고 있다. 〈disability and society〉의 지면에서 톰·셰익스피어와 니콜라스·왓슨은 '사회모델을 옹호한다'(Shakespeare & Watson, 1997)고 하면서 중요한 것은 장애학 내부에서 하찮은 것까지 간섭하는 논의를 전개할 것이 아니라 사회 일반에서 장애의 사회적 분석을 전개하는 것이라고 주장하고 있다.

98년의 미국의 장애학회(SDS)총회에서도 '사회모델은 오류 위에 성립되고 있는 것인가'라는 분과회가 역시 페미니스트에 의해 개최되어 신체, 임페어먼트, 사회모델을 둘러싼 논의는 앞으로도 계속될 것으로 생각된다.

4. 영국과 미국 장애학의 제도적 틀

현재 영국 장애학의 최대 거점은 리즈대학의 사회학・사회정책학부이다. 장애학 박사과정을 두고 콜린・반스, 톰・셰익스피어 등 장애 당사자인 유력 연구자가 장애연구유니트(DRU)로서 활동하고 있다. 리더인 반스는 영국 장애인단체협의회(BCODP)의 연구 부문도 담당하고 있다. 연구와 운동이 장애인 연구자인 반스에 의해 그야말로 일체화되고 있다. 영국에서는 95년에 장애차별법이 성립했는데 반스는 91년에서 반차별법을 추구하는 책을 썼다(Barnes, 1991).

인터넷을 통한 국제적인 장애학 메일링 리스트(disability-research)의 운영과 장애학 분야의 출판사업 등 리즈대학 장애연구유니트의 활동은 영국뿐만 아니라 세계 장애학 분야의 동향을 지켜보기 위해서도 놓칠 수 없다.

미국 장애학의 발전에는 학회인 SDS(Society for Disability Studies)가 큰 역할을 해 왔다. SDS는 당초 82년에 「만성질병, 임페어먼트, 디스어빌리티 연구학회」로 발족하여, 86년에 현 명칭으로 변경되었다. 고 어빙・졸라가 창시자로 SDS의 창설에 큰 공헌을 했다. 주로 미국을 중심으로 300명 정도의 회원이 있다.

학회의 목적으로는 "장애와 만성병의 인문학적・사회과학적 측면을 연구하는 학제적 연구의 촉진"을 기치로 "장애인의 경험에 관한 정보 교환의 장을 만들고 장애인의 완전한 사회참가 촉진"을 목표로 하고 있다.

SDS[9]는 매년 6월을 전후로 총회를 개최한다. 필자도 96년부터 98년까지 매년 SDS총회에 참가해 왔는데, 장애학에 관심이 있는 장애인과 비장애인 연구자, 정책결정자가 참가하는 대단히 활기 넘치는 학회이다.[10]

한편 미국에서는 대학의 커리큘럼에 장애학이 포함되는 곳이 널리 확산되어 40개가 넘는 대학에서 장애학 강좌가 있고(Pfeiffer & Yoshida, 1995), 대학의 '장애학과' 구상도 이미 보고되고 있을 정도이다(Ramirez, 1997).

장애학의 발전 양상은 연구지가 충실한 영국과 학회를 중심으로 하는 미국과 차이가 있지만, 공통점은 장애인 스스로가 연구자로서 주요한 역할을 다하고 있다는 점에 있다.

5. 장애인이라는 것

지금까지 어디까지나 연구당하는 쪽, '대상'이었던 장애인 자신이 장애학의 추진에는 중심적인 역할을 다할 것이 반드시 필요하다. 장애인은 개인적으로 장애를 가까운 곳에서 체험하며 그 경험은 유익하다. 아돌프・라츠카는 "장애는 우리들의 영토이다."(라츠카, 1992)라고 하였다. 장애분야에 있어서 장애인은 비장애인인 전문가의 지배하에 있다는 의미로, 장애학은 탈 식민주의(post colonial)의 실천이기도 하다. 미국 자립생활운동의 창시자인 에드・로버츠가 반 농담삼아 "걸을 수 있도록 하지 말

아주길. 실업자가 되어 버리니까."(Shapiro, 1995)라고 말한 것은 실로 장애인 스스로가 실천해야 할 의의를 인식하고 있었기 때문이다.

장애를 자신의 중요한 정체성으로 삼는 장애인이 늘고 있다(Linton, 1998). 樋口惠子는 '장애를 최고인 은혜로서'(樋口, 1998) 여기고 있다. 무슨 일이 있어도 자기의 기능을 '정상'에 가깝게 하는 일에 무분별하게 빠질 것이 아니라 임페어먼트로 여겨지는 상태를 바꾸는 것에 힘을 쏟지 않는 선택을 하는 사람이 있다. 인생의 중요도를 생각했을 때 임페어먼트를 제거하는 것보다도 그 밖의 것을 우선시키는 것은 충분히 있을 수 있다. 더 나아가 '장애인'인 자신을 소중히 하는 것. '장애인이 아닌 자신'은 있을 수 없으며, 자신이 아니라는 것이다.

장애를 자신의 최대 정체성으로 하는 지향은 미국에서 장애문화(disability culture)라는 형태를 취하고 있다. 브라운 등으로 대표되는 '장애인으로서 살아가는 것에 긍지를 갖자'는 운동이다. 이것은 자립생활운동의 연장선상에 있는 움직임이다(長瀨, 1998).

주목해야 할 것은 이렇게 장애인 쪽으로 수렴하는 움직임과 장애인으로부터 떨어지는 움직임 모두가 있다는 사실이다. 후자에는 '장애인'이라는 존재를 인정하지 않는 입장이 있다. 1996년 초에 시청각장애인인 福島智와 작가 山口泉가 〈세계〉지상에서 '장애인'이라는 개념에 관해서 소논쟁을 펼쳤다. 논쟁은 山口가 福島의 〈渡邊莊의 우주인〉을 비판하는 형태로 시작되었다(山口, 1996). 본래 山口는 '장애인'이라는 개념을 인정하려 하지 않았다. "나는 원래 '장애인'이라는 말은 쓰지 않는다. 또, 그것이 가리키는 개념도 인정하지 않고 있다. 이 세상에는 '장애인'이라는 범주로 묶어지는 한정적인 집단은 존재하지 않는다고 생각하기 때문이다. 거기에는 단지 인간이 있을 뿐이다."(山口, 1991, p. 128)고 한다.

이에 대해 福島는 불분명하다며 반론한다. 東京都의 사업 등을 들어 '장애인이 살아가기 위해'라는 이유로 본래라면 바람직하지 않지만 어쩔 수 없이 '장애인이라는 개념의 사용을 허용합니다.'(福島, 1996a, p. 325)라고 말한다. 또한 "'개념'을 부정한 것에 '차별'과의 투쟁은 성립하는가(福島, 1996b)"라는 제목으로 '장애'라는 속성으로 인해 받는 차별과 싸움에 있어 그 '장애'라는 개념 자체를 부정한다는 전략은 있을 수 있겠는가라고 의문을 던지고 있다.[11)]

'단지 인간이 있을 뿐'이라는 山口의 보편주의는 위험하다고 생각한다. 확실히 '같은 인간이다.'는 출발점이자 도달점이다. 그 점을 망각했을 때 얼마나 많은 학대와 비극이 일어났는지 잊을 수 없다. 그러나 안이하게 거기에 머무르는 것도 태만한 것이다. 「푸른 잔디의 모임」의 横塚晃一은 '장애인도 같은 인간이다는 말'에 반발심이 생겨 영화 〈안녕 CP〉의 제작을 생각했다고 한다. "비장애인으로 불리는 사람들과 우리들 뇌성마비인과는 분명히 육체적인 차이가 있다. 즉 내가 가지고 있는 인간관, 사회관, 세계관, 나아가서는 내가 보는 풍경까지도 다른 사람들 특히 비장애인으로 일컬어지는 사람들과는 완전히 별개이지 않을까" (横塚, 1984)라고 하면서 안이한 '같은 인간'론에 반발하고 있다.[12)] 福島는 장애인을 차별적 범주로만 파악하고 있지만 杉野(1997)가 말하는 '고유문화'를 가진 존재라는 보다 적극적인 시점도 있다.

차이를 우열로 환원해 버리기 쉬운 토양 속에서 '차이', '다름'을 주장하는 것은 분명히 곤란하다. 그러나 '같은 인간'이라는 지점에 도달하기 전에 생각하지 않으면 안 될 것이 많이 있다. 그 부분을 안이하게 건너뛰고, '같은 인간인 것'에 달려드는 것은 오히려 '평등'에 멀리 돌아가는 셈이 되지 않을까 염려된다. 실제로 山口의 경우 예를 들어 손가락점자를 익혀 시청각장애인의 세계와 접하고 있으므로 안이하게 '같은 인간'이라고 말하고 있는 것은 아니다. 그러나 山口와 같은 노력을 제외한 안이한 '같은 인간'론이 매우 많다.

그러한 의미에서 차이를 드러내는 「극단態変」, 장애인 프로레슬링 「돗구렉스」,[13] 후술하는 「데프토피아」 등의 시도를 환영한다.

6. 「데프토피아」가 지니는 의미

현 장애학의 커다란 과제 중 하나로 문화, 언어를 표방하는 '농문화운동'(木村・市田, 1995)이 있다.

그 농문화운동은 1998년 4월에 새로운 거점을 일본에 얻었는데, 그것이 東京 中野區의 수화찻집 「데프토피아」이다. 「데프토피아」라는 명칭은 97년 12월 일본 농인극단의 공연 〈데프토피아의 환상-의안원근법에 의한 농국가의 건설-〉 (米內明宏 작・연출・미술)에서 유래한다. 이 공연에서 '농국가'[14]가 수립되어 내

각회의는 수화로 이루어졌다. 덧붙이자면 농인의 세계를 그린 프랑스 영화의 수작 〈소리 없는 세계에서〉 (니콜라·피리벨 감독)의 원제는 〈농인의 나라〉이다. 木村晴美도 "국회의원은 전원 농인으로 말이 장애가 되는 청인은 입후보해도 당선되기 어렵다."(木村, 1998)는 '농인의 나라'[15]의 상상을 부풀리고 있다.

환상의 농국가에서 명명된 「데프토피아」의 개점은 수화의 인지를 핵심으로 하여 언어적 소수자로서의 인지를 진척시키는, 적어도 일부 농인이 명확한 전략을 제시하고 있어서 실로 흥미깊다.

개점의 보도에 즈음해 "이런 전문점을 오픈하지 않으면 농인들은 즐겁고, 편안하게, 밖에서 식사도 할 수 없는 일본 사회"를 한탄하는 목소리(途崎, 1998)가 신문에 게재되었다.[16] 그러나 「데프토피아」가 갖는 역할은 그러한 수화, 농인을 배제하는 일본 사회에 대한 비판이라기보다 적극적인 자기의 언어, 문화, 커뮤니티의 주장이다. 그러한 의미에서 「데프토피아」는 '농인의 나라'로부터 '청인의 나라'로의 대사관, 외성으로서 자리매김된다. '청인의 나라'에서 사는 농인의 휴식처이며, 청인에 있어서는 '청인의 나라'로부터 '농인의 나라'로 이끄는 매혹적인 공간이다. 거기에는 다른 세계가 펼쳐 있다. 자기 세계가 갖는 가치에 눈을 뜬 농인이 농인사회의 외부를 향해 초대장을 보내고 있는 것이다.

농인이 평소 사용하고 있는 수화를 청인에게 가르치고자 하는 시도가 널리 확산되고 있는데 이 또한 농인이 자신의 풍부한 세계를 청인에게 열고자 하는 움직임이다.

또한 언어적 소수자로서의 농인을 호소하고 있는 Dpro(대표 米內明宏)가 98년 5월에 소개용 팜플릿을 작성하면서 그 이념으로서, "우리들은 농인을 일본 수화라는 일본어와 다른 언어를 말하는 언어적 소수자로 생각하고 있습니다. 우리들은 농인이 농인답게 살아갈 수 있는 사회 및 일본 수화와 농인의 문화가 일본어나 청인의 문화 등과 동등하게 취급되고 존중되는 사회의 실현을 목표로 합니다."(Dpro, 1998)라고 말하고 있다.

이 16쪽 분량의 팜플릿에서 특징적인 것은 '장애', '장애인'에 관한 언급이 한마디도 없다는 것이다. 이것은 대단히 바람직하다. 농문화운동에 대한 95년 이후 본인의 메시지(長瀬, 1995, 1996b)는 농문화운동이 '장애인이 아니다'에 역점을 두는 것의 부정적 측면에 대한 지적이었다. 그러한 의미에서 순수하게 수화, 농문화, 농인 커뮤니티[17]를 추구해 가는 방향성을 환영한다. 왜냐하면 그 방향성의 끝에야말로 다른 장애문화와의 만남이 있다고 믿기 때문이다. 예를 들어 "이미 밝혀져 있는 맹인의 역사는 맑고 풍부하다."(Dpro, 1998)는 기술이 있다. 이것은 문화집단으로서의 '농인'이 문화집단으로서의 다른 장애인과 만나는 하나의 가능성을 보여준다.

장애인에 관한 것, 즉 복지라는 의식으로부터의 탈피는 수화에 대해서도 말할 수 있다. 수화를 복지의 영역에서 어학의 영역으로 이행할 것이 필요하다. 예컨대 四國學院大學은 98년 4월부터 일반교양의 외국어과목으로서 '일본수화'를 신설하고, 농인을 강사로 채용하고 있다.

또한 NHK의 '모두의 수화'는 97년 말부터 처음으로 농인인 米内明宏를 메인 강사로 기용하여 내용을 일신하고 있다는 점을 높게 평가할 수 있다. 다음은 어학프로그램에의 이행을 기대하고 싶다. 그리고 다른 언어와 마찬가지로 수준별, 목적별로

내용을 풍부히 해주기를 바란다.[18)]

7. 장애학을

장애학(disability studies)이라는 말을 처음으로 알게 된 것은 개발학으로 알려져 있는 네덜란드의 사회연구대학(ISS)에서 석사학위를 취득하기 위해 공부하고 있을 때였다. 1994년 말이었는데 '대체개발전략의 정치학'이라는 어려운 이름의 과정을 듣고 있었다.

대학을 졸업하고 나서 10년도 더 지나 책상 앞에 앉아 논문을 읽고, 생각하고, 쓰는 작업은 고통스러웠다. 처음엔 빨리 업무에 돌아가고 싶다는 마음도 들었다. 그런데 몇 개월 동안에 그 괴로움은 즐거움으로 변해 갔다. 그것은 매우 불가사의한 감각이었다.

내가 장애인 문제와 접한 것은 학생 시절의 자원봉사 활동에 거슬러 오른다. 上智大學의 「와카타케서클」이라는 東京 目黑區의 油面초등학교의 와카타케학급의 장애아를 근처 공원에 데려가 공원에 와 있는 아이들과 함께 놀게 하는 활동이었다. 대학 졸업 후, 청년해외협력대의 케냐 파견을 거쳐, 八代英太참의원의원(현 중의원의원)의 비서를 5년, 유엔 사무국 장애인반에서 2년간 근무했다. 그러한 장애, 장애인에 관한 활동, 일의 경험을 다시 돌이켜 보는 좋은 작업이었다. 처음으로 차분히 앉아서 생각하는 작업이었다고 말할 수 있을지도 모른다.

당초엔 마지못해 ISS의 도서관에 다녔다. 거기에서 주로 영국의 도서관에 요청한 장애와 장애인 관계의 논문을 훑어보는 중에 처음으로 장애, 디스어빌리티가 연구, 사상의 분야로서 확립되어 있는 것을 알고 반했다. 마음은 요동쳤다.

기존의 의료나 사회복지, 특수교육이라는 시점이 아니라 사회, 문화를 중심으로 한 시점에서 장애를 생각하는 전혀 새로운 '장애학, 디스어빌리티 스터디즈'가 영국, 미국을 중심으로 이미 확립되어 있음을 알았기 때문이다.

장애, 장애인의 전체상을 생각하는 데는 기성의 틀을 일단 떨쳐내고, 장애를 축으로 한 학제적 대처가 유효하다는 생각까지 미쳤다. 그리고 그것을 장애인 자신이 중심적인 역할을 맡아 진행시키고 있음을 알았다. 그러함으로써 장애에 관한 부정적인 측면뿐만 아니라 긍정적인 측면도 다루어지고 있음을 알았다. 놀람이었다.

특히 영국의 핑켈슈타인, 올리버, 반스, 모리스 등의 실적, 〈disability and society〉라는 국제적 연구지, 미국 장애학회(SDS)에 접했을 때의 신선한 감각은 지금도 잊혀지지 않는다.[19] 장애, 장애인을 생각하는 틀을 장애인이 중심이 되어 새롭게 제시하고 있는 것이었다.

그러나 일본에서도 '장애학'의 축적은 이미 충분히 있다. 단지 '장애학'이라는 틀로 의식되지 않을 뿐이다. 영미에서의 장애학에 접했을 때에 우선 떠오른 것은 1990년 安積, 立岩 외의 〈생의 기법〉이다. 〈집과 시설을 나와 사는 장애인의 사회학〉이라는 부제의 이 책은 다른 나라 장애학의 실적과 비교해도 높은 수준에 있다. 또, 石川(1992)의 정체성에 관한 논의는 일본 장애학의 하나의 도달점을 제시하고 있다. 〈생의 기법〉의 저자 중 한 사람인 立岩眞也는 이 책에서 더 깊은 고찰을 행하여 97년에 두꺼운 분량의 〈개인소유론〉을 저술하는데 立岩은 이 책을 "장애학 책이다."고 말하고 있다.

장애학에 관련한 움직임은 일본에서도 활발해져 이루어지고 있어 마음이 든든하다. 97년 여름에 본서의 집필자들에게 당초 시작된 인터넷의 '장애학 메일링 리스트'에는 80명이 넘는 장애학에 관심이 있는 참가자가 있으며, 메시지 수는 일 년도 지나지 않아 천 건을 넘고 있다. 인터넷의 강점으로 영국, 호주, 태국, 독일, 말레이시아, 미국 등 해외에서도 참가하고 있다.[20)]

98년 2월에는 〈현대사상〉지가 '신체장애인 특집'을 발행하였는데, 여기에 장애학도 소개되어 있다(톰슨, 1998). 98년 4월부터 筑波大學 심신장애학계에서는 名川勝, 金澤貴之를 중심으로 '장애학 연구회'가 학생들도 참가하여 연구회와 합숙을 해 오고 있다. 98년 가을부터 일본에서 처음으로 '장애학'의 연속 강좌가 東京 장애인복지회관주최로 열렸다.[21)] 99년 가을에는 橫須賀俊司 조교수의 제안으로 鳥取大學 교육지역과학부에서 일반교육과목으로서 '장애학'과목이 개설되었다는 반가운 움직임도 있다. 장애학 연구회 발족을 목표로 하는 움직임도 있어 99년 2월에는 大阪에서 준비모임이 열렸다.

일본에서의 장애학은 아직 형성기에 있다. 그러나 많은 실적을 기반으로 장애를 기반으로 전개될 가능성은 열려 있다.

많은 독자, 특히 장애인 독자의 장애학 형성과 발전에의 참가를 기대하는 바이다.

*본고의 초고에 코멘트를 주신 小林英樹・鈴木正美 두 분께 깊이 감사드린다.

[주]

(1) "FDR Memorial Homepage" http://www.nps.gov/fdrm/index2.htm

(2) 우생학, 우생사상은 나치 독일에서 최악의 결과를 초래한 것이 확실하다. 그러나 나치 독일에만 눈을 돌리는 것은 충분하지 않다. 우생보호법을 극히 최근까지 가지고 있었던 일본 외에 현재도 우생학의 총본산인 미국(長瀨, 1997a), '복지국가의 우생학'을 실천하고 있는 북유럽(Broberg & Roll-Hansen, 1996: 라츠카, 1997: 사렌버, 1998: 배리스트롬, 1998: 長瀨, 1997b)을 빼놓을 수 없다. 한편 스웨덴에서 1970년대의 출생전진단의 도입(Munthe, 1996)과 불임・단종법의 75년 개정과의 관련의 유무도 살펴볼 필요가 있다.

(3) 백악관 등에 설치되어 있던 경사로는 루즈벨트의 사후 즉시 철거되었다. 연방정부에 건물에의 접근이 의무화되기 위해서는 68년의 연방건축장벽법까지 기다리지 않으면 안 되었다. 개러퍼는 알래스카주 선출의 민주당 봅・버트렛 상원의원의 스탭으로서 ADA에 이르는 장애인권리법의 기점으로 일컬어지는 동 법을 발안하고 기안에 참여하였다. 한편 개러퍼는 자신의 장애 경험을 생생하게 나타내고 있다(Gallagher, 1998). 부제는 〈비장애인 세계에서의 장애인〉.

(4) 영국의 장애인 사정은 小川(1998)가 도움이 된다. 장애학에 대해서도 언급.

(5) 밀러(1985)가 리・코트・체셔 홈의 연구를 하고 있다. 체셔 홈의 창시자는 레오나르도・체셔 대위이다(밀러, 1985). 영국에서 시작된 체셔 홈은 영국의 식민지를 중심으로 아시아에 널리 확대된다. 小林(1995)는 〈아시아로부터 배우는 복지〉에서 아시아형 민간시설운영의 예로서 체셔 홈을 들고 있는데 이에 대해서는 위화감이 든다. 한편 체셔는 長崎 원폭 투하에 영국 군인으로서 입회하고 있었다. 올리버(Oliver, 1990)는 가차 없이 원폭투하에의 관여와 수용시설이라는 장애인에 대한 '억압'에 공통성을 발견하고 있다.

(6) 헨리・엔즈와 뱅크트・린드쿠비스트 등 DPI의 창시자가 유엔의 〈장애인에 관한 세계행동계획〉의 기초에 참가하였다. 이 세계행동계획의 '재활'의 정의가 명확히 '목적지향형이며, 시간을 구분짓는 과정'(11번째 단락)이라 하고 있는 것은, 장애인은 일생을 재활에 써버리는 존재가 아니라는 장애인으로부터의 명확한 주장이며, '재활'의 무분별한 확

장에 대한 제동이다. 한편 드리저(Driedger, 1988)가 DPI의 역사를 잇고 있다. 영국과 영국 이외에서의 용어(임페어먼트, 디스어빌리티, 핸디캡)의 혼재에 관해서는 長瀨(1996a)를 참조.

(7) 농문화에 관한 논객인 할렌・레인은 아버레이의 이 '양의성'은 농인 커뮤니티에는 맞지 않는다고 한다(Lane, 1992).

(8) 土屋(1994)와 총리부의 1995년판 〈장애인백서〉 등. 豊田(1998)는 후자를 비판하고 있다.

(9) SDS의 홈페이지는 http://www.wipd.com/sds/index.htm 변함없이 SDS는 계간 Disability Studies Quarterly(DSQ)를 발행하고 있다.

(10) 96년 총회에 관해서는 長瀨(1997c), 97년 총회에 관해서는 花田(1997), 土屋(1997), 長瀨(1997d)를 참조.

(11) 이것은 그야말로 미노가 말하는 '차이의 딜레마' (Minow, 1990)이다. 다른 것에 착안한 차별이 있다. 그 차별에 대처하기 위해서는 실로 그 '차이'에 착안하는 것 외에는 없다. 그 차이를 무시하는 것이 차별을 더욱 악화시켜 버리기 때문이다. 그러나 '차이'에 착안하는 것은 차이의 고정화에 결부된다.

(12) 杉野(1997)는 종속문화, 대항문화, 고유문화라는 틀을 제시하고,「푸른 잔디의 모임」의 강령을 고유문화의 선언으로서 자리매김하고 있다. 倉本(1997)는 杉野의 틀을 실마리로 「푸른 잔디의 모임」의 横塚晃一의 사상을 분석하고 있다.

(13) 北島(1998)를 참조. 본고를 집필 중인 98년 4월 18일에 장애인 프로레슬링을 처음으로 보았다. 프로레슬링 그 자체가 처음이었다. '아라이쿠마라지컬'의 저돌적인 돌진, 그리고 '장애인 대 비장애인 이자(異者) 격투기전'인 '삼보 愼太郎'와 '안티테제 北島'가 피투성이인 전사로 용기를 받을 수 있었음을 기록하고 싶다.

(14) 전일본농아연맹의 高田英一이 TBS디렉터 齊藤道雄(1997)에 대해 〈중앙공론〉에서 수화에 관한 견해를 밝히고 있는데, 약간 당돌하게 "말할 것도 없이 수화왕국, 농인독립공화국의 수립 등 무모한 희망을 갖는 것도 아니다. 우리들은 지극히 보통인 일본 국민으로서 평등하게 사는 것이 희망이다."(高田, 1997)고 말하고 있다. 이것은 반대로 농인 사이에 '농인의 나라'라는 발상이 유통하고 있는 증거가 아닐까? 미국, 프랑스에서 19세기에 독자적인 농인자치단체구상이 있었던 것은 익히 알려져 있다(Lane, 1984).

(15) 이 '농인의 나라'와 유사한 발상은 지체장애인이기도 한 핑켈슈타인은 〈디스어빌리티를 부정해야 할까, 말아야 할까〉 (Finkelstein, 1981)라는 경쾌하고 재치 있는 논문에서 휠체어 이용자만의 마을을 상상하고 있다. 거기에서는 세계가 뒤바뀐다. 휠체어 이용자를 위해 모든 것

이 맞추어 있는 이 마을에서는 휠체어를 사용하지 않는 자는 '비장애 장애인'이 된다. 키가 크고, 휠체어 이용자에 적합한 사회 속에서 자주 머리를 부딪치는 '비장애 장애인' 모두에게는 헬멧이 무료로 배포되어 동정의 대상이 된다. 그러나 어느 날 '비장애 장애인'은 문득 느낀다. 문제는 우리들인가? 아니야 그렇지 않아, 우리들의 키를 고려하지 않는 사회야말로가 문제인 거야라고. 물론 만약에 그런 마을이 있으면 '비장애인'은 휠체어를 사용하게 될 뿐일 것이다. 그러나 핑켈슈타인은 이 에피소드를 장애인 당사자 시점의 중요성을 주장하기 위해 쓰고 있다. '장애인'으로서 공유하는 것은 무엇인가 하는 의문이다. 그것은 임페어먼트를 가진 자에 대한 사회의 차별이다. 이러한 문제의식을 갖고 장애인이란 누군가, 장애란 무엇인가를 끊임없이 생각해 온 핑켈슈타인이기 때문에 농인의 '우리들은 장애인이 아니다'는 주장에 대해 민감하게 반응하였다. 일부 농인의 태도는 "'우리들'은 장애인이 아니다. '당신들'이 장애인이다."(Finkelstein, 1991)라고 비판한 것이다.

한편 핑켈슈타인은 임페어먼트에 대해서, "먼저 첫째로 모든(!) 장애인은 임페어먼트(척수손상이나 시각장애, 청각장애, 출생시 결함 등)를 잘 제거해 주는 수술 (혹은 다른 개인에의 개입)을 환영한다.' (Finkelstein, 1991, 長瀨역)고 하고 있다. 이것은 명백한 잘못이다. 농인인 성인이라도 인공와우수술을 받아도 '들리지 않는 것'을 없애고 싶다, 경감시키고 싶다고 말하는 사람은 많지 않다는 것이 이해되고 있지 않다 (농아의 인공와우수술에 관해서는 長瀨(1997)를 참조). 핑켈슈타인은 후에 90년의 논문을 더욱 발전시켜 〈디스어빌리티의 공통성〉을 93년에 발표하였는데, 여기에서는 표현을 보다 부드럽게 하여 '모든'이 아니라 '상당히 많은' (Finkelstein, 1993)으로 하고 있지만 기본적인 논조엔 변함없다.

(16) 이에 대해서는 오너 등의 '농인은 지금 자부심을 갖고 걷는다.' (植村, 1998)는 반응이 게재되어 있다. 한편 途崎(1998)는 "수화통역자가 매우 생생하게 표정을 풍부히 통역하셔서 좋은 인상을 가질 수 있었다."고 하지만 이것은 수화에 익숙치 않은 이의 전형적인 오해라 생각된다. 시각언어인 수화에서는 표정이 표현상 중요한 역할을 수행하고 있는 것에 지나지 않는다(木村, 1998).

(17) 농인에 있어 강한 커뮤니티로서의 의식은 교육면에서 농학교에 대한 인식에 단적으로 드러나고 있다. 전일본농아연맹의 〈일본청력장애신문〉 (560호, 98년 3월 1일) 의 표제는 〈농학교 유치부아동 전원 초등부 진학이 29개교〉라고 보도하면서 농학교로의 진학을 명백히 긍정적으로 평가하고 있다. 奈良농학교에서 유치부 전원이 농학교 초등부에 진학한 것을 Dpro는 '쾌거'(Dpro, 1998)로 소개하고 있다. 이렇게 농교

육에 관해 말하자면 쟁점은 양호학교의무제화와는 완전히 달리 농학교라는 존재의 옳고 그름이 아니라 수화의 사용이나 농 교원의 채용을 비롯한, 농학교 교육의 내용이다.

(18) 참고로 국립재활센터에서의 수화전문직원 양성과정은 현재 1년 동안 이루어지고 있는데, 말을 새로이 배우고 통역자를 양성하는데도 1년은 너무 짧다. 농 교원이 수화의 초보부터 가르쳐 전문통역직원을 양성하는 이 과정은 예를 들면 세계농연맹의 리더로부터도 높게 평가받고 있다. 향후 동 과정의 강화와 확충을 기대한다.

(19) 덧붙여 말하자면 내가 읽을 수 있는 것은 일본어와 영어이며, 그 이외의 언어권에서의 장애학(예를 들면 98년의 SDS연차 총회의 기조강연자는 프랑스인이었다)에도 관심이 있지만 접근이 어렵다. 그로 인한 제약을 당연히 받고 있다.

(20) 본서의 편자인 石川准와 내가 공동 운영을 하고 있다. 참가를 희망하시는 분은 내 어드레스(AXV44520@biglobe.ne.jp)로 이메일 송부 요망.

(21) (제1회) 98년 9월 11일
〈장애인과 정체성정체성〉石川(靜岡縣立大學)
〈미국의 장애학〉아드리안 · 애쉬(웨일즈대학/전 장애학회회장)
(제3회) 98년 11월 5일
〈영국의 장애인운동〉 닉 · 데너퍼(영국 장애인조직협의회자립생활위원회위원장)
〈장애학 · 문화의 시점에서〉 倉本(大阪府立大學 박사과정)
(제4회) 98년 11월 14일
〈농문화와 농인 커뮤니티〉 木村(국립재활 센터수화학원)
(제5회) 99년 1월 17일
〈장애학 · 운동과 연구〉 立岩(信州大學 의료기술단기대학)

〈참고문헌〉

安積純子 · 尾中文哉 · 岡原正幸 · 立岩眞也 (1990) 『生の技法』, 藤原書店』.

石川准 (1992) 『アイデンティティ · ゲーム』, 新評論社.

植村雅則 (1998) 『聾者はいま誇りもち歩む』, 朝日新聞 1998년 4월 27일자 조간.

小川喜道 (1998) 『障害者のエンパワーメントイギリスの障害者福祉』, 明石書店.

北島行德 (1998) 『無敵のハンディキャップ』, 文芸春秋.

木村晴美 · 市田泰弘 (1995) 聾文化宣言,『現代思想』, 23(3), 363-392.
木村晴美 (1998)『聾者として現代日本文化論第五巻ライフスタイル』, 岩波書店.
木村晴美 (1998) 手話入門 · · はじめの一步.『言語』, 27(4), 34-43.
ギャラファー, H · G (1986) 長瀨修譯、『ナチスドイツと障害者'安樂死'計畵』, 現代書館(Gallgher, H.G. *By Trust Betrayed*, Vandamere Press, revised)
倉本智明 (1997) 未完の〈障害者文化〉,『社會問題硏究』, 47(1), 67-86.
小林明子 (1995)『アジアに學ぶ福祉』, 學苑社.
齊藤道雄(1997) 誤解されている少數言語手話, 『中央公論』, 六月号, 146-157.
佐藤久夫 (1992)『障害構造論入門』, 靑木書店.
サレンバ, マシエイ (1997)『二文字理明監譯'福祉國家スウェーデンにおける人種純化政策'そよ風のように街に出よう』, 59.
杉野昭博 (1997)『障害の文化と共生の課題』, 岩波講座文化人類學第八巻異文化の共存岩波書店.
高田英一 (1997) "聾者の手話" 日本語の手話' の區別は正しいか, 『中央公論", 九月号, 124-125.
立岩眞也 (1997)『私的所有論』, 勁草書房.
土屋貴志 (1994)『障害が個性である社會'森岡正博編著'ささえあい'の人間學』. 244－261.
土屋貴志 (1997) アメリカ障害學會第十回年次大會, 『ノーマライゼーション』九月号.
D－PRO (1998) DPRO.
豊田正弘 (1998) 当事者幻想論,『現代思想』, 二月号.
全日本聾啞連盟 (1998) 春が來た,『日本聽力障害新聞』, 第五六〇号, 1.
途崎直美 (1998) 悲しみ覺えた聾者專門店,『朝日新聞』, 1998년 4월 24일 조간.
トムソン, R · G(1998) 現行カリキュラムへの障害研究の導入 西本あづさ譯, 『現代思想』, 二月号(Thomson, R. G. 1995, Integrating Disability Studies into the Existing Curriculum)
長瀨修 (1995) 障害者はキズモノか、医療モデル、文化 · 言語モデル、社會モデル,『日本手話學會會報』, 第五三号, 6-7.

長瀬修 (1996 a) 障害 (者) の定義・・英國の例(上), 『ノーマライゼーション』, 六月号.

長瀬修 (1996 b) 〈障害〉の視点から見た聾文化, 『現代思想』, 四月臨時増刊聾文化總特集.

長瀬修 (1997 a) 世界から第五回カリフォルニアの光と闇, 『福祉労働』, 75.

長瀬修 (1997 b) 世界から第七回福祉國家の優生學, 『福祉労働』, 77.

長瀬修 (1997 c) 96年障害學會年次總會に參加して. 『リハビリテーション』, 391, 44-47.

長瀬修 (1997 d) 第十回米國障害學會年次總會, 『働く廣場』, 6-11.

長瀬修 (1997 e) 聾兒の人口内耳手術の問題点, 『生命倫理』, 8호.

長瀬修 (1998) 障害の文化、障害のコミュニティ, 『現代思想』, 2, 204-215.

花田春兆 (1997 a) 蟹の足音 (五二) らしくない教科書. 『リハビリテーション』, 10.

花田春兆 (1997 b) 蟹の足音 (五〇) 水のミネソタ, 『リハビリテーション』, 7.

バリストローム, アンデッシュ (1998) ハンソン・知子譯'强制不妊手術はシステム的な隔離と施設的伝統の結果だ, 『福祉労働』, 79.

樋口惠子 (1998) 『エンジョイ自立生活-障害を最高の惠みとして』. 現代書館.

福島智 (1995) 『渡辺荘の宇宙人』. 素朴社.

福島智 (1996 a) 理念は現實とともに, 『世界』, 3, 324-325.

福島智 (1996 b) '概念'を否定したところに、'差別'との闘いは成り立つか?, 『世界』, 5, 376-377.

ミラー, E・J・/グィン、G・V・ (1985) 田中他譯, 『施設と生活』, 千書房.

山口泉 (1991) 『アジア、冬物語オーロラ自由』. アトリエ.

山口泉 (1996) 虹の野帖 (第三回) 障害者とは誰のことか?, 『世界』, 1.

横塚晃一 (1984) 『母よ!殺すな』すずさわ書店.

ラツカ, アドルフ (1992) 『アドルフラツカさんの講演』ノーマライゼーションの現代.

ラツカ, アドルフ (1997) 逸脱者の抹殺:スウェーデンモデルの暗部,

『福祉労働』, 12. Abberley, P. (1987) The Concept of Oppression and the Development of a Social Theory of Disability. *Disability, Handicap and Society*, vol.2, no. 1. pp. 5-19.

Barnes, C. (1991) *Disabled People in Britain and Discrimination.* Hurst & Co.

Barton, L. & Oliver, M. (1997) *Birth of Disability Studies-Disability Studies: Past Present and Future*, pp. ix-xiv.

Broberg, G. & Roll-Hansen, N. Eds, (1996) *Eugenics and the Welfare State.* Michigan State University Press.

Driedger, D. (1988) *The Last Civil Rights Movement.* Hurst.

Edwards, M. L. (1996) The Cultural Context of Deformity in the Ancient Greek World. *The Ancient History Bulletin*, vol. 10, no. 3/4, pp. 79-92.

Finkelstein, V. (1993) *The commonality of disability.* Disabling Barriers-Enabling Environments, ed. Swain, J. et al.

Finkelstein, V. (1991) *We'Are not Disabled, 'You'Are in Gregory,* S.(eds) Constructing Deafness , Open University/Pinter

Finkelstein, V. (1981) *To Deny or Not to Deny Disability-Handicap in a Social World*, ed. Brechin, A., pp. 34-36.

French, S. (1993) *Disability, impairment or something in between?* in Swain, J., Finkelstein, V., French, S., & Oliver, M., (Eds) Disabling Barriers-Enabling Barriers, Open University/Sage

Gallagher, H. G. (1998) *Black Bird Fly Away.* Vandamere Press

Gallagher, H. G. (1994) *FDR's Splendid Deception.* Vandamere Press, revised.

Hughes, B. & Paterson, K. (1997) The Social Model of Disability and the Disappearing Body: towards a sociology of impairment. *Disability & Society*, vol. 12, no. 3, pp. 325-340

Lane, H. (1992) *The Mask of Benevolence.* Alfred Knopf (長瀬修譯으로 現代書館에서 간행여정)

Lane, H. (1984) When the Mind Hears. Random House (佐野正信譯으로 晶文社에서 刊行予定)

Linton, S.(1998) *Claiming Disability*. New York University Press.

Minow, M. (1990) *Making All the Difference*. Cornell University Press.

Morris, J. (1991) *Pride against Prejudice*. Women's Press.

Munthe, C. (1996) *The Moral Roots of Prenatal Diagnosis*. Centre for Research Ethics.

Oliver, M. (1996) *Understanding Disability*. Macmillan.

Oliver, M. (1990) *The Politics of Disablement*. Macmillan.

Pfeiffer, D. & Yoshida, K. (1995) Teaching Disability Studies. *Disability & Society*, vol. 10, no. 4, December 1995, pp. 475-500.

Ramirez, A. (1997) Disability as a Field of Study. *New York Times*, 21 December 1997.

Shakespeare, T. & Watson, N. (1997) Defending the Social Model. *Disability & Society*, vol. 12, no. 2, 1997, pp. 293-300.

Shapiro, J.P. (1995) Others Saw a Victim, But Ed Robets didn't. *U.S.News and World Report*, March 27 1995, pp. 6-7.

Stone, E. (1996) A Law to Protect, a Law to Prevent: contextualizing disability legislation in China. *Disability & Society*, vol. 11, no. 4, 1996, pp. 469-483.

Union of the Physically Impaired Against Segregation (1976) *Fundamental Principles of Disability*, UPIAS.

〈추기〉 제6절에서 다룬 '데프토피아'는 유감스럽게도 1999년 1월말부로 일시 휴업 상태가 되었다. 데프토피아에 대한 문의는 팩스 03-3381-3636.

제 2 장

장애, 테크놀로지, 정체성

石川 准
Ishikawa Jun

1. 방법을 생각하는 것과 의미를 주는 것

누구나 할 수 있는 것인데도 자신은 할 수 없다는 것은 어떻게도 받아들이기 어렵다. 예전엔 할 수 있었던 것이 지금은 할 수 없게 되었다면 그것은 더더욱 그렇다. 그러나 이러한 특정한 무엇인가에 대한 것도 아니고 모든 것에 대한 분함(때로 '르상티망*' 이라고 불리는 일이 있음)은 통상 억압하거나 망각해야 할 부적절한 감정으로 자각된다.

이렇게 쓰면 표출되지 않는 것은 '존재하지 않는 것'이기 때문

* (역자주) ressentiment(프랑스어). 원한 · 증오 · 질투 등의 감정이 반복되어 마음속에 쌓인 상태. (니체의 용어).

에 적어도 표출되지 않을 정도로 억압이나 망각이 기능하고 있는 사람들, 따라서 억압이나 망각이라는 작용의 존재를 확인할 수 없는 사람들을 향해 불우한 '당신들'은 르상티망을 품고 있을 터이다 같은 생각은 한순간도 가져서는 안 되며, 말하기 어렵고, 무엇보다 실례가 된다. 있지도 않은 것을 날조하고 그것이 억압되고 망각되고 있기 때문에 불합리하다고 느끼는 사람도 있을 것이다. 분명히 그렇게 말하고 싶어진다. 게다가 이것은 '당신들'이 '우리들'로 치환되어도 변하지 않는다. 아니, '억압된 르상티망'이라는 언설은 '우리들'이라는 말하는 방식을 취함으로써 '고백'이라는 형식을 휘감게 되기 때문에 더욱 질이 나쁘다고 할 수 있다.

따라서 장애인의 르상티망을 이야기하는 것은 매우 어렵다. '그런 일은 없다'고 부정하는 사람이 적지 않기 때문일 뿐만 아니라 많은 사람들이 동의했다고 한들 그 사람들에게 르상티망이 '처음부터' 있었다는 증명은 되지 않기 때문이다.

말에는 사람을 느끼는 주체, 생각하는 주체로 규율화하는 힘이 갖추어져 있기 때문에 말은 창조적이며 구축적이다. 따라서 엄밀하게는 말처럼 그 자체로 만들어 내는 힘이 갖추어짐으로써 무엇인가가 실체로서 존재함을 논증하는 것은 무척 곤란하다. 그러면 말을 삼가야 하는 것인가? 얼마 전까지 나는 그것을 확신하고 있었다. 옴 사건이 사회에 충격을 주었을 때 나는 어떤 신문에 다음과 같이 썼다.

"옴 진리교에 관한 보도는 엄청나다. 나는 그것을 대부분 읽지 않고, 보지 않는다. 일부러 누군가 보여도 그와 비슷한 것을 일상 속에서 끊임없이 보고 있는 듯한 생각이 들기 때문이다."라고 쓴 사람이 있었다. 나도 비슷한 감각에 휩싸이면서도 실은 자주 보았다. 아니, 나는 전맹인 시각장애인이어서 '들었다'고 말하지 않으면 혼난다."

그래서 조금 마음에 걸린 적이 있다. '원망'이라는 설명의 쓰임새에 관해서이다. 옴 사건은 일본에서 매우 가난한 계층의, 신체가 자유롭지 못한 아이로 태어나고 자라 모든 형태의 굴욕을 당했던 麻原라는 인물의 숨겨져 있던, 터무니없는 원한(르상티망)과 그의 기술(마인드 컨트롤)이 꼭 들어맞지 않았다면 평탄한 인생을 보냈을 상냥하고 순정어린 엘리트 청년들의 지력(테크놀로지)과의 불행한 결합에 의해 야기되었다는 식의 설명이다.

이만큼 특이한 사건이 아니라도 시민사회는 무엇인가 사건이 일어날 때마다 원인의 설명을 요구한다. 질서를 일탈하는 행위에는 반드시 특별한 원인이 있을 것이며, 그 원인이 발견되지 않으면 안 되는 설명할 수 없을 것 같은 일탈 행동에 마주보지 않으면 불안해서 어쩔 수 없는 것이 시민사회의 공유감정이기 때문이다.

따라서 이번과 같은 터무니없는 사건이 일어나면 누구나 원인론을 곰곰이 생각해보지 않을 수 없다. 아무리 적당한 설명이라도 하여간 어떠한 설명이라도 원인 모를 부양상태보다는 나은 것이다.

행동에 대해서는 보통 공리적 동기, 규범적 동기, 감정적 동기의 세 종류의 동기로 귀속된다. 이들 동기 중 믿기 어려운 행동 때문에 준비되어 있는 것이 원한이나 사랑과 같은 감정적 동기이다. 麻原 교조는 '우연히' 시각장애인이었던 점에서 원한이라는 설명을 시민사회가 너무나 쉽게 믿은 감이 있지만 이는 너무나도 안이한 궤맞춤이 아닐까?

상식에는 어긋날지도 모르지만 피차별 체험에 의해 초래된 자존심의 손상으로부터 어쩔 수 없는 원한을 키워 온 사람은 매우 적다. 대부분은 피차별 체험과 싸우는 중에 온화함이나 긍지를 되찾아 간다. 풍부한 공감력이나 높은 사상성을 키워나가는 사람도 적지 않다. 그러므로 경솔한 논자를 제외하면 원한에 관해 말하는 논자도 麻原의 경우는 악순환이 극단적인 예라는 보충 설명을 잊지 않는다. 그러나 시민사회는 그런 두드러지지 않는 주석 등은 읽지 않고 사회적 소수자에 대한 편견(스테레오타입)을 조용히 더해 간다.

사건에 대해 정신의학자, 심리학자, 사회학자, 기타 식자로 불리는 사람들이 행하는 설명은 시민사회의 상식을 납득할 수 있을 것 같은 형식을 취한다. 좀더 다른 표현을 빌리자면 사건을 이해할 수 있는 범위내의 일로서 처리하기 위한 이야기의 구축이다. 그럼에도 불구하고 설명이 신탁과 같이 공손하게 이야기되는 것은 시민사회가 설명을 요구하고 전문가가 그에 답한다는 의식(儀式)이 절실하게 필요하였기 때문이다. 이런 의식이라도 하지 않는 한 까닭 모를 사건은 시민사회의 평화를 밑바닥부터 흔든다. 그렇다고 해도 나는 옴 보도를 너무 많이 본 탓인지 이런 종류의 설명에는 완전히 싫증나버렸다.

이 정도의 사건이기 때문에 설명은 어쩔 수 없을 것이다. 원한이라는 설명도 나쁘지 않을지 모른다. 그러나 어째서 장애인이라든가 민족적 소수자 같은 범주에는 원한이 적절하다고 믿는 것일까? 왜 의사나 변호사, 기술자는 마인드 컨트롤된 피해자=선량한 시민으로서 시민사회 측에 끌어안으려고 하는 것일까? 이 사람들의 세계에도 이룰 수 없었던 꿈도 있고 좌절이나 굴욕도 있다. 가치를 빼앗고 빼앗기는 것은 날마다 모든 곳에서 일어나는 것이므로 당연한 것이다. 그런 마음이 되면 원한이라는 동기는 모든 등장인물에 대해 적용할 수 있지만 그러한 설명은 좀처럼 없다. 시민사회가 추구하고 있는 것은 상식의 회복이며, 수많은 설명들이 이 수용에 응하기 위해 구축되고 있기 때문이다. 시민사회가 선량한 피해자라는 자기확인작업은 옴 보도가 짊어지고 있는 중요한 기능이다(〈옴 보도와 시민사회의 정체성 · 게임〉(每日新聞 大阪版 95년 6월 23일 석간)

지금 되풀이해 읽어 보면 르상티망이라는 설명에 대한 내 감정의 흔들림을 확인하지 않을 수 없다. 그것은, "피차별 체험에 의해 초래된 자존심의 손상으로부터 터무니없는 원한을 키운 사람은 지극히 적다. 대부분은 피차별 체험과 격투하는 가운데 온화함이나 긍지를 되찾아 간다. 풍부한 공감력이나 높은 사상성을 키워가는 사람도 적지 않다."고 쓰여 있는 부분에 분명히 나타나 있다. 거부하고자 하는 '장애인의 르상티망'이라는 설명을 인정하고 있다. 받아들여지고 있는 설명임에도 불구하고 부정하려 하고 있다. 그렇게 읽을 수 있다. 혹은 반격하려는 장소의 선택에 주저함이 있다고 볼 수도 있다. 르상티망은 날조라고 할 것인지, 처음에는 있어도 승화되는 것이라고 말할지를 결정하기 어려운 듯이 보이는 것이다.

르상티망을, 만들어낸 이야기에 지나지 않는다는 주장은 설명의 정치성을 드러낸다. 그 이론적 근거는 구축주의라든가 구성주의라 불리는 입장이다. 구축주의의 입장에서는 X란 사람들이 X로 여기고 X로서 다루는 것이라고 정의된다. 대강의 정의라고는 말할 수 없는 개념의 취급방법이지만, 최근의 사회학에서는 이것은 그다지 드물지 않다. 가족, 민족, 젠더, 사회문제, 차별, 일탈 등의 정의에서 지극히 평범하게 이용되고 있다. 구축주의는, '언어/언어 외의 현실', '주관적 표상/객관적 구조', '텍스트/컨텍스트' 같은 고전적인 이분법을 받아들이지 않는다. 우리들

앞에 있는 것은 언어 · 표상 · 텍스트뿐이라는 것이 이 입장의 논리적 귀결이다.[1)]

이러한 견해를 취하면 르상티망이란 사람이 장애인을 보는 시선이고, 장애인이라는 존재의 모습을 세계에 질서세우는 방법이며, 그렇기 때문에 그러한 시선이야말로 문제 삼아야 한다는 것이 된다. 그러나 좀더 깊게 들어가 보면 구축주의는 자신의 주장도 상대화하지 않고는 둘 수 없는 것 같은 논리다. 즉 구축주의에 서면 우리들은 구축이라는 것은 말할 수 있어도 날조라는 것은 말할 수 없다. 왜냐하면 실재하는 것을 객관적으로 확정할 수 없으면 실체와의 등급 차이를 취할 수 없게 되기 때문이다. 등급의 차이를 알 수 없다면 구축된 것 중 어디에서 어디까지가 날조이며, 어디에서 어디까지가 날조가 아닌지를 말할 수 없다. 역시 고전적이라는 소리를 들어도 설명을 기각하기 위해서는 설명력의 없음을 증명하는 것이 중요하며, 불가지론에 억지로 끌어들여서는 승부가 나지 않는다. 설명을 기각하지 않고 무효화하려는 것은 문제의 본질을 회피하는 것이다.

한편 르상티망에 대해 가장 깊고 날카롭게 말한 이는 니체라고 일컬어진다. 가치에 손이 닿지 않는 자는 르상티망을 안고 가치를 부정한다. 그리고 다른 가치를 창조한다. 스스로가 믿을 가치를 부정하기 위해서는 결사적인 자기기만이 필요하며, 그것 없어 가치의 개편은 이루어지지 않는다. 르상티망은 고난이나 자기희생의 가치 부여, 의미 부여에 사람을 몰아세운다. 도덕, 적어도 어떤 종류의 도덕은 그렇게 만들어진다. 기독교 등은 그 절정이다. 게다가 권력을 장악한 후에도 기독교는 약자로 위장해 선량이라는 가치까지 독점하려 하고 있다. 니체는 그렇게 생각하고 있었던 것 같다.

르상티망에 의해 사람은 범죄를 범한다는 설명의 허접함과는 달리, 르상티망에 의해 사람은 도덕을 만들어 낸다는 설명은 매력적이다. 永井均은 〈여우와 포도〉의 우화를 이용하여 르상티망과 도덕의 관계를 이해하기 쉽게 설명하고 있다.[2)]

여우는 보기만 해도 달콤하고 맛있을 것 같은 포도를 발견했다. 그러나 포도는 높은 곳에 있어 여우에게는 아무리해도 미치지 않는다. 여우는 포도를 포기하지 않으면 안 된다. 여우가 완전히 포기할 수 없는 기분을 진정시키기 위해 생각한 것이 "저 포도는 사실은 시큼할 것이다. 그러니 가질 수 없는 것은 오히려 행운이었다. 손 닿는 곳에 있었더라면 틀림없이 먹고 있었다."와 같은 자기기만이다.

그러나 永井에 의하면, 여기까지라면 여우는 져서 분함을 말하고 있을 뿐으로 아직 도덕을 만들어내고는 있지 않는 셈이 된다. 눈앞의 포도를 모욕한 것만으로 포도라는 과실의 가치를 부정한 것은 아니기 때문이다.[3)] 여우가 "포도는 너무 시기 때문에 먹어서는 안 된다."고 생각하게 되고, 열심히 스스로 만들어 낸 도덕을 계속해서 실천하게 될 때 비로소 여우는 도덕적이 된다고 한다. 도덕적인 여우는 손닿는 곳에 열려 있는 포도에 직면해도 먹으려고 하지 않는다. 먹어서는 안 된다. 먹어 버리면 도덕적이지 않기 때문이 아니다. 도덕적인양 할 때에만 존재할 수 없을 만큼 도덕은 새롭고, 그래서 취약하기 때문이다.

그리고 여우는 이윽고 포도에의 욕망을 완전히 잃을지도 모른다. 그 때 여우는 손이 닿지 않는 달콤한 포도를 접하기 이전처럼 도덕적이지 않게 된다. 포도를 무가치인 것으로 하는 문화를 살게 된 여우에게 포도는 이미 욕망의 대상도 도덕의 대상도 아니기 때문이다.

2. 존재 증명의 정치

그건 그렇고 나는 얼마 전부터 '존재 증명'이라는 설명을 제안하고 있다. 거기에서는 가치를 둘러싼 싸움이 경멸이나 미움, 자기비하의 온상이라고 말해 왔다. 그렇다면 사실상 르상티망은 나 자신의 설명이기도 한다. 그 설명이란 결국 아래와 같은 것이다.[4)]

사람은, 자신은 값진 특별한 존재라는 것, 혹은 무가치한 존재가 아니라는 것을 증명하고자 매일매일 행위한다. 이것을 존재 증명이라고 부른다. 존재 증명은 '증명'인 이상 다른 사람에 의한 승인을 필요로 한다. 이렇게 해서 사회는 이 보완성, 상호의존성, 상호승인의 관계로 존립하고, 안정되고, 균형을 취하는 것으로 보인다. 그러나 존재 증명은 다른 사람에게 의존함으로써 조화적인 사회관계의 성립을 즉시 예상할 수는 없다. 타자는 타자 자신의 존재 증명을 위해 '나'를 정의할 것이고, '나' 또한 자신의 존재를 증명하기 위해 타자를 정의하지 않으면 안 되기 때문이다. 이렇게 해서 존재 증명을 둘러싼 '정치'가 매일 벌어진다.

일반적으로 존재 증명은 일상적인 일(routine work)을 통해 달성되는 한 자각되지 않으며 또한 타자가 알아차리는 일도 적다. 가령 알아차렸다고 해도 마치 신사협정이 맺어진 것 같이 그것이 공공연하게 지적되는 일은 적다. 존재 증명이 지적되는 것은 그러한 일상적인 일의 외부에 존재 증명이 '돌출'했을 때이다.

존재 증명이 돌출하는 것은 특히 피차별자에 있어서이다. 차별은 사람들로부터 존재 가치를 박탈한다. 차별을 되풀이해 받은 사람들은 심한 자존심의 손상을 경험한다. 손상한 자존심은 회복을 요구하여 존재 증명에 박차를 가한다.

몇 가지 방법이 있을 것이다. 첫째, '인상 조작'이라는 방법이 있다. 사람은 알려지면 부정적으로 평가되는 부의 정체성을 숨긴다. 가치 있는 정체성의 소유자인 것처럼 위장하는 것도 사람이 흔히 쓰고 있는 상투적 수단이다. 숨겨서 가장하는 것, 이것이 인상 조작이다.

그러나 인상 조작에는 인상 조작에 의존하면 한수록 자기혐오가 늘어난다는 재귀적 증폭 작용이 항상 따라다닌다. 사람은 사회적 정체성, 어빙・고프먼이 말하는 체면을 유지하려고 하여 '그 사람인양', '신원 숨김'과 같은 인상 조작을 실천하지만 인상을 조작하지 않으면 존재 증명이 파탄해 버린다는 사정, 그렇기 때문에 실제로 인상 조작에 기를 쓴다는 사실은 자기 기만하는 기술도 없고, '나'의 자존심에 심히 상처를 준다. 은폐하고 위장하려는 정체성은 점점 자신의 '본질'이 되어 간다. 존재 증명을 위해 행하는 노력에 의해 존재 증명이 파탄하는 아이러니한 악순환이다.

둘째, '보상 노력'이라는 방법이다. 사회적 위신이 높은 집단에 소속된다든가 능력이나 자격을 익히는 것과 같이 가치 있는 정체성을 획득함으로써 부정적인 가치를 띤 자신을 보상하려는 것이 보상 노력이다.

그러나 보상 노력에 의해 실현될 수 있는 것은 고작해야 존재 증명의 차감 계산을 호전시키는 것밖에 없다. 보상 노력에 의해 얻어지는 것은 '그는…로서는…이나…이다' 혹은 '그녀는…이지만…이다'라는 형식의 평가에 지나지 않는다. 사람은 여전히 자기의 존재 증명을 위협하는 부의 정체성을 안은 채 있다. 부의 정체성이 지워지지 않는 이상 사람은 보상 노력을 영구히 계속하지 않으면 안 된다. 인상 조작과 마찬가지로 보상 노력은 새로운 존재 증명에 사람을 내몬다.

셋째, '타인의 가치 박탈'이라는 수단이 있다. 가치의 상대성 혹은 상호 배반성이라는 것을 전제로 하면, 자신에게 가치를 결부시킨다는 적극적인 방법을 취하지 않아도 타인으로부터 가치를 빼앗는다는 소극적인 방법에 의해서도 존재 증명은 실현할 수 있다.

그렇다고 해도 타자의 가치 박탈에 있어 개개의 소극성은 한계를 포함한다. 이 방법에 의해 달성되는 것은 타자를 깎아내리는 것으로, 이 '나'의 가치가 적극적으로 증명되는 것은 아니다. 거기에 자신의 존재 증명을 위해서 다른 사람을 얕보는 것이 '자각'되면, '나'의 존재 증명은 점점 위태로워진다. 하긴 다른 사람의 가치 박탈의 대부분은 자각되지 않은 채 이루어질 수 있고, 또 자각하지 않고 행할 수 있도록 제도화되어 있다. 따라서 이 방법이 한계를 노정하는 것은 차별을 받은 측으로부터의 효과적인 '규탄'이나 '이의신청'이 이루어졌을 경우이다.

넷째, '가치의 되찾기'라는 선택이 있다. 사회가 지배적인 가치를 새로 만듦에 의해 지금까지 부정적으로 평가되어 온 자신의 사회적 정체성을 긍정적인 것으로 반전시키자는 것이다.

가치의 되찾기에는 기존의 가치를 부정하면서 새로운 가치를 창조하는 것과, 지금 있는 가치를 상대화하고 새로운 가치를 부가시키는 것으로 분절화할 수도 있다. 그러나 어쨌든 가치의 되찾기는 바로 어제까지 굳게 믿고 있었던 가치 체계를 근본적으로 다시 보고, 부정 혹은 상대화하여 다시 뜯어고치고자 하는 곤란한 방법이다. 자신의 가치 체계뿐만이 아니다. 다른 사람의 가치 체계의 변경도 동시에 일으키지 않으면 가치의 되찾기는 충분히 실현되지 않는다. 그러나 존재 증명은 대부분의 경우 상극적으로 연동하고 있어 누군가 존재 증명의 방법을 극적으로 변경하거나 가치의 되찾기를 대담하게 의도하면 그때까지 순조롭게 존재 증명을 달성해 온 타자의 존재 증명이 위협받게 되기 쉽다. 따라서 사회의 가치 체계의 수정을 추구하는 요구는 기존 가치 체계 하에서 존재 증명을 성공시켜 온 사람들로부터 강한 반발과 거절을 당한다. 존재 증명과 존재 증명이 모순되는 이러한 경우에는 가치의 되찾기는 필연적으로 가치를 둘러싼 격렬한 투쟁을 초대한다.

한편, 같은 정체성 문제를 공유하는 '동료'를 향한 가치의 되찾기 제안은 일반적으로 승인과 지지를 얻기 쉽다. 그러나 '동료'가 인상 조작이나 보상 노력에 의한 존재 증명에 여전히 가능성이나 미련을 남기고 있는 동안은 가치의 되찾기를 위한 상호승인의 네트워크는 기대한 만큼 넓혀지지 않는 것도 사실이다.

그런데 애당초 사람이 존재 증명에 기를 쓰는 것은 왜일까? 단적으로 말하면 사회가 존재 증명을 요구했기 때문이다. 사회는 존재 증명의 내용은 물론 방법, 형식, 절차 등에 이르기까지 자세히 가치를 부여함으로써 사회성원의 행동에 방향을 설정하고, 관리하고, 한정하며, 질서를 조달하고 있다. 신앙, 애국심, 충성심, 정의, 유능, 용감함, 애정, 이 모든 것은 사회가 요구해 온 존재 증명이다.

가치박탈을 위해 심각한 정체성 문제를 지닌 사람들은 눈앞의 정체성 문제를 완화하기 위해 인상 조작이나 보상 노력 혹은 타자의 가치 박탈과 같은, 기존의 존재 증명 규범에 동조하는 방법에 의지하기도 한다. 그러나 정체성 문제가 심각하면 할수록 혹은 피차별과 마주 향하는 체험을 통해 사물의 본질(인상 조작이나 보상 노력, 타자의 가치 박탈이 짊어지는 사회적 기능)을 실감하면 할수록 가치의 되찾기를 구하게 된다. 그리고 더욱 네트워크나 리더십, 사회적 환경과 같은 집합 행위 생성을 위한 조건이 정돈되면, 그들/그녀들은 '정체성의 정치'를 시작하게 된다.

그러나 사람은 항상 존재 증명을 성공시키려는 방향에서 존재 증명에 얽매인 것은 아니다. 존재 증명의 무한 루프로부터의 탈출-그것은 존재 증명을 요구하는 사회적 권력으로부터의 초월을 의미한다-을 목표로 하는 방향에서 존재 증명과 마주 향하는 경우도 있다. 만약 자신이라는 존재 그 자체, 정체성을 제외한 '본래'의 '나'에 가치를 실감할 수 있다면 존재 증명은 불필요하게 되고 사람은 존재 증명의 악순환으로부터 해방된다. 이것을 '존재 증명으로부터의 자유'로 부르기로 한다.

인상 조작과 보상 노력과 타인의 가치 박탈이 존재 증명을 위해 거의 항상 같이 쓰이는 전략이라고 하면, 가치 되찾기와 존재 증명으로부터의 자유란 개념상 달라도 현실적으로는 하나하나의 집합 행위에 있어 한 사람 한 사람의 지향에 미분화된 모습으로 조성되는 일이 적지 않다. 예를 들어 장애인해방운동 속에서 탄생한 '장애는 개성이다.' 혹은 '있는 그대로인 자신을 긍정하자.'는 사상은 장애라든가 장애인이라는 기존의 자의적인 범주 작용을 일단 받아두고, 부의 가치를 짊어지면서 만들어진 그러한 차이의 하나하나에 가치를 되돌려주려 하는 가치 되찾기의 실천이라고도 말할 수 있고, 한 사람 한 사람의 생명체에 본래 동등하게 내속할 가치를 무조건 서로 승인하고자 하는, 존재 증명으로부터의 자유를 목표로 하는 활동이라고도 말할 수 있다.

정체성 문제에 직면하는 사람들에 있어서는 인상 조작이나 보상 노력, 타자의 가치 박탈은 존재 증명을 위한 도구적인 수단이다. 가치의 되찾기도 마찬가지로 존재 증명을 위한 수단이다. 존재 증명으로부터의 자유조차 존재 증명의 좌절을 초월하는 수단일 수 있다. 그러나 이것들 제반 행위의 사회적 기능은 크게 두 가지로 나눌 수 있다. 인상 조작과 보상 노력과 타자의 가치 박탈이란 기존의 지배적인 존재 증명의 체계로의 종속을 의미한다는 점에서 일련의 것이다. 그것은 존재 증명의 무한 루프를 순환한다. 인상 조작과 보상 노력과 타자의 가치 박탈에 몰두하면 할수록 사람들은 스스로나 다른 사람의 자존심에 상처를 입히고 한층 존재 증명에 몰두하게 된다. 한편 가치의 되찾기와 존재 증명으로부터의 자유란 기존의 지배적인 존재 증명 체계를 무너뜨리는 잠재력을 소유한다는 의미에서 일련의 것이다. 가치의 되찾기는 기존 가치의 상대화와 가치 증식을 초래할지도 모르는 새로운 가치를 창조하고 사회에 제안하며 그 승인을 추구하는 것으로, 존재 증명으로부터의 자유는 존재 증명에의 압력 바로 그것을 무시·경시하는 것으로 질서 원리로서 작동하는 존재 증명의 시스템과 그러한 시스템에 의존해 존립하는 사회의 나아갈 방향을 일거에 흔든다. 가치를 증식하고자 하는 것과 가치로부터 자유로워지려는 것 혹은 정체성에의 자유(정체성의 자기관리, 자기집행)와 정체성으로부터의 자유(자존심 없는 자애심, 위안)는 정체성 문제를 해결하기 위한 수단이라는 의미를 훨씬 넘어 해방과 공생의 사상으로 승화할 가능성을 포함하고 있다. 기존 존재 증명 시스템의 정적 재귀성을 탈출하여 공생과 다양성의 축복에 사회를 향하게 하는 변동의 계기-존재 증명의 동적 재귀성-가 내포되어 있다.

이상이 존재 증명에 관한 내 사고를 대강 묘사한 것이다. 자존심의 손상으로 할지 르상티망이라고 할지는 달라도 사람은 어떻게 해도 가치에 손길이 미치지 않을 때에는 새로운 가치를 창조한다고 생각하는 점은 같다. 차이는 이러한 가치가 다시 만들어지는 방법에 대한 평가이다. 즉 이러한 시도를 공생과 해방을 향한 원동력으로서 기대하고 긍정할지, '약자의 복수'로 보아 매우 싫어하거나 초조함이나 모멸감을 품을 것인가[5] 아니면 필연적인 과정으로서 긍정도 부정도 하지 말 것인가라는 차이이다.

가치의 개편은 '비겁'하며 '품위가 낮다'고 하는 사람이 있다. 그렇다면 '겸손'이나 '품위가 높다'는 오만이다. 겸손은 애써 선전하지 않아도 사회는 자신을 정확하게 평가해 주거나 혹은 우대마저 해준다는 사회를 신뢰하는 자일수록, 사회로부터의 처우에 자신을 가진 자일수록, 유지할 수 있는 태도이기 때문이다. 그렇게 생각하면 르상티망이라는 설명과 그것에 담겨진 모멸이나 적대감의 정체가 명확해진다. 정치성이 보인다. 물론 가치의 개편을 긍정적으로 평가하는 입장도 당연히 정치적이다.

3. 의미를 주는 테크놀로지로서의 감정 관리

사람이 능력을 결정적으로 잃었다고 느꼈을 때부터 혹은 자신에게는 대부분의 사람들에게 갖추어진 능력이 없다고 느꼈을 때부터 사람은 어떻게 존엄이나 자긍심을 회복해 재기해 가는 걸까? 기존에 이러한 과정은 '장애의 수용' 등으로 불려 자신 혹은 가족의 병이나 죽음의 수용과 함께 '비애의 과정'으로 파악되어 예를 들어 ① 충격, ② 부인, ③ 슬픔 · 노여움, ④ 적응, ⑤ 재기라는 5단계를 거쳐 극복해 나가는 것으로 일컬어져 왔다.[6] 그러나 거기에는 사람을 재기시키는 원동력이 어디에 있는지에 관한 설명은 반드시 나타나고 있지는 않다. '적응'이란 어떤 의미인가? 익숙해진다는 것일까? 아니면 마음을 가다듬는다는 것일까? 하여간 어떻게 해서 그런 것일까라는 아주 중요한 점은 잘 모른다. 이에 대해 확실하게 대답하려는 것이 르상티망론이며 존재증명론이다. 이것들이 주목하는 재기를 위한 원동력은 의미 부여이며 가치 부여였다. 사람은 자신의 몸에 일어난 것을 단순한 불운이나 불행으로서 포기하지 않는다. 그것은 단순한 박탈이나 상실이어서는 안 된다. 긍정적인 의미를 주고 가치를 부여함으로써 비로소 사람은 재기할 수 있다. 그렇게 생각하는 것이다. 가령 그렇다고 해서 그러면 사건이나 체험에 적극적으로 가치를 부여하여 르상티망을 승화해 가는 프로세스의 구조를 더욱 깊이 파고들어 분석하면 어떨까?

감정 경험을 구성하는 사회적 실천=감정 문화를 연구 대상으로 삼는 것에 감정사회학[7]이 있다. 사람들은 감정 규칙을 따라 느낀다. 감정이란 규범적 문화적인 것, 제도의 바깥에 있는 자연스러운 것 등이 아니라 제도 그 자체라는 것이 감정사회학에 의한 감정의 시각이다.

이 입장에서는 (느끼지 않는 것도 감정적 행위에 포함시킴을 전제로) 감정은 규범에 대해 동조적인 것과 일탈적인 것으로 나뉘게 된다. 일탈적인 감정은 사회적·주체적 통제를 받아 동조적인 것으로 바뀐다. 적절한 감정이 창출되고 부적절한 감정은 소거된다. 감정사회학은 그러한 통제를 '감정 관리'라 부른다. 감정 관리에 대해서는 A·R·호크 실드[8]라는 감정사회학자가 〈만들어진 마음〉이라는 작품 속에서 상세히 분석하고 있다. 그녀는 표층 연기(surface acting)와 심층 연기(deep acting)를 구별한다. 표층 연기는 단순한 치장과 인상 조작인 것에 비해 심층 연기는 요컨대 자기 기만이다. 표층 연기가 다른 사람을 속이는 진짜와 흡사한 연기라면, 심층 연기는 자기를 속이는 진짜와 흡사한 연기이다. 호크 실드의 주된 관심은 사람의 이 마음을 만드는 능력과 감정 관리 기술을 교묘하게 수탈하는 고도 자본주의적 사회 시스템과 그 밑에서 변질을 덮어쓴 사람들 (특히 여성)의 자아를 향해 있다.

현대사회에서 감정의 상품화, 즉 감정의 매매는 근대사회의 성립과 함께 시작된 감정의 합리화에 기초를 둔다. 감정을 환기하는 혹은 소거하는 것이 경제행위가 되었다고 하면 우리들은 감정 노동을 수행하는 노동자인 셈이다. 감정 노동이란 직무 규정 혹은 그것과 닮은 것에 있어 직무 내용의 일부로 요구되는 감정 상태나 감정 표현을 만들어내기 위해 규범적으로 행해지는 감정 관리이다. 감정 노동은 특히 접객, 의료, 간호, 교육 등 대인 서비스의 영역에서 광범위하게 이루어지고 있다.

> "회사는 단지 그녀의 신체 움직임-그녀가 어떻게 해서 식사가 놓인 선반을 다룰 것인가-에 대해서만이 아니라 그녀의 감정 행위나 그것을 융통성 있는 미소로 보이는 것과 같은 방식에 대해서도 권리를 주장한다. 내가 이야기를 한 사람들은 곧잘 "자기들의 미소는 자신의 위(on)에 놓여 있지만 그것은 자기 자신의 (of) 기분은 아니다"라고 말하고 있었다. 그것들은 화장이나 유니폼, 녹음된 음악, 기분이 누그러지는 파스텔 컬러의 장식, 한낮에 서비스되는 음료 등의 연장선에 있는 것으로 간주되고, 승객들의 기분을 좋게 만드는 것으로 한꺼번에 여겨지고 있었다. 최종적으로 완성되는 상품은 벽지의 두루마리와 같은 손꼽을 수 있는 일정수의 미소가 아니다. 객실승무원에 있어 미소를 짓는 것은 일의 일부이며, 거기에 그녀가 자신의 일을 수고 없이 수행하고 있음을 보이기 위해 자기와 감정을 조화시킬 것이 요구되고 있다. 즐기려고 노력하고 있는 것을 다른 사람에게 보이는 것은 완성도가 높지 않은 일이다. 마찬가지로 피로나 초조함을 속이는 것도 일의 하나이다. 나도 모르게 그것들을 내보이면 승객의 만족이라는 생산물은 물거품 된다."[9)]

그런데 감정 노동자는 내적 필연성이 없는, 따라서 자신의 본래 감정이라고는 실감되지 않는 감정을 대인적인 상호작용 속에서 빈번하게 경험하지 않으면 안 된다. 연출, 기만, 치장된 감정을 자각한다. 필연적으로 감정 노동자의 감정은 두 가지 범주로

찢겨져 '사회적 인공적'으로 경험되는 감정과 '자연적 본래적'으로 경험되는 감정으로 분열된다. 그리고 후자의 감정이 가치평가되어 추구된다.

> "결국 우리들은 자신의 등에 누구의 광고를 떠맡는다 해도, 얼굴에 누구의 미소를 보인다 해도, 자기 고유의 영역에 남겨져 있는 '본래의 자신'이라는 관념, '내 안의 보석'을 만들어 내는 것 같다. 우리들은 이 '본래의 자신'을 자신의 내부에 깊게 밀어 넣어 한층 손이 닿지 않게 하고 있다. 우리들은 상업(주의)의 수중에 있는 감정기계 부품에서 진실됨을 제거하여 자신들이 "진짜는 어떤 사람일까"를 알기 위해 남기게 된 것이 된다. 그리고 상업주의로부터 몸을 지키기 위해 일찍이 드러냈던 우리들의 인간적인 인격의 표면을 외투로 싸는 것이다."[10]

자신의 감정을 자기 정의나 자기 근거의 준거점으로 하는 것 같은 자신의 모습을, R・H・터너[11]는 충동적 자기라 부른다. 터너에 의하면 자기 정의를 부여하는 양식에는 두 가지가 있는데 그 하나가 집합적 목표나 사회적 윤리나 역할에 준거하고 미래지향적으로 행동이나 욕구를 통제하는 것에서 자아가 달성되고 획득된다는 '제도적 자기'이며, 다른 하나가 윤리나 역할, 통제를 배제하고 지금 여기의 감정이나 욕구에 준거해 표현함으로써 자아가 발견되는 '충동적 자기'이다.[12]

감정의 상품화가 감정이나 마음을 위조함으로써 진짜 감정에의 갈망을 만들어내고 있다고 하면 그러한 갈증을 푸는 활동을 함에 있어 치료적 언설이 있다. 치료적 언설은 본래적이지 않고 왜곡된 거짓 감정이나 마음의 사회적 만연을 사회문제로 제기하고, 부정되고 억압된 감정경험을 해방하며, 본래의 감정경험을 되찾기 위한 감정 관리법을 가르친다. 그리고 자연스럽고 본래적이며 정통하고 진정한 모습의 자신, 감정, 신체, 인간관계의 모습에 가치를 부여한다. 감정에 관한 이러한 언설이 침투하고 그것이 사람들에 의해 믿어지게 되면 감정 경험과 감정과 마주대하는 방식이 자기의 구축 혹은 정체성 관리에 있어 점점 중요한 것이라고 인식하게 된다.

감정에 관한 이러한 치료적 언설은 자조운동이나 장애인운동(전신성 장애인의 자립생활운동)에 있어서도 널리 이용되어 왔다. 구체적으로는 동료상담이라고 일컬어지는 것이 그렇다. 감정사회학의 틀에서 보면 실은 장애인의 동료상담 또한 감정을 관리하는 방법을 제공하는 활동이라고 말할 수 있다. 동료상담에서는 고통, 자기비하, 위축이나 슬픔을 억압하거나 금하지 않고 안심하고 나타내도록 격려된다. 거기에 감정을 경험하는 것은 '자연스럽고' '인간적'인 가치가 있는 것이며, '경험하는 권리'를 사람이 갖는다는 치료적 언설을 간파하기는 쉽다. 이렇게 감정을 충분히 해방시키고 나서 동료상담은 감정 관리에 착수한다. 먼저 왜 그러한 감정을 품는가를 설명한다. '능력주의', '비장애인 문화', '신체의 상품화' 등이 언급된다. 그리고 위축이나 자기비하, 분노는 사회에 의해 강요된 본래적 감정이 아님이 설명된다. 그러한 이해에 서서 자신의 신체를 더욱 긍정적으로 받아들이고 자신의 자긍심을 되찾기 위한 대항적인 세계관이 제시된다. 장애는 없애거나 극복해야 할 것이라기보다 하나밖에 없는 '내' 개성의 하나가 아닐까라는 사상이 나타난다. 이러한 장애관, 신체관은 장애에 적극적인 의미를 부여하고 위축이나 열등감,

무력감으로부터 인간을 해방한다. 동료 상담가는 그러한 신체관이나 그에 대응한 감정 경험을 실천하는 개척자, 준거자로서 기능한다.

그러나 주의하지 않으면 안 되는 것은 감정 노동자가 경험하는 '감정 소외'와 장애인이 경험하는 '부정적 감정'은 그 생성 메커니즘이 다르다는 것이다. 감정 노동자는 내적 필연성이 없는, 따라서 자기가 진짜 감정으로 실감되지 않는 공허한 감정을, 대인적인 상호작용 속에서 규범적으로 경험하지 않으면 안 된다. 이른바 사회가 인간의 감정 관리 능력에 파고든 결과로 생긴 공허함이다. 한편 장애인이 경험하는 부정 감정은 그것보다 훨씬 기본적(고전적)이다. 사회의 감정 규칙을 내면화할 수밖에 없었기 때문에 경험해 버리는 것 같은 부정 감정이다. 따라서 매우 사실적인 감정으로서 경험하는 (하게 하는) 것이다.

감정은 사람이 어떤 세계관을 믿고, 어떤 가치 체계에 위탁하고 있는지를 표현한다. 그러므로 장애를 받아들이고 그것을 적극적인 것으로 만들어가는 것은 '본래적 감정'이나 '본래적 신체'를 창조하고 그것을 공동으로 실천하는 것이 된다. 지금까지 믿고 있었던 것을 버리고 다른 것을 믿는다는 것은 보통 일이 아니다. 그것은 '마음을 바꾸어 먹는' 과정, 이른바 목숨을 건 감정 관리이다.[13)]

4. 테크놀로지에 대한 장애인의 양의적 태도

寺田純一은 "무한한 가능성을 신봉하는 미국의 장애인운동은 장애인에게 기회가 주어지면 일할 수 있다고 주장하고, 복지 '수급자'에서 '납세자'가 됨으로써 사회에 공헌한다는 가치관을 견지한다.[14)]"라고 하였으며, 花田는 "방편으로서도 지불할 수 있기 때문이라는 설득의 변을 득의양양하게 퍼뜨리는 점이 왠지 신경 쓰인다.[15)]"고 말하고 있다.

'할 수 없다'는 입장에서 능력주의를 상대화하는 논리의 흐름을 펴지 않는 것에 대한 실망이 이렇게 말하게 한 것으로 생각된다. 그러나 "득의양양하게 퍼뜨리고 있다."라는 것은 조금 가혹한 평가는 아닐까? 나에게 그것은 유일하게 설득적인 수사학으로 이렇게 말할 수밖에 없었다는 생각이 든다. 다른 표현을 하면 이러한 표현방식으로밖에 반응하지 않는 것이 미국이라는 사회임을 단지 그것은 나타내고 있음에 지나지 않는다는 것이다.

아니, 방편은 아니어도 이러한 노력은 있을 수 있다. 가치에 손길이 미치지 않을 때 사람은 반드시 사상을 키우는 것은 아니다. 가치의 획득을 실현되기 위한 수단을 찾고, 도구를 만들려고 하는 쪽이 먼저이다. 더욱 단적으로 말하면 테크놀로지다.

예를 들어 어떤 연구회 자리에서 이공계 대학원에 다니는 휠체어 학생이 자신의 연구 주제는 쇼핑 대행 로봇의 개발이라고 말하는 것을 들은 적이 있다. 그는, 차는 자유롭게 운전할 수 있으므로 편의점의 주차장까지는 아무런 문제없이 갈 수 있지만 차에서 내려 휠체어에 옮겨 타거나 또 휠체어에서 내려 그것을 접어 차에 올라타는 것이 힘들다고 한다. 주차장에서 원격조작하는 쇼핑 대행 로봇을 발진시켜 로봇 센서로 가게의 상황을 눈앞의 조작 단말기 디스플레이에 차례대로 비추면서 조종하고 로봇에 탑재한 스피커로부터 목소리를 내서 쇼핑을 마치고 되돌아오는 것이 가능하다면 문제는 해결될텐데라는 것이 그의 바람이었다.[16)]

그러나 원래 장애인운동 특히 일본의 거기에는 테크놀로지를 경계해 온 역사도 있다. 특히 전신성 장애인 사이에 그러한 역사가 현저하여 최근 '농인'의 인공와우삽입 수술을 경계하고 있다. 테크놀로지에 경계하지 않으면 안 될 이유에 대해서는 많은 사람들이 말하고 있다.

"나는 어려서부터 기어다니는 것이 자연스러웠습니다. 가장 안심할 수 있는 이동 방법입니다. 가장 안정되어 있기 때문에 무섭지 않다는 것입니다. 그런데 나는 30대 후반쯤부터 무릎 타박상이나 관절염으로 종종 고생하고 있습니다. 3년 정도 전부터 이 병은 심해져 빈번하게 발생하고 있습니다. 심할 때에는 나을 때까지 3개월이 걸릴 때도 있습니다. 그럴 때는 양 발을 앞으로 뻗고 엉덩이를 바닥에 깔면서 천천히 이동합니다. 기어가기와 비교하면 이동 시간은 세 배 듭니다. 그러니 병이 나면 그 때마다 생활이 대단히 불편해집니다. (중략) 그런저런 생활하는 동안 이 무릎 타박상이나 관절염은 발증 횟수가 점점 늘어나 예후도 좋지 않습니다. 혼자 일상생활을 처리하는 것이 어려워져 수발인도 부르게 되었습니다. 그러나 수발인이 매번 올 수 있는 것은 아닙니다. 하는 수 없이 나는 실내에서 우선 수동휠체어를 타기로 했습니다. 그렇게 하면 무릎을 사용하지 않고 실내이동을 할 수 있기 때문입니다. 그러나 이번엔 휠체어이동으로 팔만을 많이 쓰니 팔이 아파 왔습니다. 팔의 부담을 가볍게 하기 위해 이번엔 전동휠체어를 사용했습니다. 이렇게 해서 일단 내 몸의 문제를 해결했습니다. 가끔 전동휠체어에서 내려 기어서 바닥에서 여러 가지 일을 합니다. 그러나 이번엔 관계적인 문제가 생겼습니다. 기어다닐 때 우연히 친구가 있었습니다. 그는 처음으로 내가 기어다니는 모습을 보고 깜짝 놀랐습니다. 나는 나대로 놀란 것이 주저함이나 부끄러움을 느꼈습니다. 사람 앞에서는 기어다니는 것을 하기 어려워졌습니다. 그렇게 익숙해져 있던 기어다니기가 이렇게 간단히 정신적으로 하기 어려워지는 것. 이것은 자기의 신체장애를 스스로 수용할 수 없게 된 것이라 생각합니다."[17]

무장애화를 지향하는 쪽에서도 말하고 싶은 것은 있다. 도구나 인터페이스가 갖추어져 있어야 사람과 사람이 서로 소통해 갈 수 있다. 분명 도구를 강제로 사용하게 하는 것은 억압적이며 도구를 사용함으로써 자신도 모르는 사이에 자신의 신체를 수용할 수 없게 되는 것은 문제이다. 그러나 도구를 사용하지 않는다는 선택이 이러한 문제에 대한 해결책이 되리라고는 생각하지 않는다. 장애인이 무장애화를 주장하고 도구의 개발이나 공급에 주체적으로 참가함으로써 인적 대응이나 서비스에서 불충분한 도구로의 치환은 막을 수 있으며, 장애의 유무, 연령의 차이, 지적 능력의 차이 등을 넘어 사용할 수 있는 공용성이 풍부한 도구가 사회에 많이 공급되는 것은 바람직하지 않을까? 이렇게 반론한다.

그러나 테크놀로지를 둘러싼 사고방식의 대립은 '치료'라는 맥락에서 첨예화한다.

長瀨는 "'슈퍼맨'을 연기한 배우인 크리스토퍼・리브가 비난의 대상이 되고 있다. 리브는 95년 낙마 사고로 척수손상을 입어 휠체어 생활을 하게 되었다. 아마 오늘날 미국에서 가장 알려져 있는 장애인 중 한 사람이다. 그 리브에 대해 미국의 일부 장애인은 엄격히 비판하고 있다. 그것은 리브가 '새로운 의학의 시대에 척수장애를 치료할 날도 아주 가깝다. 그러면 휠체어에 의지하고 있는 많은 사람이 일어서 걸을 수 있다.'(朝日新聞, 1996) (중략)로 발언하면서 치료, 재활에만 힘을 쏟고 있기 때문이다."[18]라고 말하고 있다.

또 농인 커뮤니티에는 인공와우의 이식 수술=청인인 부모가 농아 본인의 의향을 묻지 않고 농인을 청인으로 바꾸려는 것은 용납되지 않는다는 주장이 있다.

> "소아의료에 관한 어떤 연구회에서 인공와우에 관해 이야기할 기회를 얻었다. 거기에서의 반응 중 하나는, 장래에 인공와우의 성능이 향상된 시점에서 농인인 부모라도 자신의 농아에 대해 인공와우수술의 거부 선택은 용서받지 못하게 된다는 것이었다. 그 연구회는 부당한 부모의 행위로부터 아이의 인권을 옹호하는 입장에서 전개되고 있는데, 이러한 논의는 간담을 오싹하게 한다. '제삼자가 중립적인 입장'에서 개입할 경우, 그 제삼자의 중립적인 입장이 청인의 시점, 청능주의로부터 자유롭다는 보장은 어디에도 없다."[19]

이러한 주장의 근거에는, "농인이란 일본수화라는 일본어와 다른 언어를 이야기하는 언어적 소수파이다-이것이 우리들의

'농인'에 관한 정의이다."[20]와 같은 자기규정이 있다. 언어적 문화적 소수자이기에 농인은 인공와우 이식수술을 폭력적인 동화정책으로 간주하는 것이다.

長瀨는 장애인에 대해 항상 던져지는 '당신에게 사는 의미는 어떤 것인가', '당신의 생명은 값진 것인가'라는 질문에 대해 '긍지를 갖고 장애인으로서 산다.'고 대답하는 것을 장애문화로 규정하고 있다. 다른 한편, '농문화운동이 〈수화를 말하는 '비장애인'〉에의 길을 지향하고 있는 것이 아닌가라는 이해와 기대'를 가지면서 농문화를 굳이 장애문화로 자리매김하기도 한다. '장애인으로서 산다.'는 이해 방식과 비장애인/장애인이라는 분류를 해체하려는 실천을, 長瀨는 더불어 '장애문화'를 구성하는 중요한 요소라고 보고 있듯이 생각된다.

한편 맹인 커뮤니티에 있어서의 장애문화는 '장애의 경시'이다. '장애인으로서'라는 이해방식도, '장애인이 아니다'는 새로운 방식도 취하지 않는다. 눈이 보이지 않는다는 것에 가치를 부여하지 않는 문화라 해도 좋다.

따라서 '실용화를 목표로 인공망막의 개발이 진행되고 있다.'는 식의 뉴스에 대해 시각장애인은 공상과학적인 이야기로 치부한다고 해도 이러한 테크놀로지에 위기감을 느끼는 것 등은 있을 수 없다. 장애는 개성이라는 표현을 하는 사람도 별로 없다. 보이지 않는 것보다 보이는 편이 나음에 틀림없지만 보이지 않는 이상 궁리하면서 살아가자는 문화이다. 대항문화로서의 박력이나 반짝거림은 모자라지만 방법이 풍부한 문화이다.

테크놀로지에 대한 장애인의 태도는 매우 다양하다. 극복할 수 없으면 긍정할 수밖에 없고, 긍정할 수 없으면 극복하는 수밖에 없다. 극복의 좌절은 사람을 긍정으로 반전시키고, 긍정을 의심하게 된 사람은 다시 극복으로 향한다. 극복에 의해 자유와 자기실현이 가능하게 될 수도 있고, 긍정에 의해 그것들을 얻을 수도 있다. 그러므로 극복과 긍정을 동시에 수행하는 쪽이 오히려 보통인 것이다. '장애를 최고의 은혜로서'라는 선언과 '장애인은 기회가 주어지면 일할 수 있다.'라는 역설 사이에 많은 장애인이 있다. 장애에 영향을 미치는 언설은 극복과 긍정을 이것인가 저것인가 하는 양자택일적인 삶의 방식으로서 개념화해 선택을 강요하나 그것은 오히려 '정체성이라는 올가미'이다.

5. 극복론의 현대적 버전

그러나 이러한 말 쓰임새가 있다. 사회는 극복을 요구한다. 그러나 동화 압력의 일반적인 관례로 극복은 결실을 맺지 않는다. 특히 장애의 극복은 충분히 달성되지 아니하므로 사회는 감동은 해도 통합은 하려 들지 않는다. 사회에는 처음부터 통합할 의지가 없기 때문에 동화에 의한 통합이라는 전략은 어리석다. 대가를 지불하고 극복을 목표로 한 자는 약속이 헛되게 된 것에 실망하고 분개하게 될 뿐이다. 그러므로 극복 노력은 그만두고 장애문화를 육성하자는 것이다.

이것은 개인과 그 주변(가족, 자원봉사)의 극복 노력만을 요구하는 고전적인 자조노력형 극복론=사회순종(conformity) 모델에 대한 대항으로서는 유력한 선택이나, 장애인의 일방적인 극복 노력을 부정하고 공생의 인터페이스 만들기를 목표로 하는 최근의 사회적 극복론=유니버설·디자인, 무장애화, 접근성이라는 발상에 대한 비판으로서는 다소 약하다. 각 개인의 능력의 한계를 받아들이고 사회에 공생의 인터페이스를 갖추자는 것이 극복론의 현대적 버전이기 때문이다.

극복론의 현대적 버전은 예컨대 전자 미디어나 전자기기에 대한 '접근성'의 사회적 대처에 전형적으로 드러나고 있다. 도구를 사용하기 위해서는 도구의 인터페이스에 따라 도구와 적절하게 상호작용하지 않으면 안 된다. 그러면 도구가 요구하는 대로 행동할 수 없는 사람들은 어떻게 할 것인가? 물론 사용하는 것을 포기해 버릴 수도 있을 것이다. 그러나 인간은 목적을 실현하기 위한 편법으로서 다른 무언가를 대용하기 위한 방법을 짜내기도 한다. 이것을 여기에서는 '임시변통술'이라 부른다. 어느 정도의 부정합이라면, 사람은 생활 속에서 임시변통술을 궁리함으로써 어떻게든 도구와 상호작용해 왔다.

그러나 도구가 다기능성과 고기능성을 더함에 따라 점점 미리 결정된 사용방법과 조작 순서에 따라 사용하지 않으면 기능하지 않게 되고, 임시변통과 융통을 인정하지 않게 된다는 의미에서 '순화'되고 '합리화'되어 간다. 이미 촉각이나 청각은 시각의 대용은 안 되고, 시각도 청각의 대용이 안 된다. 임시변통술의 한계는 도구를 설계한 측이 상정하고 있지 않은 이용 방식을 취하고 있다는 것, 다양한 정보의 단편을 파악하여 접근하고 있다는 것이다. 따라서 그러한 대용, 임시변통이나 융통은 간단히 무시되어 버린다. 그보다 처음부터 알려져 있지 않다. 그 때문에 임시변통술이 이용하고 있는 듯한 관리되지 않고 있는 정보는 종종 본래의 목적에 있어 불필요하고 무의미한 잉여로서 소거되어 간다. 임시변통술이 전혀 통용되지 않게 될 때 사람과 도구와의 부정합은 사회문제화한다.

원래 디스플레이가 보이지 않는 시각장애인이나 키보드, 마우스를 조작할 수 없는 운동장애인은 컴퓨터 이용자로서는 상정되어 있지 않다. 적어도 (아무것도 하지 않으면) 결과적으로는 이용자로부터 배제된다. 그러나 컴퓨터가 강력한 도구로 성장하고, 많은 사람들이 그것을 사용하도록 (사용하지 못하도록) 장애인들도 임시변통술을 이용해서 컴퓨터에 적응하려고 한다. 혹은 한층 적극적으로 컴퓨터를 활용해서 장애를 보완하려고 한다.

시각장애인의 컴퓨터 접근을 가능케 하기 위한 지원 기술의 중심은 스크린 리더이다. 스크린 리더는 OS나 응용 프로그램에 개입해 프로그램의 동작에 연동하여 음성·점자출력 기능을 제공한다. 스크린 리더를 한마디로 표현하면 해킹과도 닮은 현란한 기교를 구사하는 일종의 '스파이 소프트'이다. 그 개발은 대단히 어려워 엄청난 노동력을 필요로 했다. 그래도 10년 이상 동안, 기본적 아키텍처는 변경되지 않고 광범위하게 이용되어 온 OS(MS-DOS)를 타킷으로 했을 때, 이 어프로치는 공을 이루고 큰 성과를 올렸다. 그러나 오늘날과 같이 OS의 변화가 급격한 시대에 이 어프로치는 헛수고에 가까운 것이 되어가고 있다.[21)]

그 결과, OS메이커의 접근성에 대한 사회적 책임이 강하게 외쳐지게 되고, 구미에서는 '접근성의 정치'가 활성화되었다. OS메이커(Microsoft사)도 결국 사회적 요청에 밀려 스크린 리더 개발을 지원하는 접근성API(MSAA)을 개발하고 Windows OS

와 자사의 주요 어플리케이션에 탑재했다. 기존의 스크린 리더가 아크로바틱적인 기교를 구사하는 '스파이 소프트'인 것에 비해 새로운 스크린 리더는 MSAA를 통해 OS나 어플리케이션과 통신하고, 필요한 정보를 주체적이면서 공개적으로 취득할 수 있다고 하는 것이 OS메이커의 주장이다.[22)]

인터넷에서도 유사한 일이 일어나고 있다. 홈페이지가 단순한 하이퍼 텍스트(텍스트와 약간의 화상 데이터)로 이루어진 경우에는 시각장애인의 Web접근에는 큰 장애가 없다. 그러나 HTML의 규약이 보다 높은 수준의 시각적 표현을 가능케 하는 방향으로 확장되고(예를 들어 이미지 지도), 프레임 표현, Java 스크립트, PDF… 등과 각 기업에 의해 독자적으로 확장된 규약 외의 그래피컬한 기능이 잇달아 등장하고 보급되어 시각장애인의 Web접근은 급속히 곤란해졌다. 이러한 상황을 근거로 W3C(World Wide Web Consortium)는 WAI(Web Accessibility Initiative)라는 Web접근성에 임하는 전문 그룹을 조직했다. WAI는 접근성 관점에서의 네트워크 언어(HTML, CSS, SMIL)의 스펙 제안, 홈페이지, 브라우저, 편집 툴의 가이드라인 책정 작업을 행하고 있다.[23)]

또한 차세대 네트워크OS로도 여겨지는 Java에서는 기본설계 단계부터 접근성 대응이 목표로 되고 있다(Sun Microsystems, IBM). Java의 사용자 인터페이스의 이점은 사용자가 원하는 프레젠테이션을 선택할 수 있는(pluggable look and feel) 아키텍처를 채택하고 있는 점에 있다. 이것에 의해 스크린 리더는 화면 프레젠테이션을 해석하여 음성 프레젠테이션으로 변환하는, 처음부터 한계가 있는 작업에서 해방되어 프로그램의 의미를 이

해한 후에 필요한 정보를 사용자에게 전할 수 있다.[24)]

기존 지원 기술의 대부분은 '적응 추종형'의 임시변통술이었다. 그 때문에 컴퓨터의 아키텍처나 OS가 변경되면 지원 기술은 버려진다. 지원 기술의 개발은 항상 선두를 빼앗기고 타임러그(time lug)가 생긴다. 따라서 컴퓨터 및 그 인터페이스와 이용자 사이의 불일치를 완전히 메울 수는 없다. 시장 규모가 작기 때문에 벤더는 무거운 개발 비용 부담에 견딜 수 없다는 문제도 있다. 여기에 추종형 지원 기술을 대신해 최근 유니버설·디자인형의 지원 기술이 주목받고 있다. (업계)표준을 수립한 단체나 기업은 접근성에 대한 사회적 책임을 져야 한다는 정보윤리에도 들어맞으며, 기본 설계에 접근성을 포함하는 것으로 전체로서의 사회적 비용을 경감하면서 보다 빈틈없고 신속하게 접근성을 실현할 수 있기 때문이다.

고도 정보화 사회에 있어서는 전자 정보, 전자 미디어, 컴퓨터로의 접근은 소득, 장애, 거주 장소에 관계없이 동등하게 보장되지 않으면 안 된다는 '사회정보윤리'가 점차로 성숙하여 제도화되고 있다. 실제로 미국 등에서는 재활법 504조, 동 508조, 미국 장애인법, 1996년 전기통신법 개정 등의 법을 정비함으로써 접근성은 확실하게 진전되었다. NII(National Information Infrastructure)계획에서도 접근성이 강조되고 있다. 이러한 사회적 조류를 만들기 위해 미국의 장애인운동은 노력을 거듭해 왔다. 유럽에서도 거의 유사한 현상이 일어나고 있다.

이것들은 접근성이라 불리는 세계에서 지금 실제로 전개되고 있는 것의 일단에 지나지 않는다. 지적하고 싶은 것은 이렇게 사람과 도구, 사람과 환경, 사람과 사람, 사람과 사회의 부정합을 인터페이스에 의해 해결하고자 하는 유니버설・디자인형의 지원 기술은 그 자체가 다문화주의, 인간중심주의적인 이념을 띠고 있다는 것이다. 그러한 의미에서 흠잡을 데 없다고 말할 수 있을 정도이다.

그래도 개인 능력의 다양성이나 한계를 모두 흡수하는 기술이나 능력을 사회는 가질 수 있고, 가져야 한다는 극복론의 현대적 전개에 능력주의의 보다 큰 증폭을 느껴 이해할 것이 한편으로 필요하다. 그것은 정말로 사회의 능력의 '무한한 가능성을 신봉한다.'는 발상이기 때문이다. 그러한 시점을 취하면 이상적으로 보이는(실제로 바람직한 것에는 틀림없다) 무장애화 사회론조차 그 내실을 음미해 가야 함을 잊어서는 안 된다. '할 수 있도록 하는 기술'(enabling technology)에 따라서는 장애인을 배제하는 사회의 '본질'이 변하지 않기는커녕 어떤 의미에서는 한층 배제가 강화될지도 모른다는 걱정도 이에 의해 불식되는 것은 아니다. 보다 많은 사람들이 유능하게 있을 수 있는 사회, 낙오자를 내지 않는 능력주의를 신봉하는 사회의 참된 '장애인'은 한층 소외될지도 모르기 때문이다.

따라서 篠原睦治 등이 "테크니컬・에이드에 의존하면 무장애적인 세계라는 쾌적한 공간에 틀어박히기 십상이어서 다른 사람과의 관계성을 한정해 버리게 된다. 테크니컬・에이드를 뺀 신체의 신체를 긍정할 수 없게 된다. 불충분한 도구가 주어짐으로써 그 사용이 강제되고 나아가서는 그것을 구실로 방치될지 모른다. 장애인이 도구를 손에 넣음으로써 비장애인처럼 행동할 수 있게 되면 비장애인과 장애인이 마주 바라볼 기회가 없어져 버린다. 비장애인은 장애인을 만남으로써 자신이나 사회의 차별성 혹은 자신들에게 가해진 사회의 억압성을 자각할 수 있는데도 장애인이 교묘하게 적응해 버리면 점점 비장애인과 장애인의 몸이 서로 부딪치는 일이 없어져 버려 능력주의를 초월하는 것이 불가능해진다."는 이전부터의 문제제기[25)]는 여전히 건재하다.

무장애적인 공간이 전 세계적으로 균등하게 전개되고 있다고는 생각하지 않는다. 전자공간만이 무장애화가 되고, 현실공간이 장애물에 가득 차 있다는 것은 쉽게 생각할 수 있다. 그러한 때 장애인은 지금 이상으로 현실공간에 참가할 수 없게 된다. 자신이 부자유스러운 채 다른 사람과 만나는 것이 한층 어렵게 된다. 즉 신체가 움직이지 않는 자신이 사물의 원활한 진행을 막아버린 것을 더욱 망설이게 된다. 그러면 더욱 무장애화가 되지 않으면 안 된다. 즉 부드럽게 흘러가듯이 움직여 목적을 달성할 수 있도록 한층 테크놀로지에 기대하게 된다. 부분적으로 무장애화한 장소가 있는 것이야말로 잘 되지 않을 때의 반동이 오히려 매우 커진다. 무장애화적인 공간, 즉 장애가 장애로서 현재화하지 않는 공간을 넓혀 가면 좋지 않은가라고 해도 어떻게도 '할 수 없는' 사람들이나 상황은 반드시 남기 때문에 그러한 경우 장애인은 점점 자발적으로 배제에 응하게 되는 게 아닐까라는 문제의식이다.

한편 杉野는 篠原와 다소 초점을 달리하면서도 "재활이란 장애인을 비장애인 사회로 동화시키고자 하는 시도이다. 그러나 장애인의 동화에는 한계가 있다. 무장애화나 정상화는 그러한 '동화의 한계'를 극복하기 위해 사회를 장애인이 동화하기 쉬운 형태로 디자인해 고치는 것이다. 그러한 의미에서 그것은 '세련된 동화 정책'이라고 말할 수 있다."[26)]라고 하면서 무장애화 사회가 장애인에게서 고유문화를 빼앗는 것이라고 한다.

확실히 사람에게 테크놀로지는 어디까지나 양의적인 것이다. 사람과 테크놀로지는 긴장 관계 속에 있다고 해도 옳을 것이다. 예를 들어 정보처리를 위한 테크놀로지를 수중에 넣은 장애인은 '할 수 있다.'는 것의 증명에 푹 빠져버릴 위험이 있다. 테크놀로지를 조종할 수 있게 될 때까지 장애인은 엄청난 노동력을 지불한다. 힘 안들이고 쓸 수 있게 된 테크놀로지라면 테크놀로지를 쓸 수 있음을 자랑하거나 가치를 부여하려 하지 않지만, 높은 장애물을 넘고 드디어 실현된 것은 가치 있는 것으로 하고 싶어진다. 전자렌지를 쓸 수 있는 것이나 전기세탁기를 쓸 수 있는 것을 자랑하는 사람은 없지만 어려운 도구인 컴퓨터를 만질 수 있는 것은 자랑이 된다. 테크놀로지에 가치가 부여되면 테크놀로지는 반짝이고 목적은 퇴색한다. 조작 능력은 곧 시대에 뒤떨어지게 되고, 진부하게 된다. 점차 도구를 조종하는 게임이 제안되어 경쟁을 부채질하게 된다. 사람은 도구를 조종하는 것에서 벗어나지 못하게 되고 그것이 자기목적이 된다.

그렇지만 무장애화가 진전되면 도구를 조작하기 위해 사람들이 지불하는 비용은 경감되는 것이 아니었던가? 그것은 무장애화의 정의였을 터이기 때문에. 따라서 도구를 사용함에 유능함의 존재 증명이 억지로 들어가는 틈을 주지 않는 무장애화야말로 사람들을 목적에 인도하는 것이 아닐까? 그러나 장애인이 테크놀로지에 빠지는 이유는 그것만이 아니다. 역설적이지만 장애를 제약이나 고장으로 간주하기 위해서 장애는 조금씩이라도 보상되고 극복되지 않으면 안 된다. 극복되거나 극복할 수 있음이 명백히 밝혀져 비로소 장애는 제약이나 고장 이상의 것이 아니라는 것이 된다. 만약 그렇게 말할 수 있다고 하면 보완하거나 극복하는 것은 특수한 의미를 띤다. 장애는 제약이나 고장에 지나지 않음을 증명해야 한다는 규범적 압력이 태어난다. 불편하기 때문에 장애를 보완하는 연구를 한다는 것은 합리적인 것이며, 개성으로서 장애를 받아들이자는 것과도 모순되지 않는다. 그러나 장애가 단지 제약이나 결여에 지나지 않음을 증명하기 위한 만큼 필요 이상의 희생을 치뤄 영원히 극복 노력을 거듭하게 된다는 이야기는 다르다. 본래라면 장애를 극복하기 위해 투입되는 노력은 불편이 완화되는 정도와의 균형으로 당연히 현실적인 균형점에 안착될 터이지만, 장애가 제약이나 고장에 지나지 않음을 증명해야 하는 강한 동기가 덧붙여지면 투입되는 비용은 도를 넘은 것이 된다. 그러면 사실상 장애의 극복을 도덕적 책무로서 받아들인 것과 그다지 다르지 않게 된다.

그렇지만 지원 기술을 거부하고, 신체의 인간관계나 고유문화에 가치를 부여하는 방법으로는 무장애화 사회론의 매력에 대항하기가 어렵다. 예를 들어 앞서 말한 것 같은 것이 있다고 해도 시각장애인이 컴퓨터를 다루는 것에 열심인 최대 이유는 역시 컴퓨터가 가져다주는 절대적인 효용임에 의심의 여지가 없다. 지금까지 할 수 없었던 것을 갑자기 할 수 있게 되었다는 극적인 변화가 초래되는 것이므로 당연한 것이다. 보이스・신디사이저를 연결한 PC를 사용해 자신이 문장을 쓸 수 있다. OCR을 사용하면 지금까지 읽을 수 없었던 것을 읽을 수 있게 된다. 텍스트 파일에서 받은 파일이라면 즉시 음성이나 점자로 읽을 수 있다. 컴퓨터 통신이나 인터넷으로 다양한 정보를 알 수 있다. 많은 사람들과 메일로 회화를 할 수 있다. 신문이나 잡지도 읽을 수 있고, 사전도 자기가 찾을 수 있다. 쇼핑도 할 수 있다. 그때까지는 누군가에게 대필을 부탁하지 않으면 쓸 수 없었던 것을 쓸 수 있게 되거나, 다른 사람에게 부탁하지 않으면 읽을 수 없었던 것을 읽을 수 있게 되기 때문에 이것만이라도 무장애화 사회의 매력은 절대적이다.

결론을 말하자. 사회의 무장애화화 혹은 부분적 무장애화에 의해 확실히 장애인은 영향을 받는다. 무엇인가를 잃을 수도 있을 것이다. 그렇지만 얻는 것은 없다고 하면 그렇지 않다. 접근성이 성립하는 곳에서 비로소 언어나 사상은 추출된다. 체험한 것을 더욱 언어화할 수 있게 된다. 르상티망 도덕설적인 시점은 테크놀로지와 사상을 배타적인 것으로 본다. 테크놀로지가 침묵하는 곳에서 사상은 탄생한다. 그러므로 사상은 테크놀로지를 격려하지 않는다. 사실, 많은 장애인운동도 이 도식에 준거해 왔다. 그리고 균열도 생겼다. 그러나 유니버설・디자인처럼 사상을 띤 테크놀로지와 대등하게 싸우기 위해서는 이 도식=수사학은 지나치게 단순하다. 테크놀로지의 기능이나 효과, 무장애화의 실질을 더욱 치밀하고 구체적으로 분석하는 내재적인 비판이 요청된다. 그러므로 장애학은 장애인의 생의 단편을 잘라 그것을 소비하는 것이 아니라 그 전체성을 사정에 넣어 참가와 통합의 단념이나 배제의 수용을 납득하기 위한 내벌주의나 고립주의가 아니라 공생과 교류를 한층 촉진시키는 힘이 되는 장애문화의 육성 방법에 대해서 생각을 돌리지 않으면 안 되는 것이다.

[주]

(1) 현재 구축주의 내부에도 엄격파와 컨텍스트파라는 두 가지 다른 입장이 있다. 엄격파가 사회의 구성원이 구축한 언어, 주관적 표상, 텍스트를 가공하지 않고 취급하자는 것에 대해, 컨텍스트파는 연구자가 사람들의 언어 게임을 구성해 자신의 언어 게임을 수행하는 것을 긍정한다. 컨텍스트파에서 보면 연구자가 수사학 상호의 배치・계속관계가 어떠한 사회적 요인(사회구조나 사회적 자원이나 이해관계)에 의해 규정되어 있는가를 분석하는 것이나 구축된 언설이 어떤 기능을 수행하는가, 어떤 효과를 가져오는가를 분석하는 것은 연구자의 언어 게임으로서 인정받는다. 엄격파는 설명하지 않지만 컨텍스트파는 설명하는 것이다. 中河伸俊 〈クレイム申し立ての社會學-構築主義の社會問題論の構成と展開(1) (2)〉(富山大學 교양부 정기 간행물-인문・사회과학편) 1990/1991: 22권 2호 57-73/23권 2호 49-79 및 赤川學, 〈社會問題としての賣買春・・社會科學の言語論的展開をふまえて〉(信州大學 인문학부 정기 간행물) 30호, 1996, pp. 65-84를 참조.

(2) 永井均(1997)『ルサンチマンの哲學』. 河出書房新社.

(3) 억지는 사실 대단히 현명하면서 신중한 방법이다. 눈앞의 포도의 가치만을 부정한 것이기 때문에 다음에 손이 닿는 곳에 달콤한 포도를 발견하면 상관하지 않고 먹을 수 있다. '정체성의 올가미'에 빠지지 않도록 하려고 하면 이러한 기회주의가 사실은 가장 현명한 방식이다.

(4) 石川准 〈アイデンティティ・ゲーム：存在証明の社會學〉 신평론 1992 및 石川准 〈アイデンティティの政治學〉, 〈差別と共生の社會學〉 岩波書店 1996 참조.

(5) '패자의 복수'에 초조해 할 때 '승자' 또한 르상티망을 안는다. 패배나 열등감을 깨끗하게 인정하지 않음에, 자신의 승리나 우월을 솔직하게 인정하려고 하지 않음에 화가 난다. 르상티망은 이렇게 해서 위양(委讓)된다.

(6) 아주 어렸을 때부터의 장애에 '재기'라는 말투는 부자연스럽다. 그러나 근심없이 살아온 아이들도 사회의 비교하는 시선을 느끼거나 그러한 시선을 내면화하는 것에 지극히 중도장애인과 유사한 경험을 강요당한다. 久保紘章 〈障害者をもつ家族〉 加藤正明 외 편 〈講座家族精神医學第三巻ライフサイクルと家族の病理〉 弘文堂 1982 및 石川准 〈障害兒の親と新しい親性の誕生〉井上眞理子, 大村英昭編 〈ファミリズムの再發見〉 世界思想社 1995 참조.

(7) 岡原正幸, 山田昌弘, 安川一, 石川准(1997) 『感情の社會學：エモーションコンシャスな時代』. 世界思想社.

(8) Hochschild, A. R.(1983) *The Managed Heart: Commercialization of Human Feeling*. University of California Press.

(9) Hochschild, op. cit. p. 9

(10) Hochschild, op. cit. p. 34

(11) Turner, R. H.(1976) The real self : From institution to impulse. *American Journal of Sociology*. 81, pp. 989-1016

(12) 존재 증명에는 '달성적'인 것과 '체험적'인 것이 있다. 달성적 존재 증명은 세계로의 작용에 대한 세계로부터의 응답에 의한 존재 증명이며, 도구를 다루며, 물건을 만들고, 사람을 움직이는 것에 의한 존재 증명이다. 내가, 지금 여기에 있고, 세계에 작용함으로써 세계에는 어떠한 파문이 퍼진다. 세계에서의 반응은 내가 존재하는 것의 증거이며, 흔적이며, 성과이다. 한편 체험적 존재 증명은 세계로부터의 작용에 의해 자신의 내면에 파문이 퍼지고, 마음이 움직이고, 감정이 끓어 올라가는 것에 의한 자기 실재성의 실감이다. 그것은 자신의 감정이나 체험을 자기의 정의나 자기 근거의 준거점으로 하는 것과 같은 자신의 모습이다.

(13) 사회학적 언어 게임에서 보면, 감정은 사회적이며 문화적인 것으로 여겨진다. 감정사회학뿐만 아니다. 아이에 대한 사랑이나 연애 감정에 관한 가족사회학, 젠더론, 정체성론적 언설은 모두 감정이나 애정의 탈 자연화, 탈 신화화적 언설이다. 사랑의 사회에 의해 사용되는 방법을 분석함으로써 애정의 자연성을 해체하게 된다. 그것이야말로 우리들이 바라는 바라고 나도 포함하여 사회학자는 정색하지만.

(14) 寺田純一(1991) 『落ちこぼれからみたADA』, 八代英太 · 富安芳和 편 ADAの衝擊, 學苑社. 108-121.

(15) 花田春兆(1991). ADAやぶにらみ. 『リハビリテーション』, 331, 22-26.

(16) 『アクセス研究會』 (安村通晃씨 주최에서의 발언).

(17) 天野誠一郎 (1997). バリア · フリー住宅の問題について. 「社會臨床雜誌」, 5(2), 42-56.

(18) 長瀨修(1998) 障害の文化、障害のコミュニティ. 現代思想, 2, 204-215.

(19) 長瀨修(1997) 聾兒の人工內耳手術の問題点. 『生命倫理』, 8, 125-129(128). 또한 Lane, H. The Mask of Benevolence, New York: Knopf, 1992. 또한 참조.

(20) 木村晴美, 市田泰弘(1995) 聾文化宣言言語的少數者としての聾者. 『現代思想』, 23(3), 354-361.

(21) 石川准(1995) GUI用スクリーンリーダーの現状と課題：北米と歐州の取り組みを中心に.『情報處理』, 36, 1133-1139.

(22) MSAA(Microsoft Active Accessibility)에 대해서는 http://www.microsoft/com/enable/dev/msaa.htm참조.

(23) WAI의 활동에 대해서는 http://www.w3.org/WAI/group/

(24) Java접근성에 대해서는 http://www.sun.com/access/, http://www.austin.ibm.com /sns/을 참조.

(25) 일본사회임상학회 第5회 총회(1997)에서의 심포지엄 〈バリア・フリー社會を考える〉에서의 발언 등. 篠原의 생각은 林延哉(1997). 共用の思想からバリア・フリーを捕らえ直す.『社會臨床雜誌』, 5(2), 25-41에 소개되어 있다.

(26) 杉野昭博(1997)『障害の'文化'と'共生'の課題』. 青木保他편, 岩波講座文化人類學第八巻 異文化の共存, 岩波書店, 247-274.

제 3 장

자기결정하는 자립

-무엇보다, 가 아니지만, 매우, 중요한 것-

立岩眞也
Tateiwa Shinya

들어가며

모두 각자 자기의 입장에 따라 이야기한다. 교육을 일로 하는 사람의 교육학, 간호를 일로 하는 사람의 간호학, 복지를 일로 하는 사람의 복지학. 그것은 그것으로 어쩔 수 없다. 다만 그 이외의 '학(學)'이 성립할 수 없는 것은 아니다. 우선-어디까지나, 우선…이해로부터 벗어나서 조사하는 것, 천천히 생각하는 것이 장애학이 할 수 있는 것이라 생각한다.[1)]

이 장에서는 '자립'에 대해 본래라면 각각 독립된 문장으로 나누어야 할 두 가지에 관해 언급한다. 먼저 역사적 사실에 관한 오류를 바로잡아 둔다. 그 다음 자립, 자기결정에 대해 확인해야 할 것을 살펴본다.

I. 말소된 역사에 대해

1. 있었던 사실이 잊혀진다

'자립'이라는 말은 몇 번인가 변천을 거쳐 오게 되었다. 물론 이것은 '업계' 사람이면 알고 있는 것이지만 그 업계가 그렇게 큰 업계라고도 생각되지 않기 때문에 일단 복습해 둔다.

우선 '직업적 자립'이라 불렸다. 다음에 신변자립('ADL자립'… ADL은 '일상생활동작'의 생략…이라고도 한다), 그리고 이 장에서 검토하고자 하는 의미에서의 '자립'이 제창되었다.

> "…… 기존의 전통적인 자립관에서는 경제적 직업적 독립생활이나 신변자립을 중시하는 사고방식이 지배적이었다. 그 결과 신변자립이 곤란한 중증장애인, 직업적 자립이 용이하지 않은 장애인은 자립 곤란한 존재로 취급되어 격리적 피보호자적인 생활을 할 수 밖에 없었던 것이다.
>
> 이에 대해 장애인 IL운동의 이념은 이들 전통적인 자립관의 문제성을 날카롭게 지적하고, 신변자립이나 경제적 독립생활의 여부에 관계없이 자립생활은 성립한다는 새로운 자립관을 제기한 것이다. …… 이 새로운 자립관의 열쇠가 된 것이 자기결정권의 행사를 자립으로 파악하는 사고방식이다. 구체적으로 그것은, 장애인이 가령 일상생활에서 활동보조인의 케어를 필요로 한다고 해도 자신의 인생이나 생활의 모습을 자기의 책

임으로 결정하며, 스스로가 바라는 생활목표나 생활양식을 선택해서 사는 행위를 자립으로 하는 사고방식이다. 이것은 단적으로 한 번뿐인 자신의 인생을 장애인 스스로가 주역이 되어 사는 것, 즉 생활 주체자로서 사는 행위를 자립생활로 하는 이념이다." (定藤丈弘) [1993, p. 8])

미국에서 자립생활운동으로 불리게 된 계기가 된 움직임을 보인 것은 1960년대로, 버클리에 최초의 자립생활센터가 설립되는 것이 1972년, 몇몇 논문이 발표되기 시작한 것은 1970년대 후반이다. 예를 들어 이하와 같은 규정이 있다.[2)]

"자립생활 결정을 내리거나, 매일의 생활에서 다른 사람에의 의존을 최소한으로 한다는, 받아들이기가 가능한 선택에 의거하여 자신의 생활을 관리하는 것. 이것에는 신변 처리, 지역에서의 일상생활 참가, 사회적 역할의 수행, 자기결정, 신체적 및 심리적으로 다른 사람에 대한 의존을 최소한으로 하는 것 등이 포함된다.

…… 자립생활이란 기능적 자립을 키우는 프로그램에 의존하는 것이 아니라 자신이 사는 생활양식을 선택하고, 그렇게 사는 능력과 사회에서 자유롭게 활동하는 능력에 바탕을 두고 있다.

여기서 강조해야 하는 것은 모두가 여기에서 언급되고 있는 의미에서의 완전한 자립에 도달할 수 있는 것은 아니라는 것이다. 어떤 것에 관해 자기결정을 할 수 없거나 하지 않는 사람도 있을지 모른다. 그런 경우에는 자신이 혹은 제한에 의해 일종의 수정된 자립생활, 한계가 있는 자립생활, 혹은 반 자립생활을 하고 있다는 것이 된다."(Independent Living Research Utilization, Independent Living Glossary, pp. 206-207, 번역은

〈障害者自立生活セミナー實行委員會編〉[1983: 206-207])

일본에서는 1980년대 초반부터 상당수의 보고와 논문이 나오고 있다.[3] 이것들은 모두 미국의 사정을 소개한 것이다. 예를 들어 原田政美(당시, 東京 심신장애인복지센터소장)가 미국의 사정을 소개한 글이 〈쥬리스트〉라는 비교적 잘 알려진 잡지에 게재되었다. 이하는 그 첫머리.

"자립생활은 미국의 Independent Living의 번역어이다."(原田[1981→1983, p. 56])

그리고 이러한 인식과 기술은 '장애인복지' 교과서의 종류로 이어지게 된다.

"…… 1970년대 중반까지는 자기의식에 눈을 뜬 미국이나 스웨덴의 장애인 리더들을 선두로 운동이 일어났다. 세계 각지에서 장애인시민의 생활의 장을 확보하고 자립생활의 실현을 목표로 하는 운동은 법률에 의한 원조 바로 그것을 중증장애인 원조로 돌리게 하는 것 같은 정치나 행정에 대해 발언하고, 시민계발 활동을 파급시켰다."(小島 [1989, p. 9])

"자립생활운동은 스웨덴의 장애인 주택 확보를 기반으로 하는 포커스 운동이나 미국의 자립생활운동의 발단에 뿌리를 두고 있다."(小島 [1989, p. 28])

"'자립생활'은 원래 1970년대 미국에서 눈부신 진전을 이룩한, 장애인 자신이 주체적인 운동인 "Independent Living

Movement"에 발단을 둔 용어로, 그 기본이념인 "Independent Living"의 일본어 번역이다."(三ツ木 [1993, p. 129])

그러나 일본에서 '자립', '자립생활'을 지향하는 운동이 없었냐 하면 전혀 그렇지 않다. 이에 관해서는 立岩(1990b)에서 언급하였다. 당초 역사적인 검토를 예정하지 않고 있었던 이 책(安積 외 [1990])에서 역사기술에 어느 정도의 분량이 할애된 것은 이 것이 확실하게 언급되지 않고 그래서 알려지지 않는 것은 안 된다고 생각했기 때문이기도 하다. 여기에서는 말 그 자체를 따라가 보자. 먼저 1970년부터 72년에 걸쳐 '독립' 그리고 '자립'이라는 말이 사용되기 시작한다.

"神山嘉子씨가 東京 久留米園이라는 구호시설에서 독립해 생활하고 싶다고 희망하여 복지사무소에 요구한 바, 복지 사무소에서는 담당 복지사가 와서 시설을 나가고 싶으면 집에 돌아가라는 어투로 神山嘉子씨의 요구를 묵살했습니다. 우리들 몇 명이……"(若林克彦, 〈사회활동부의 일년의 정리〉, 青い芝, 78호, 1970년 6월)

"최근엔 독립해서 생활하는 상당히 중증인 뇌성마비인이 늘어……" (青い芝, 83호, 1971년 3월)

"원(東京 久留米園)에서의 생활훈련으로 사회성을 익히고 좋은 반려자와 함께 또는 독신이라도 민간의 아파트·공영주택 등의 독립된 생활에 들어가는 사람이 많이 있습니다."(横塚晃一 〈我々の手で小さな施設を〉, あゆみ, 12호, 1971년 3월 ,→ 横塚 [1975:104], '青い芝の會' 神奈川縣連合會 [1989, p.110])

> "현 상태에서 '장애인'용의 주택과 수발비용의 요구가 충족되었다 한들 그것은 말 그대로 진정한 의미에서의 자립생활을 할 수 있음을 의미하지는 않는다. 사회생활에 있어 최저한의 근거지와 경제적 기초가 생긴 것을 의미할 뿐이다. 자유롭게 가고 싶은 곳에 가고, 하고 싶은 일을 하기 위해서는 너무나도 많은 벽이 있다. 육교・계단・경사급한 언덕길 등 얼마든지 있다. ……" (府中療育センター移轉阻止全國總決起集會基調報告, 1972년 9월, 〈府中療育センター移轉阻止闘爭〉에서)[4)]

관서지방에서도 1972년 12월에는 「자립장애인집단 히메지그룹 리본」이 결성된다. 그리고 1973년 1월에 「자립장애인 집단동료조직그룹・고릴라」가, 1973년 5월에는 「자립장애인집단친구그룹・고릴라」(姬路・大阪・神戶)가 결성된다.

그리고 '자립생활'이라는 말도 1970년대 중반에 보인다. 1976년에 전국장애인해방운동연락회의(전장연)가 결성되는데, 그 해의 「촉구모임」(1975년)에는 '장애인의 자립과 해방'이라는 말이 있었으며, 또 결성 대회를 위한 「촉구모임」(1976년)에도 같은 문언이 있다. '자립과 해방'은 이후 이 조직의 기본적 주장으로 간주되었다. 또한 1976년 여름 전장연 결성대회의 제1분과회・생활분과회의 주제는 "장애인이 지역사회에서 자립생활하기 위해", 1977년 여름 제2회 대회의 생활분과회의 주제는 "장애인 자립생활의 이념을 확립하고, 지역사회에서 살아가기 위해 행정투쟁을 확대하자", 기관지 제5호(1978년 4월)의 특집은 "장애인에 있어 생활자립을 생각한다."였다. 1977년에는 이들 움직임을 따라 부제에 '자립'이라는 단어를 포함하는 渡邊鋭氣(1977)의 글이 간행된다. 또, 1979년에 창간되는 〈산들바람과 함께 거리에 나가는 법〉 (0호=창간준비호, 8월, 5,000부 발행, 1호, 12월, 1만 부 발행)은 표지의 잡지명 아래에 "장애인의 자립과 해방의 소원과 모든 사람들의 생활과 마음을 잇기 위해"라고 적혀 있다.

이렇게 70년대 초반부터 중반에 이미 '자립', '자립생활'이라는 말은 나타나고 있다. 그들은 미국의 운동을 이 시점에서 알아서 이 단어를 사용한 것은 아니다. 이러한 운동은 세계 동시 다발적으로 일어난 것이다. 그렇지만 '문헌'에는 이러한 움직임에 관한 언급이 전혀는 아니라고 해도 거의 없고,[5)] '자립생활운동'은 미국 외의 운동으로서 소개된다. 이 시기에 확실히 존재한 움직임에 대한 언급이 없다. 그리고 드디어 80년대 이후 일본의 자립생활운동의 동향이 소개될 때에도 70년대부터 변화되어 온 움직임은 거의 제외되어 버린다.[6)]

2. 어떻게 말소된 것인가

'자립이란……'라고 확실히 정의되어 체계를 갖춘 형태로서 언급되고 있지 않다고 말할 수 있을지 모른다. 확실히 '논문' 등에 보이는 개조식 정의 방식이 있는 것은 아니다. 그러나 그 주장은 애매하지 않다. 오히려 명확하고 간단명료하다. 구체적으로는 부모 슬하에서 나와 시설이 아닌 장소에서 자신이 살고 싶은 대로 도움이 필요하면 그것을 얻어 사는 것. '시설'이 아니라 '지역'에서 라는 주장은 미국의 운동이 주장하는 것과 공통되며, 그 출발점에 있다.

그리고 이것이 '직업자립', 'ADL자립'을 의미하지 않는다는 것, 그것을 지상의 가치로 함을 비판한 것도 명백하다. 또 그것은, 보호되는 입장에서 벗어나 자신의 주체성을, '위험을 무릅쓰는 자유'를 주장하는 것이었다. 자기가 정한다는 것, 책임은 스스로 지기 때문에 보호해 주지 않아도 좋다는 것도 분명히 언급되어 있다.

"우리들은 외출할 기회가 대단히 적다. 만약 친구가 어딘가 데려가 준다고 하자. 그런데 여기에서는 '남이기 때문에'라고 한다. 그렇다면 그 사람은 평생 어디에도 갈 수 없다. 데려가 주는 사람이 있는데도 갈 수 없다. '이것은 부모가 있냐 없느냐의 문제가 아니다'고 생각합니다. '센터가 어떻게 받아들이냐의 문제'입니다. …… 이것은 일시적인 문제가 아닙니다. 언젠가는 어차피 누구나 자립된 사람이 되는 것입니다. 그리고 역시 이러한 문제가 일어난다고 생각합니다. (일어나지 않으면 거짓말입니다)…… 나는 이렇게 생각합니다. 외출은 '자신의 의지로 시키는 것'입니다. 그리고 '책임감을 갖게 하는 것'입니다.(新田絹子, 〈私の意見と希望〉 青い芝, 78호, 1970년 6월)

"나는 그다지 더 이상 (머리를) 기를 마음이 없다. 하지만 말을 들어 자르려고는 생각하지 않는다. "자를 때는 자신의 의지로 자르려고 마음먹고 있다." 자신의 의지 없이 잘랐을 때만큼 슬픈 일은 없다." (新田絹子, 〈府中療育センターからの手紙〉, 青い芝, 79호, 1970년 8월)

"대단히 기술적인 원조라고 듣고 있지만 기술을 익힌다든가 그보다도 먼저 우리 동료들에게 결여되어 있는 것은 다른 사람과의 관계입니다. 미끄러지거나 넘어지거나 하는 그러한 시행착오의 기회를 빼앗겨 온 셈이지요. 친형제 밑에서 무언가 하려고 하면 할수록 그건 위험하기 때문에 안 된다든가 꼴사납다는 이유로…… 너는 안쪽에 틀어 박혀 있으라는 것으로

이렇게 빼앗겨 왔다. 시설에 들어가 무언가 일어나면, 사고가 나면 직원이 자신의 책임이 되기 때문에 그만둬 달라고 말하는 것으로, 훈련 시간에는 이런저런 것을 해도 그것을 실제로 자신이 획득한 것을 거리에 나가 하려고 하면 여러 규칙에 얽매이는 그런 생활을 해 온 것이에요. 그것을 어떻게든 하지 않으면 안 됩니다. 재활도 아무 것도 없다고 생각해요."(寺田純一, 香川縣 교섭에서의 발언, あゆみ, 29호, 1976년 3월, 〈青い芝〉神奈川縣連合會 [1989:556])

일본에 '자립생활센터'로 불리는 조직이 본격적으로 나타난 것은 1980년대 후반 이후로, 이 때 일본의 장애인들은 미국 장애인들의 방법론, 조직론을 섭렵해 스스로 받아들였다.[7] 이는 인정해도 좋다. 그러나 스마트하게 조직화된 것은 아니었다고 해도 …그 경위에 대해서는 나중에 언급한다… 자립(생활)을 향한 움직임이 있었던 것은 확실하다. 이를 본장에서는 '자립', '자립생활'이라는 말 자체에 입각하여 확인했다.

일본과 미국 중 어느 쪽이 빠르다는 것을 말하고 싶은 것이 아니다. 문제삼고 싶은 것은 존재하는 것이 부재하는 것으로 되어버린 기제이다.

우선 그 운동은 미국 사정을 소개한 글을 쓴 사람들과 다른 곳에 있었다. 전문직 종사자가 있는 것은 재활 센터이거나 대학 등 교육·연구기관이었다. 외국에서의 문헌은 들어와도 국내에 이 사람들과의 직접적인 관계와 접촉은 그다지 없었을 것이고, 기관지를 적극적으로 읽고 있었던 것도 아닐 것이다. 구체적인 곳은 모르는, 적어도 만나서 이야기를 듣는 관계가 안 되었다. 그러나 다른 한편 〈산들바람처럼 거리에 나가자〉지(誌)는 당시에도 그렇게 알려져 있지 않은 것도 아니었을 것이다. 그리고 신문보도 등을 포함해 어느 정도는 알 수 있었다. 따라서 단지 양자가 다른 곳에 있었던 것은 아니다. 혹은 다른 곳에 있었던 것의 의미가 중요하다.

연구자·전문가의 상당 부분은 직장과는 별도로 장애인의 전국적인 조직, 지역의 조직 활동에도 관련되어 있었다. 그렇지만 '자립생활'을 말한 사람들은 그러한 관계로부터 떨어진 곳에 있었다. 우선 그들은 시설을 비판하고 전문가를 비판했다. 연구자가 들어가려고 해도 쉽지 않았을 것이다. 관계를 맺으려고 하면 거절되거나 '자기 비판'을 요구받았을지도 모른다. 그리고 그들은 당시의 정책에 비판적이었다. 단지 사회운동이 현상에 비판적인 것은 당연한 것이기 때문에 단지 비판적이었다는 것만은 아니다. 첫째, '과격'한 운동체로 간주되었으며 적어도 어떤 부분은 그랬다. 소위 '신좌익'의 모든 당파가 당초 꽤나 끼어들어 장애인운동은 그 영향력을 배제하기 위해 상당한 시간을 필요로 했다. 또 그들은 정책의 부족을 문제 삼았을 뿐만 아니라 시설의 정비, 양호학교의 의무화 등 '진보적'인 정책 자체를 명확한 비판의 대상으로 하였다. 게다가 그 운동은 장애인에게 관련된 사회운동의 보다 큰 부분(그것은 비판 세력이었지만 예를 들어 양호학교의무화에 대해서는 찬성 측으로 돌아섰다)에 명확히 대항하는 것이었다. 연구자·전문가가 그 큰 쪽에 붙어 있으면 혹은 그렇지 않아도 이러한 '정치적'이고 '구체적인' 대립, 항쟁에 말려드는 것을 싫어한다면 언급은 피할 수 있게 된다.

이러한 귀찮음에 비교하면 '외국'으로부터 '이념'이 들어오고 그것을 일본에서도 받아들이자는 이야기 혹은 받아들였다는 이야기를 하는 것은 보다 수월하다. 실제로 일본이라는 나라에서는 이러한 종류의 것이 다양한 곳에서 되풀이되어 왔으며, '자립(생활)'도 그 중 하나였다. 미국이라면 좋은 것이지만 일본이라면 곤란하다는 것이다. …실제 어떤 면에서는 미국의 운동 쪽이 훨씬 '과격'했지만, 미국에서라면 그것은 개의치 않는 것이다. 혹은 '정상화'의 경우처럼 그 중심에 있는 '탈 시설화'라는 의미가 딱 좋은 곳까지 옮게 사용하게 되어, 거기에 종전과 같은 '원조자'가 계속 웅크리고 있는 것이다.

이와 같이 존재한 활동은 나타나지 않는다. 이것은 그 주장을 긍정할 것인가와는 별도로 사실 인식의 문제이기 때문에 지적해 둔다. 그러나 그것뿐만 아니다. 그것을 시작한 이 사회의 필연성이 있고, 그것을 전개시킨 구체적인 힘이 있으며, 고투와 시행착오가 있었던 것은 전해지지 않는다. 다양한 '유행'이나 '흐름'과 동일하게밖에, '규제 완화는 세계의 추세'와 같은 수준으로밖에 '자립생활' 또한 파악되지 않을 것이다. 그것은, 예를 들어 '장애인복지'를 배우는 이들에게, 운동을 계승하는 이들에게 좋지 않다. '흐름'이나 '트렌드', '시대'나 '추세', '따라서'라고 할 때 문제로 삼아야 할 것은 실은 아무것도 문제가 되지 않고 있다. "아무래도 세상이 이러하니 이렇게 말하면 좋을 것 같다." 정도밖에 안 된다. 이 때 힘은 빼앗겨버리고 계승해야 할 것을 계승하는 것도, 물어야 할 것을 계속해서 묻는 것도 할 수 없게 된다.

그것은 싫다고 생각한다면 …물론 '순수한 지적 호기심'이라 해도 상관없다…. 이 장의 모두에서 말했듯이 거침없는 이야기에서 벗어나 있던 것, 있는 것을 조사하는 것이다. 다른 하나는 처음부터 생각하는 것이다.

Ⅱ. 무엇보다, 가 아니지만, 매우, 중요한 것

1. 망설임이 있었던 것

일본에서 일컬어져 왔던 것은 미국의 '자립생활' 이념과 많은 점에서 공통된다. 그러면 양자는 동일한 것인가? 이것은 미묘하다.

'자립생활', '자립생활운동'은 크디큰 사정을 가진 운동이며, 이 장에서 다루는 것은 그 일부에 지나지 않다. 단지 그 일부에서 특히 미국에서 주장된 자립생활에서는 '자기결정'이라는 말이 열쇠가 되고 있다. 그러므로 자립을 어떻게 평가할 것인가 하는 질문은 자기결정을 어떻게 평가할 것인가라는 질문과 상당히 겹친다. 그러한 의미에서의 자립은 (자립이면) '좋은 것인가'라는 것이 여기에서의 질문이다. 그리고 현재 '자기결정'이라는 말은 지극히 조잡하게 사용되고 있다.[8] '자립' 그리고 '자기결정'에 대해 잘 생각해 볼 필요가 있다.

요구하는 것은 지금과 같은 생활이 아니다. 이것은 명백하다. 단지 동시에 '자립'이라는 단어가 사용될 때, 그것은 '자립이란 무엇인가'라는 질문인 경우가 많고, 적극적인 규정은 그다지 전면적으로 나오지 않는다. 또, '자립과 해방', '자립과 공생'처럼 '자립'이라는 말이 단독으로 사용되지 않을 때도 있다. 이것은 어떤 종류의 망설임을 나타내고 있다. 자립이라고 일컬어졌을 때 조금 벗어나 있다고 생각한 사람, 위험하지 않을까라고 생각한 사람이 있다. 그리고 그다지 진지하지 않은 문장은 표면적으로는 나오지 않는 법이기 때문에 문장은 되기 어렵다고 해도 왠지 지나치게 진지하다고 생각한 사람도 있었을 것이다. '자기결정으로서의 자립'에 대해 긍정과 회의의 양면이 동시에 있었던 것이다.

앞서 조직화에 시간이 걸렸다고 말했다. 그것은 우선 조직적 활동을 가능케 하는 정책, 교육 기회를 포함한 사회적 자원의 부재 내지 부족이 있었기 때문이나, 그와 함께 구체적으로 어떤 방침을 취하고 어떤 수법을 이용할 것인가 하는 방향에 관한 대립이나 망설임으로 논의가 좀처럼 수렴되지 않았기 때문이기도 하다. 이것을 '지체'로만 파악하는 것은 잘못이다. 거기에는 '자립'을 어떻게 평정하면 좋을까라는 의문 또한 포함되어 있다. 그럭저럭해서 시간이 걸렸다.[9]

무엇이 '자립', '자기결정'임을 말하는 것을 주저케 했는가? 몇몇 글의 단편을 立岩(1998b)에 인용했다. 그것들은, 작금의 조잡한 주장에 비교하면 상당히 진지한 것이다. 단지 그 소개를 반복해 보충 설명할 여유는 없다.[10] 여기서는 그것들을 전제로 하여 말할 수 있는 것을 간단히 언급하기로 한다.

2. 무엇보다, 가 아니다

첫째, '자기결정하는 것'은 항상 좋은 것이 아니며, 가장 중요한 것도 아니다. '무엇이든지 자기가 결정할 수 있는 것이 좋은 것이다', '결정할 수 있는 한 인간은 인간인 것이다(인간으로서의 가치를 가지는 것이다)'라는 자기결정주의라고도 부를 수 있는 것이 있다. 그러나 그것은 하나의 신앙과 같은 것이며, 그 이

외의 것, 그 이상의 것은 아니다. 왜 '그것이 좋습니까?'라고 묻는다고 하자. 어떻게 대답할 것인가? '그것이 인간으로서 당연한 것이다'라고 말할지도 모른다. 그러나 이것은 동어반복에 지나지 않는다.[11)]

그리고 오히려 결정하지 않는 것의 즐거움이라는 것이 있다.

이렇게 말하는 것은 물론 첫째, 하나하나 결정하지 않는 쪽이 대부분의 경우에 '즐겁기' 때문이며, 이것저것 모두 결정하는 것은 '귀찮기' 때문이다. '더 할 나위 없이'라든가 '좋을대로 해라' 처럼 말하지 않는가?

단지 …이것과 연속되지만 …그 뿐만이 아니다. 더욱 적극적으로 정하지 않는 것의 즐거움이 있지만, 그리고 그것은 꽤 기본적인 곳에 있음이 틀림없다고 말했다(立岩, 1997b, 특히 제4장). 이것은 조금만 상상해 봐도 이해할 수 있다. 주위가 자신이 결정할 수 있는 것뿐이라면 요컨대 지루할 것이다. 그리고 그것은 자신에게 속하는 것에 대해서도 말할 수 있다. 예를 들어 당신은 당신의 감정을 스스로가 생각하는 대로 제어할 수 있다고 해서 기쁜가? 확실히 한편에서 우리들은 자신이 생각하는 대로 되는 쪽이 편리하며 쾌적하다고 절실하게 생각한다. 그러나 그것이 빈틈없이 실현된다면 세계…거기에 나의 신체도, 감정도 포함된다 …는 존재하지 않고, 세계에서 받는 즐거움도 존재하지 않는다. 그 즐거움을 부정한다면 그것은 이상한 것이다. '무엇이든지 자기결정으로 말하는 것이 좋은 것인가'라는 의문에는 결정이라든가 제어라든가 하고 싶지 않은 것을 결정하거나 제어하거나 하지 않을 수 없는 것을 불행하다고 느끼는 감각이 있다.

그리고 다른 사람은 내 결정의 대상이 아닌 존재로서 있다. 이 때, 그 다른 사람이 지금 말한 의미에서 다른 사람인 것은 그 사람이 자기결정함으로써 자립하고 있는 존재임을 요구하지 않는다. 따라서 자기결정하고 자립하는 능력을 소유하는 것은 그 자의 존재를 인정하는 요건은 안 된다.[12)]

3. 하지만, 매우 중요한 것

그러나 '자기결정'은 긍정된다. 그리고 그것은 지금까지 말한 것과 모순되지 않는다. 다음에 이에 관해 언급해 보자.

왜 자립은 지지되지 않으면 안 되는 것인가? 또 자기결정은 존중되지 않으면 안 되는 것인가? 그 이유는 단순하다. 두 가지가 있는데, 두 번째는 다시 두 가지 계기로 나눌 수 있다.

〔A〕: 첫째, 가장 기본적인 대답은 어떤 사람이 어떤 사람의 사는 방법을 정해 주는 자체가 그 사람이 존재하는 것의 그 일부를 구성하는 법이라는 것이다. 그 사람이 내(우리들)가 아닌 존재로서 있다는 것을 인정한다면, 또 그 사람이 자기결정해 가는 삶의 방식을 … '좋을 대로 해라'는 결정으로 살아가는 삶의 방식도 포함해 …인정하지 않으면 안 된다.

〔B〕: 둘째, 그것이 자신에게 좋기 때문이다.

〔B-1〕: 첫째, 자신에게 좋은 상태를 자신이 알고 있다는 단순한 사실이다. 아프다든가 가렵다든가 좋지 않다든가 그 사람에게 유쾌/불쾌하거나 그 밖의 것은 그 사람밖에 모른다. 혹은 적어도 그 사람이 가장 잘 알고 있을 때가 많다. 이러한 때에 그 사람의 생각, 그 사람의 결정에 따라 정하게 하면 그것이 그 본인에게는 가장 좋다는 것이다.[13)]

그리고 잘 알기 때문이라는 것만은 아니다. 자립생활운동 속에서 '위험을 무릅쓸 권리'가 있다. 이것은 자유의 주장이다. 예측할 수 있는 것과 할 수 없는 것, 실현될지 모르는 것과 실제로 일어나는 것, 그 사이에서 우리들은 상당히 두근두근거린다. 남에 의해 결정되면 그것을 얻을 수 없다. 이것은 취미의 문제이며, '돌다리를 두드려 보고 건너는' 성격 또한 그것으로 개성이며, 어느 쪽이 좋다고 하는 것이 아닐지도 모른다. 그러나 처음부터 그 즐거움을 가르치지 않는, 즐거움을 빼앗는 것은 좋지 않다.

〔B-2〕 : 둘째, 자신의 생활을 방위하기 위해 어쩔 수 없이 스스로 정해 가는 것이 필요하다는 것이다. 한사람의 생활은 사람들과의 관계 속에서 이루어지고, 거기에는 당연히 주위 사람들의 이해가 얽힌다. 결정을, 그리고 생활을 다른 사람에게 맡겨 버리면 대부분의 경우 그 남(들)은 자신에게 좋을 대로 하기 때문에 정작 본인은 손해를 본다.[14]

따라서 이러한 의미에서라도 자기결정은 주장되고 옹호되지 않으면 안 된다. '건너는 세상은 귀신뿐* 같은 이야기다. 그러나 귀신'뿐'인지 어떤지는 별개로 해도 남이 좋을 대로 되는 것은 사실이며, 그런 것이 전혀 없어진 사회를 상정하는 것을 적어도 나는 할 수 없다. 따라서 다른 사람의 형편대로 일이 결정되어 버리는 것부터 몸을 보호하는 '하나의' 유력한 수단으로서, 그 본인이 자기결정능력 · 자기주장 능력을 익힐 필요가 …그 힘을 본인이 용이하게 익히는 것이 가능한 경우에 …있다.

* (역자주) '세상살이 원수천치'라는 의미의 일본 속담

4. 자립하는 것을 가르치나?

'사회복지' 업계 중에서도 기존에 해 온 강요 같은 것이 비판되고 반성된다. 이 경우 기존의 방식에 대치되는 것이 이용자(소비자)의 자기결정이다. 그렇지만 '자기결정으로서의 자립'에도 강요같은 것은 없을까? '자기결정하는 사람일 것'을 요구하는 것 자체가 강요가 아닐까? 특히 '지능장애', '정신장애'인을 지원하는 곳에 있는 사람이 이러한 것을 생각하고 고민할 때가 있다고 본다.

이것은 온정주의(paternalism) (본인의 이익을 위해 본인의 결정이 아닌 것을 행함)[15]의 옳고 그름이라는 문제의 일부이다. 앞에서 든 A와 B 사이, 그리고 B-1과 B-2와의 사이에서 온정주의에 영향을 미치는 문제가 나타나 있다.

본인에 의해 결정된 것은 때로 본인에게 유익한 것이 아니라고 말할 수 있는 경우가 있다. 여기에 '본인을 위한 남의 결정'이 들어와 그것이 정당화될 수 있는 여지가 있다. 즉 B에서 인정한 '본인에게 좋다'는 전제를 취하면서도 B-1(본인이 본인에게 좋은 것을 알고 있다)이 반드시 타당하지 않을 경우 본인의 결정은 그 본인에게 좋은 결과를 초래하지 않는다고 생각되는 경우가 있다는 것이다.

동시에 B-2에서 언급한 것 즉 ('본인을 위해'라고 하면서) 주위 사람들의 이해가 개입됨으로써 그 사람의 생활이, 그 사람의 실태가 파괴되어버릴 그러한 가능성도 있다. '본인을 위해'라는 말투가 실은 주변 사람들의 사정과 통하는 방패막으로 사용돼버리는 경우가 왕왕 있다는 것이다.

또한 A와 B와의 대립의 여지가 있다. 즉 아무리 '본인에게 좋다.'는 입장에 서려고 한들 결국 그 좋은 것은 내(우리들)가 판단하는 수밖에 없는 것이라고 하면, 그 점에 있어 그것은 다른 사람을 파괴하는 행위가 아닐까라는 문제이다.

어떻게 생각하면 좋을까? 우리들은 적어도 온정주의의 전부를 부정하는 것은 아니다. 현실적으로 온정주의에 근거하는 혹은 그와 유사한 것은 얼마든지 행해지고 있다. 예를 들어 아이를 기르는 것을 생각해 보자. 다만 실제로 다 부정하는 것은 불가능한 것처럼 생각할 수 있다는 이외의 것은 말할 수 없을까? '통틀어서 온정주의를 부정할 수 없다' 등으로 말하면 (그 근거, 그 외 것을 무시하여) '자기결정의 존중 따위 역시 일본에는 좀처럼 뿌리내리지 않네요. 알았습니다. 대충 지금처럼 하겠습니다.'는 반응이 되어 버리는 일이 있다. 이것은 곤란하다. 또 우리들은 때로 이 어려운 곳을 어떻게든 말하려고 생각해 '될 수 있는 한 본인의 의향을 존중하면서'라고 한다. 그러나 이것은 그 기분은 알지만 그다지 무엇인가 말한 것은 안 된다. 그 '될 수 있는 한'이란 도대체 어느 정도의 범위이며, 그것은 어째서인가를 말하고 있지 않기 때문에.

앞 절에서 내가 말한 것은 좀더 그것을 명확히 하자는 시도였다. 확실히 구체적으로 명확히 선을 긋기는 어렵다. 그것은 단지 지적 나태 때문만은 아니며, 누구에게도 자신의 일이라도 미래는 모른다는 필연에 유래하고 있다. 단지 적어도 자기결정에 대해서는 다음과 같이 말할 수 있다고 생각한다.

자기결정할 수 있을 것 같으면, 이 의미에서 자립할 수 있을 것 같으면, 그처럼 하는 게 낫다. 그 사람이 자신의 이해를 주장하지 않는다면, 타인이 말하는 대로 되어 버려 그 결과 피해를 입는 일이 있을 것이다. 의지가 되는 사람이 있었다고 한들, 그 사람이 언제까지 옆에서 해 주는 것은 아니다. 가능하다면 그 사람 자신에게 결정케 하는 편이, 그 사람 자신이 결정할 수 있게 되는 편이 낫다.

결정하는 것, 결정할 수 있는 것, '의존을 최저한으로 하는 것', 그 자체가 무엇인가 훌륭하고 중요하다는 의미가 아니다. 그러나 할 수 있다면 할 수 있는 것이 좋다. 기술로서, 수단으로서 있는 편이, 몸에 익힌 편이 낫다는 것이다. 그 유리함은 상당히 명확하기 때문에 본인에게 좋다는 B의 조건을 충족하고 있다. 자기결정, 자기주장하지 않으면 자신이 곤란을 겪는 것은 높은 확률로 예상할 수 있다. 또 많은 경우 보다 좋은 인생을 보낼 수 있다. 따라서 자기결정을 배우게 한다.

동시에 그것을 정의(正義)로서 가르치지 않음에 있어, 어디까지나 유효한 수단으로서 제시함에 있어, 다른 사람의 정체성을 규정하지 말아야 한다는 A의 조건에 저촉되지 않는다. 자기결정을 위한 기술을 자신의 생활을 위해 도움이 되기 때문에 기억해 두는 것이 좋다는 것과, 그것이 '인간으로서' 당연한 것이며, 그것이 불가능하다면 인간으로서의 가치가 없다는 것을 가르치는 것과는 다르다. 지극히 작은 때에는 무조건 가르칠 것이 어느 정도 어쩔 수 없다 해도 거기에서 떨어져 나가는 태도와 기술이 필요하다고 생각한다. 사물의 도리를 알게 되면 그것은 적어도 한편으로는 방법이며, 그리고 그것이 실은 무엇보다도 중요하다고 할 만큼 중요한 것이 아님을 나타낸다.

물론 미묘한 것이 있다. 예를 들어 '자립생활 프로그램'[16)]에서는 자신이 정하는 것의 가치가 언급된다. 그것이 자기가 정하는 것 자체로서 가치가 있다는 특수한 가치관, 특정한 생활양식을 강요하게 되는 경우도 있을지 모른다. 그러나 그 다음은 당신 마음대로이므로 다른 사람에게 하나하나 지시해서 자신의 뜻을 관철시키는 것, 그 방법을 기억하는, 사양하지 않는다는 것을 전체적으로 기억해 두는 것이 도움되는 경우가 훨씬 많다.

다만 이러한 기법을 익히기 위한 비용을 생각하지 않으면 안 된다. '직업자립', 'ADL자립'이라 해도 그 '자립'을 위한 비용이 무시되어 왔으며, 그것이 비판의 대상이 되어 왔다. 이들에 대해 자기결정으로서의 '자립'에는 그만큼 비용이 들지 않을지도 모른다. 그러나 경우에 따라서는 상당한 부담이 될 수도 있을 것이고, 결국 달성할 수 없을 때도 있을 것이다. 자기가 결정하는 것이 어려울 경우, 결정할 수 있게 되는 것이 어려울 (그 때문에의 비용을 기대할 수 있는 이익을 상회한다) 경우, 그 보조를 잘 확보해 연속시켜 그 사람이 불이익을 받지 않도록 방법을 생각하고 실제로 준비해야 하다. 단지 그것은 일부 사람을 위한 것도 아니고, 자조나 대리 같은 양자택일도 아니다. 어떤 사람이라도 자기 혼자 할 수 있는 것에는 한계가 있고, 나아가 현 사회 서비스의 공급자와 이용자와의 관계를 생각한다면 혼자 힘만으로 되는 것은 대부분 없다. 자신의 힘을 강화함과 더불어 … 요즘은 '역량강화'라는 말이 유행…권리를 확보할 수 있는 시스템을 만들어 가는 것이다.

"네가 스스로 좋다고 느끼는 생활을 보낼 수 있게 다른 사람에게 속거나 하지 않도록 우선은 너에게 자신이 생각하는 것을 말할 수 있는 힘을 키우길 바란다. 다만 살면서 재미있는 것은 아마도 거의 그 바깥에 (도) 있을 터이다." 이러한 것은 어디에서도 보통 배워 온 것이라고 생각한다.[17] 나는 그것을 되풀이해 말한 것에 지나지 않는다. 단지 우리들 사회에는 '자기결정'을 묘한 곳에 둬 버리는 경향이 있고, 더불어 함부로 깎아내려버리는 경향도 있다. 어느 쪽도 이상하다. 그것을 말하려고, 말하지 않는 것이 좋을지도 모름을 언급해 보았다.

자기결정하는 것의 중요함만을 말하면, 자기결정하지 않는 것의 기분 좋음을 무시해버린다. 또 자기결정의 한계만을 말하고 있으면 '그러면 우리들에게 맡기지 않는다'는 말에 얽매인다. 양쪽으로부터의 거리를 동시에 말해 두는 것이 중요하다. 어떤 사람의 자기결정은 그 사람의 일부이기 때문에 존중되지 않으면 안 되며, 또 그 사람이 인생을 즐기고 자신의 몸을 지키기 위해 필요한 것이기도 하다. 동시에 그것은 어디까지나 있는 것의 일부이기 때문에 무엇보다도 그 사람이 존재하는 것보다도 중요한 것이 아니다.

[주]

(1) 장애란 할 수 없는 것이고 다른 것이라면, 이것들에 관해 생각하는 것은 사회의 기본적인 부분을 생각하는 것이며 중요하다고 생각한다. 그럼에도 불구하고 그러한 일이 별로 없는 것이 불만이었다. 그래서 책을 썼다. 이렇게 해서 立岩(1997b)는 '장애학' 책이기도 하다 (이 책과 장애(학)과의 관계에 대해서는 立岩[1998b]).

생각하는 것 중 하나로 '가부'에 대해 생각할 필요가 있다. '토론 풍' TV프로그램의 참담한 상황을 보고 있으면 이러한 질문을 하는 것은 때로 나쁜 취미일지 모르며, 또 잘못 대답하면 취미가 나쁜 걸로 끝나지 않는다. 그러나 언제나 그렇지는 않고, 생각하지 않으면 어쩔 수 없는 것도 있다. 예를 들어 '패럴림픽은 좋지 않다'는 주장(나는 '아니오'라고 대답한다. 단, 이것은 '공적자금'을 사용해도 좋은가와 같은 문제와는 다르다. 이와 관련하여 패럴림픽은 미스·콘테스트와 같은가,

그에 앞서 미스·콘테스트는 비판할 수 있는가, 그 근거는 무엇인가와 같은 질문이 계속된다). 혹은 '뇌사자의 문제는 장애인의 문제다'는 주장(나는 곧 '예'라고 대답하지 않는다. *cf.* 立岩 [1997b, p. 212] (주17)의 문헌).

그리고 '장애는 (긍정적인) 개성이다'는 주장을 어떻게 생각할 것인가? 이것은, 첫째, 조기발견·조기치료라는 주장과 실천에 던져진 의문과 비판에 관계된다(문헌으로서 일본임상심리학회편[1987]. 단 이 책에서는 상당히 주제가 확산되어 있어 고유한 문제는 오히려 학회지 〈임상심리학연구〉를 무대로 논의되었다). 한편으로는 원자력발전소에 반대하는 근거로서 장애아가 태어나는 것을 들었을 때에 행해진 비판에 관련된다(立岩 [1997b, p. 438] (주21)에 든 문헌 외, 千田[1989]). 이들 비판에 대해 '낫는 경우에도 고쳐서는 안 된다고 하는 것인가', '(죽음이나 병이 아니라) 장애만을 생기게 하는 기술이면 그것은 긍정되는 것인가'라는 반대의 비판이 행해진다(cf. 立岩 [1997b, pp. 436-437] (주17·18)에서 인용한 문장·문헌).

처음 이것을 숙고하려고 생각하고 있었다. 개요는 이하와 같다. 첫째, '문화', '개성'으로서 '긍정'하고자 하는 것이 '올가미'로서 작용할 때가 있다(岡原·立岩 [1990, pp. 162-163], 石川 [1992], 그리고 立岩 [1997b, pp. 437-438] (주19)와 거기에서 든 문헌). 그렇지만 둘째, 그래도 여전히 장애가 있어서 좋다, 있는 편이 낫다고 말할 수 있는 경우가 있다(단, 이것을 대략적으로 말할 수는 있지만 그렇게 하면 시시해져 자세히 논하려고 하면 생각해야 할 것, 써야 할 것이 다방면에 걸치고 분량도 많아져 버린다. 그래서 단념했다. 다른 기회에 언급하기로 한다). 셋째, 두 번째와 장애가 사회적 불리(핸디캡)로서 이 사회에 나타나는 것은 완전히 양립한다. 예를 들어, 임페어먼트(기능·형태장애)로서의 청각장애가 있음으로써 수화의 세계를 획득할 수 있다면 그것은 좋은 것이나, 한편으로 그것은 일본어밖에 모르는 내가 미국에 있으면 불편한 것과 같이 사회적 불리로서 나타날 때가 있다. 넷째, 그래도 장애는 없는 쪽이 낫다는 것은 부정할 수 없다. 다섯째, 그러나 그것은 언제든지 장애를 없애는 것이 좋은 것을 의미하지 않는다. 많은 경우 '계산 실수'가 있다. '좋게 함'을 위해 지불하는 것, 잃어버리는 것, 다른 수단에 의해 얻을 수 있는 것 등등의 어떤 것을 특히 '좋게 하는' 일에 종사하는 사람은 계산에 넣어져 있지 않다.

'장애개성론'에 대해서는 豊田의 비판이 있다(豊田 [1996] [1998]). 첫째, 손상-장애를 신경쓰지 말자고, 특별한 것이라고 생각하지 말자는 맥락에서 이야기할 때, 그것이 사회적 불리에 결부되는 것, 그 기제를 무시하고 있는, 무시해야 할 것이 아니라는 豊田의 지적은 옳다.

둘째, 플러스의 개성일 수 있을까라는 질문에 대해. 여기에서는 논의가 빗나갔다고 생각한다. 장애가 불이익을 초래함과 동시에 적극적인 가치를 지닐 수 있는 경우가 있으며 이 때 양자는 양립한다.

(2) 미국 동향의 지극히 간략한 소개로서 立岩 [1990a:72-74]. 문헌에 대해서는 立岩 [1990a, p. 73] (주18). 본고에서 소개, 인용할 수 있는 문장은 지극히 한정된 것이다. 일본, 외국의, 사전, 서적, 기관지에 있어서의 다양한 '자립', '자립생활', '자기결정'에 관한 해설, 설명, 논의는 홈페이지http://itass01.shinshu-u.ac. jp:76/TATEIWA/1.HTM에서 볼 수 있다(50음에 따른 색인→자립・자기결정).

(3) 三木 [1989, p. 133]에 의하면, 일본에 자립생활(운동)을 소개한 최초의 글은 丸山 [1977]. 재활법에 영향을 미치는 연좌농성, 샌프란시스코에서 그 중핵을 짊어진 버클리 자립생활센터(CIL)의 활동에 대해 언급하고 있다.

(4) 府中療育センター 이전 저지 투쟁에 대해서는 立岩 [1990b, pp.179-183]. 후에 문장을 인용하는 新田絹子 (후에 三井絹子)는 이 센터에서 생활하고 투쟁을 거쳐 센터를 나가 살기 시작한 사람 중의 하나. 「青い芝の會」에 대해서는 立岩 [1990b, p. 174] [1998b], 전장연에 대해서는 立岩 [1990b, p. 186].

(5) 미국의 IL운동은 일본의 일부 뇌성마비인 단체 「青い芝の會」 등의 주장과 겹치는 것도 있지만 상당히 다른 것도 있는 것 같다(砂原 [1980→1983, p. 20]). 언급은 이것뿐이다. 어디가 '상당히 다른지'는 밝히고 있지 않다.

(6) 立岩 [1990b, pp. 208-210]. 소개되는 조직, 조직의 활동의 '치우침'은 1990년대에도 계승된다. 立岩 [1990b]는 소개되기 쉬운 활동, 제외되기 쉬운 활동의 양쪽을 쫓아 그 분기점, 상위점에 대해 일단 검토하고 있다.

(7) 立岩 [1995]. 기타 홈페이지(→주 2, '색인'→'자립생활센터')에서도 정보를 얻을 수 있다. 이 활동이 몇 개 지역에서 1980년대 후반 이후 가능하게 된 것은 주 6에서 '제외되기 쉬운 활동'으로 기록한 그 일부를 철저히 한 '한탕주의'가 일부 지역에서 일정한 성과를 올리고 있었기 때문이다. 거기에 당사자에 의한 서비스 제공이라는 아이디어, 미국의 NPO 조직론(cf. 千葉大學文學部社會學硏究室[1996])이 더해져 더욱 일본의 '민간재택복지단체'의 방법론이 받아들여졌다. 이것을 나는 '두 가지 흐름이 합류하는 곳에 나타난다.'(立岩 [1995, p. 276)고 썼다.

(8) 아무거나 자기결정이라고 하면 그걸로 결말이 날 것으로 생각하고 있다. 그러나 그러한 일은 물론 없다. '자기결정'에 대해 표명된 의심의 하나는 '그러면 자기결정할 수 없는 사람은 어떻게 되는가, 구제받지

못하는가'라는 것이다. 물론, 중증의 지능장애인을 염두해 둔 것이지만 여기에 머물지 않는다.(예를 들어 자기결정을) '가르친다'고 할 때 이미 '자기결정'에서 밀려나온 부분이 있다. 그러므로 그것은 '가르친다'는 것을 어떻게 생각하는 것인가라는 문제이기도 한다. 이 장의 마지막은 이것을 염두하고 썼다.

그리고 자신의 일은 자신이 정한다고 할 때의 그 '자신이 결정하는 자신의 일'이란 무엇인가가 문제이다. 자신이 정할 때의 자신이 갖고 있는 것은 무엇인가? 자신이 일한 만큼에 대해 자신이 결정할 수 있다(이것이 우리들 사회의 기본적인 규정이다)고 하면, 그것은 스스로 벌 수 없는 자에게 말 그대로 '치명적'이 된다. 또 자신을 둘러싼 상황이 문제이다. 무엇이 걸려 있는 것인가, 무엇이 천칭에 놓여져 있는 것인가? 이것을 무시하고 자기결정을 긍정하는 이들은 환자의 자기결정권이 왜 주장되지 않으면 안 되며, '동시에' 죽음의 자기결정으로 여겨지는 안락사를 왜 간단히 인정하면 안 되는지, 이것들을 이해할 수가 없다.

立岩(1997b)의 전체가 이것들에 대해 생각했다. 제4장 3절의 표제는 '자기결정'. 거기에서의 고찰에 따라 안락사에 대해 立岩(1998a, 1999b)에서 검토하고 있다.

(9) 우리들은 '자립생활'에 관한 책 (安積 외, 1990, 1995)을 쓴 것이고, 나는 '자립생활센터'의 활동에 다소 관련을 맺어 왔다(관계 보고서로서 휴먼케어협회[1992], 휴먼케어협회 지역복지계획 책정위원회 [1994], 휴먼케어협회 케어매니지먼트 연구위원회, 1998). 그러나 '자립(생활)'이라는 단어는 책의 표제에는 사용하고 있지 않다. '가출'을 하는 것, 시설에서 나가 사는 것, 즉 무엇인가로부터 '달아난다'는 것 자체에 적극적인 의미를 보고 있었으며, 무언가 적극적인 '인생의 목적'을 내보이는 것에 저항감이 있었다. 더욱 간단히 말하면 '자립생활'이라는 말의 의미가 다가오지 않았다. 그리고 이 책의 전체가 다양한 망설임이나 시행착오를 쫓고 있다.

(10) 주 2에 적은 홈페이지에 다시 녹음되어 있다.

(11) 이러한 신앙이 어떻게 생긴 것인가? 혹은 어떻게 믿어지게 된 것인가? 이에 대해서는 立岩(1997b)의 제2장, 제6장 2절.

(12) 다음과 같은 의문이 생길 것이다. '모두가 다른 사람이며 다른 사람의 존재를 인정해야 한다고 하면, 그것은 그 모든 것을 무차별하게 다루어야 함을 보이게 되지 않은가?" (立岩, 1997b, p. 174). 이 질문에 대해서는 立岩(1997b) 제5장에서 생각해 보았다.

(13) 이것이 당사자에 의한 운동이 주장되어 온 것에 관련된다. 당사자가 그 생활에 대해서 가장 잘 알기 때문에 그 사람들이 주장하는 혹은

그 사람들이 같은 범주 사람들의 생활을 지원한다는 것이다.

'당사자운동주의'에 대해 豊田(1995, 1998)의 비판이 있다. 문제가 사회 속에 드러나 사회 속에서 해결되지 않으면 안 되는 이상, 사람들의 광범위한 참가를 얻어 운동은 이루어지지 않으면 안 된다는 지적이다. 이것은 당연한 주장이다. 그러나 그것은 당사자운동을 부정하는 것이 아니다.

다만 예를 들어 지체장애인과 시각장애인, 지적장애인 또한 지체장애인이라도 선천적 장애인과 중도장애인과는 각각 상당히 다른 부분이 있다. 장애의 종별을 넘어서 지원하는, 연대한다는 이념자체는 옳다고 하고 더불어 어디까지 각 장애의 개별성을 볼 것인가 하는 문제는 있다.

(14) 새삼스레 장애인의 자기결정, 환자의 자기결정이 주장되지 않으면 안 되는 것은 결국 자기결정이 실현되고 있지 않다는 것은 그들의 자기결정을 받아들이는 것이 주위에 부담이며 귀찮기 때문이다(立岩, 1997a, 1997b, pp. 129-131).

(15) 立岩, 1997b, p. 74, 97 및 거기에서 제시하는 문헌. 그리고 立岩, 1999c

(16) cf. 岡原・立岩 [1990], 立岩, 1995b, pp. 292-297.

(17) 무엇인가 하면 '문화의 차이'라는 말로 설명할 수 있다. 차이가 없다고는 말하지 않는다. 예를 들어 미국에서 시민권을 목표로 하는 운동을 전개하려고 할 때, 역시 그러한 주장이 될 것이라 생각한다. 그렇지만 그것은 정면에서 '자립이든 뭐든 상관없다' 등으로 말하면 제대로 다루어지지 않는다는 것일지도 모른다. 모두가 자립을 믿고 실제로 자립하고 있는 것은 아니지만, 그것을 겉으로 드러내 말하면 모양이 안 나는 문화가 있다고 생각해도 좋지 않을까 싶다.

한편 일본인은 원래 '의존심이 강하기' 때문에 informed consent는 일본에는 '친숙하지 않다'는 말이 있다. 그러나 누구나 (물론 일본인도) 어느 정도는 자신이 생각한대로 되었으면 하는 바람이 있다. 그리고 informed consent가 필요한 것은 즉 그것이 없으면 자신에게 좋지 않은 일이 일어나는 것이 어디에서도 변함없을 것이다. 더불어 역시 이 사람도 자질구레한 일에 관련되고 싶지 않다고 생각한다. 그렇다면 어떻게 알릴 것인가, 이것도 통해 어떻게 권리를 확보할 것이며, 기본적으로 이것은 보편적인 과제이다.

〈참고문헌〉

※가 있는 인명, 문헌에 관해서는 홈페이지(각주 2)에 관련정보, 문헌의 전문 혹은 일부가 게재되어 있음.

青い芝の會神奈川縣連合會※1989あゆみ自第一号～至五八号（三分册），青い芝の會神奈川縣連合會.

安積純子※・尾中文哉※・岡原正幸※・立岩眞也※(1990).『生の技法・・家と施設を出て暮らす障害者の社會學』. 藤原書店.

安積純子・尾中文哉・岡原正幸・立岩眞也(1995)『生の技法・・家と施設を出て暮らす障害者の社會學』. 藤原書店.

石川准※(1992).『アイデンティティ・ゲーム・・存在証明の社會學』. 新評論.

岡原正幸・立岩眞也(1990)『自立の技法』, 安積他［1990：147－164］→1995安積他［1995：147－164］.

小島蓉子(1989)『障害者福祉の基本理念』. 福祉士養成講座編集委員會編障害者福祉論・・社會福祉士養成講座3，中央法規.

定藤丈弘※(1993).『障害者福祉の基本的思想としての自立生活理念』, 定藤他編［1993：2-21］.

定藤丈弘・岡本榮一・北野誠一編(1993)『自立生活の思想と展望・・福祉のまちづくりと新しい地域福祉の創造をめざして』. ミネルヴァ書房.

障害者自立生活セミナー實行委員會編(1983)『障害者の自立生活』. 障害者自立生活セミナー實行委員會.

砂原茂一(1980)『リハビリテーション』. 岩波新書.

千田好夫(1989) 障害者と反原發.『共生の理論』, 12, 13-15.

立岩眞也(1990ａ)『出て暮らす'生活'』, 安積他［1990：57－74］→安積他［1995：57－74］.

立岩眞也(1990ｂ)『はやく・ゆっくり・・自立生活運動の生成と展開』, 安積他［1990165－226］→安積他［1995：165－226］.

立岩眞也(1995)『自立生活センターの挑戰』, 安積他［1995：267－321］.

立岩眞也(1996)　だれが'ケア'を語っているのか※ＲＳＷ研究會研究會

誌, 19, 3-27.
立岩眞也(1997 a)『私が決めることの難しさ』. 太田省一編分析 · 現代社會 · · 制度 · 身体 · 物語※, 八千代出版.
立岩眞也(1997 b)私的所有論※. 勁草書房.
立岩眞也(1998 a) 都合のよい死 · 屈辱による死 · · '安樂死'について. 仏教四二.
立岩眞也(1998 b)'一九七〇年'. 『現代思想』, 26, 2-6.
立岩眞也(1999 a) 『'自己決定' '自立' '自立生活運動'福祉社會事典』. 弘文堂.
立岩眞也(1999 b) 『'私の死'』, 大庭健 · 鷲田清一編所有のエチカ. ナカニシヤ出版.
立岩眞也(1999 c) 『パターナリズムも自己決定と同鄉でありうる、けれども、後藤弘子編少年非行と子どもたち』. 明石書店.
千葉大學文學部社會學研究室(1996) 『NPOが変える!? · · 非營利組織の社會學』. 千葉大學文學部社會學研究室 · 日本フィランソロピー協會.
豊田正弘※(1995). 『当事者運動主義批判における現在的位相 · · 障害者解放運動の新たな地平を獲得するために』. 障害者解放運動わだち舍.
豊田正弘(1996) '障害個性'論批判'. 『わだち』, 37, 14-37.
豊田正弘(1998) 当事者幻想論 · · あるいはマイノリティの運動における共同幻想の論理. 『現代思想』, 26(2), 100-113.
日本臨床心理學會※編(1987) 『早期發見 · 治療'はなぜ問題か』. 現代書館.
原田政美(1979) 『I · L · のための總合的施策』, 『センターだより』. 53 (東京都心身障害者センター).
原田政美(1981) 自立生活, 『ジュリスト增刊總合特集』, 24, 353-355.
ヒューマンケア協會※(1992)自立生活への鍵 · · . 『ピア · カウンセリングの研究』, ヒューマンケア協會.
ヒューマンケア協會地域福祉計畫策定委員會(1994). 『ニード中心の社會政策 · · 自立生活センターが提唱する福祉の構造改革』. ヒューマンケア協會.
ヒューマンケア協會ケアマネジメント研究委員會(1998). 『障害者当事者が提案する地域ケアシステム · · 英國コミュニティケアへ

の当事者の挑戰』. ヒューマンケア協會 · 日本財団.
三ツ木任一※(1993)『障害者の自立生活. 三ツ木編障害者の福祉』, 放送大學教育振興會、放送大學教材.
三ツ木任一(1997)『障害者の社會行動』, 三ツ木編障害者福祉論. 放送大學教育振興會.
横塚 一(1975)『母よ！殺すな』. すずさわ書店.
渡辺鋭氣(1977)『依存からの脫出··'障害者'自立と福祉勞働運動』. 現代書館.

제 4 장

'장애'와 출생전진단

玉井眞理子
Tamai Mariko

1. 출생전진단이란?

'출생전진단'이라고 할 때 대부분의 사람들은 무엇을 생각할까? 태아가 다운증후군임을 양수검사 결과로 진단하는 것 같은 사태와 그 결과 '선택적 인공임신중절'이 행해지고, 그것은 다운증후군 그리고 지적장애 나아가서는 장애인의 존재 부정에 연결되는 일련의 논의를 단숨에 떠올릴지도 모른다.

그러나 출생전진단이라는 것은 사실 대단히 폭넓은 개념이다. 글자 그대로 살펴보면, 태어나기 전에 무엇인가를 진단한다는 단지 그만큼의 의미이며 규정하고 있는 것은 시간뿐이다. 누구의 무엇을 진단하는 것인가라는 것까지 출생전진단이라는 말 자체에는 포함되어 있지 않다. 대상이 태아냐 아니냐에 관해서도 엄밀하게는 나타나 있지 않다. 다만 이것은 암묵의 동의하에 태아인 것이 전제로 되어 있는 듯하며, 몇몇 총설을 보아도 아이를 '낳기 전의 임신 중인 여성'을 진단하는 것이 아니라 '태어나기 전의 아이'를 진단하는 것이 전제로 되고 있다.

그러면 출생전진단과 태아진단은 같은 의미인가, 즉 출생전진단이란 출생전에 태아를 진단하는 것일까? 얼마 전까지 확실히 그랬다. 그러나 착상전 수정란을 진단하는 기술이 해외에서는 이미 임상 응용되고 있고, 일본내에서도 검토되고 있다. 또, 난자 단계에서의 진단 기술도 개발되고 있다고 한다. 따라서 현재 출생전진단은 이미 태아진단의 영역을 넘어서고 있다. 보다 정확하게는 태아 혹은 그 전신이 대상이라고 하지 않으면 안 될 것이다.

출생전진단에는 신체에 대한 소위 침습(侵襲)을 동반하는 것에서 동반하지 않는 것까지, 또 침습을 동반할 경우 그 정도가 큰 것에서 작은 것까지 다양한 기술이 있다. 커다란 형태 이상을 아는 것에서 염색체 이상을 조사하는 것, 유전자 수준에서 분석하는 것 등 다양하다.

몇 가지 대표적인 것을 들어 보자.[1)]

먼저 모두에서도 말한 것 같이 출생전진단이라고 하면 곧 인용되는 것이 양수검사이다. 이는 임신 15~16주에 임산부의 양수 중에 부유하는 태아 유래 세포를 채취하여 주로 염색체의 수나 형태 이상을 조사하는 것이다. 양수검사보다 약간 빠른 시기에 실시할 수 있는 것으로서는 융모라 불리는 태반 조직의 일부를 채취하여 염색체나 나아가 DNA를 분석하는 방법도 있다.

태아의 피부나 탯줄로부터 혈액을 채취하고, 이것들을 검사재료로 하는 방법도 있다. 초음파단층촬영에서는 형태 이상의 유무가, 게다가 그 성능이 향상됨으로써 임신의 빠른 시기부터 내장을 포함한 상당히 작은 부분에 대해서까지 알게 되었다.

임산부의 혈액(혈청)중에 포함되는 어떤 종류의 단백질이나 호르몬의 수치로 태아의 염색체 이상이나 신경관 기형을 확률로 추정하는 것이 모체혈청 마커 테스트(지표를 세 개 이용하는 경우가 많으므로 트리플 마커 테스트라고도 불린다)이다. 체외에서 수정시킨 수정란을 자궁에 돌려주기에 앞에 유전자 수준에서 진단하는 착상전 수정란진단(착상전 진단 혹은 수정란진단이라고도 불린다)이나 모체의 혈중에 있는 태아유래 세포를 분리해서 이것을 분석하는 방법, 그리고 태아에게 특정 염색체 이상이 있을 경우 특징적이라고 일컬어지는 '목덜미의 근육 두께'를 초음파단층촬영으로 발견하는 방법 등은 아직 연구 단계로 일본에서는 임상 응용의 단계에는 이르지 않고 있다.

2. 선택적 인공임신중절

출생전에 태아를 진단하는 것이 항상, 모두에서 말한 것 같은 선택적 인공임신중절을 고려해 이루어지고 있는가 하면 꼭 그렇지도 않다. 중절과 결부되지 않는, 혹은 결부될 것 같지 않은 출생전진단도 있고, 의료 서비스의 현장에서는 그러한 경우가 오히려 케이스로는 많을지도 모른다. 출생전진단에 의해 얻은 태아정보는 임신 중의 건강 관리나 분만 양식의 결정, 그리고 분만 직후의 처치에 대한 준비 등에 유효하게 이용될 가능성도 있다.

예를 들어 다음과 같은 경우도 있다. 출생전의 태아정보로부터 평상시의 소위 해산(경질분만)에는 그 태아의 생명력이 유지되지 못할 것이 예측될 경우 조금이라도 좋으니 살아 있는 아이를 안고 싶어 하는 부모의 희망에 의해 제왕절개에 의한 출산이 선택되는 것이 극히 드물게 있다고 한다. 자연히 진통이 일어날 때까지 기다려서 출산했다고 하면 사산이 될 아이를 제왕절개라는 인위적인 개입 수단을 강구함으로써 살아 있는 상태로 모체외로 내보내려는 시도이다. 일반적인 출산보다도 상대적으로 리스크가 높은 제왕 절개를 선택해서라도 살아 있는 동안 우리 아이를 안을 수 있는 가능성에 기대해 보는 것이다. 잘 되었다고 한들 대개의 경우 아이는 출생 직후에 사망하게 되나, 살아 있는 동안에 조금이라도 아이를 안고 싶은 부모의 희망은 이루어지게 된다. 이 경우, 출생전에 얻은 태아정보에 의해 살아 있는 우리 아이와 대면하는 부모의 희망이 이루어지게 되는 것이다.

긴 서론은 이쯤에서 종지부를 찍고, 첫머리의 '장애와 출생전진단'에 다시 되돌아가자. 출생전진단은 그 전체를 보는 한, 반드시 선택적 인공임신중절을 전제로 이루어지는 것만이 아니라는 것을 우선 이해한 뒤 '장애와 출생전진단'에 대해 생각해 보겠다. 역시, '장애'와 '출생전진단'의 관계성을 규정함에 있어 선택적 인공임신중절의 관계의 문제를 떠날 수는 없다. 선택적 인공임신중절의 문제만으로 출생전진단을 말할 수는 없으나 적어도 불가피한 것으로서 그리고 출생전진단 기술의 존재 바로 그것과 그 발전의 방향을 규정하는 것으로서 선택적 인공임신중절의 문제가 있다는 구조가 거기에 있다.

따라서 적어도 여기에서는 먼저 문제를 한정시킬 필요가 있다. 장애를 이유로 한 선택적 인공임신중절을 전제로, 혹은 고려의 대상으로 이루어지는 출생전진단이 여기에서 논의해야 할 테마이다. 체외 수정시킨 수정란을 사용해서 유전자 이상을 조사하는 착상전(수정란)진단은 확실히 선택적 인공임신중절을 회피할 수 있을 지도 모르지만, 장애아의 출생을 회피하는 목적에서 이루어진다는 점에서 본질적으로 같다. 이러한 선택적 인공임신중절(착상전 진단의 경우는 선택적 임신?)과 결부될 수 있음으로부터, 또 그 대상이 되는 병이 병이라기보다 장애라는 것부터 장애인 인권론의 맥락에서 이야기되어 온 경위가 있다.

3. '유전자'의 등장에 의해

이 항에서는 먼저 앞에서 언급한 '유전자'에 대해 생각해 보자.

지금은 '유전자'라는 말이 '유전자가 -놀아라-고 한다'는 몇 년 전의 여행 캠페인 포스터나 '키무라의 유전자'라는 최근의 컵 라면 광고까지 매스 미디어 속에도 등장하고 있다. 그것도 아이돌 탤런트의 미소짓는 얼굴의 클로즈업과 함께. 일단 '유전자'라고 하면 '유전'이라는 말이 갖는 이미지와는 약간 다른 느낌이 드는 것은 이상하다. '유전'이라는 말에는 어느 쪽인가 하면 '어둡다'는 이미지가 따르기 쉽다. '유전자'가 덮어 놓고 '밝다'라는 이미지인가라고 하면 반드시 그렇지 않은 느낌도 드나, 적어도 '건조한' 이미지는 된다.

그러면 '유전자검사'가 되면 어떨까? 유전자를 조사하는 새로운 기술에 대한 단순한 기대와 함께 유전자를 조사하는 것으로 도대체 무엇을 알게 되는 것일까라는 막연한 불안의 계기도 되고 있지는 않나?

유전자라는 것은 몸을 만들고 있는 설계도와 같은 것으로, 유전자를 조사해 아는 것은 '현재'에 머무르는 것이 아니라 때로는 '미래'이기도 하다. 지금 당신 몸의 상태는 이래요 라는 것을 조금이라도 정확하게 안다는 것뿐만 아니라 병이 날 것인가 아닌가도 포함해 당신 몸은 앞으로 이런 식으로 되어갈 것입니다는 것을 알기 위해서도 사용할 수 있는 것이 유전자검사이다.

현재 의학 · 의료의 분야에서는 다양한 병의 원인이 되는 인간의 유전자가 하나씩 밝혀지고 있다. 그리고 병의 종류도 소위 '유전하는 병'으로 예전부터 알려져 있었던 범위를 넘어 암, 심장병 · 고혈압 · 당뇨병 등 성인병(생활습관병) 일부에까지 급속히 확대되고 있다.[2)] 유전자검사는 이러한 병에 대해 증상을 보이고 있는 사람이 확실히 그 병인지를 확인하거나 (확정 진단) 나아가 병에 걸리기 전에 그 병에 걸릴 가능성이 어느 정도 있을지를 예측하거나 (발증전 진단), 때로는 태어나기 전의 태아에 대해 그것을 행하거나 (출생전진단) 여러 맥락에서 활용되는 것이다.

어느 경우에도 유전자 수준에서의 검사가 이용당할 가능성은 점점 확대되고 있다. 그러나 진단이 가능한 것은 반드시 치료나 예방이 가능함을 의미하지는 않는다. 치료나 예방에 반드시 결부되지 않을 것 같은 진단이 보다 정확하고 보다 빠른 (너무 빠튼가?) 시기에 가능하게 된 것이 문제를 부풀리는 것은 불가피하다.

4. '본인의 불행'과 '가족의 부담'

한 인간으로서 보호받는 상태가 되기 전에 치료도 예방도 할 수 없다는 진단을, 때로는 유전자 수준에서 확실하게 행하는 것이 기술적으로는 가능하게 되는 상황 속에서는 '진단과 치료·예방의 괴리'와 함께 '현재와 미래의 괴리', 그리고 나아가 '결정하는 것과 결정을 받아들이는 것과의 괴리'가 일어나고 있다. 통상적인 의학적 진단은 '지금(혹은 가까운 장래)'의 '나'의 고통을 없애기 위한 '치료(혹은 예방)'를 위해 이루어지나, 출생전진단이 선택적 중절을 고려해서 이루어질 경우는 그렇지 않다. 진단되는 당사자인 태아에게 진단은 '지금(혹은 가까운 장래)의 것'도 아니고 '나'의 것도 아니며 '치료(혹은 예방)를 위한' 것도 아니다.

그러면, 누가 무엇 때문에? 라는 질문에 지금까지 어떻게 대답해 왔냐 하면, 그것은 '장애를 갖고 태어나면 본인이 불행해진다.'라는 것과 '장애아가 태어나면 가족이 고생한다.'는 논리를 배경으로 한 '본인과 가족의 행복을 위해서'이다. 그러나 장애인단체가 그 운동 안에서 반복해 온 것은 '장애가 있다고 해서 불행한 것은 아니다.', '그것에 의해 초래되는 가족의 부담이 있다고 해도 그것은 사회적으로 해결되어야 할 것이다.'는 것이 아니었나? 지금까지, 어느 정도 설득력을 갖고 전해져 왔는지는 별개로, 그것들을 사회적 메시지로서 전하고, 많은 사람들과의 공유를 목표로 하는 것이 장애인단체가 존재하는 의미이며, 전개되는 운동의 사명이었다고도 말할 수 있다.

출생전진단 기술의 개발과 보급을 일부에서 지지하고 있는 논리가 구태의연한 '본인의 불행'과 '가족의 부담'이라고 하면, 그것들은 모두 장애인운동의 이념의 근간을 언급하는 것이다. 출생전진단과 선택적 인공임신중절이 장애인의 출생 회피를 위해 이루어지고, 그것이 '본인의 불행'과 '가족의 부담'에 의해 계속 정당화되는 이상, 아무리 빠르고 간단하고 확실하게 그리고 저렴하게 진단할 수 있게 되었다고 한들 문제의 본질에는 변함이 없다.

장애인인권옹호단체는 그러한 시점하에서 출생전진단 기술의 행방을 주의깊게 지켜볼 필요가 있다. 또한 실제 의료현장에서 사용되기 전에 빨리, 간단하게, 확실하게, 저렴하게 진단할 수 있는 기술의 개발이라는 단계까지 매섭게 따져 단순한 '본인의 불행'과 '가족의 부담'으로 그것을 정당화해 버리는 것이 과연 옳은 것인가 문제를 제기하지 않으면 안 된다.

5. 부모에 의한 인권침해

확실히 '본인의 불행'과 '가족의 부담'이라는 논리로 간단히 출생전진단과 선택적 인공임신중절을 정당화할 수는 없다. '가족의 부담'은 물론이지만 '본인의 불행'에 관해서도 대부분은 주위가 그렇게 판단하고 있음에 불과하다. 특히 부모에 의한 장애당사자의 인권침해는 전후의 장애인운동에서 되풀이되어 고발의 대상이 되어 왔다. 그러나 본인에게 무엇이 행복인가를 생각하는 부모의 심정은 복잡하다. 이하는, 독일의 한 장애인단체에서 있었던 부모의 발언이다.[3)]

"나는 두 딸의 아버지입니다. 한 아이는 19세로 이렇다 할 장애는 없습니다. 다른 아이는 15세로 다운증후군입니다. 내 아내는 알스타돌프 시설에서 지적장애인 그룹홈의 주임을 하고 있습니다. 나 자신도 지적장애인을 위한 학교에서 교사를 하고 있고, 지적장애 분야에서 일하고 있다고 말할 수 있습니다. 이 회의에 와서 나는 제게 할당된 '피임'이라는 주제로 몹시 침울해졌습니다. 얼핏보면 아이를 낳아서는 안 된다는 것이 이미 전제로 되어 있어, 문제는 어떻게 아이를 낳지 못하게 할 것인가와 같은 인상을 받았기 때문입니다. 그러나 이 회의에서는 기쁘게도 장애인도 아이를 가질 권리를 가지고 있다고 몇 분이 확실하게 말씀해 주었습니다. 나 자신도 물론 장애인에게 아이를 가질 권리가 있다고 생각하고 있습니다. 그러나 정말로 이 점에서 나는 아버지로서 대단히 복잡하고 모순된 기분이 됩니다. 내 딸이 스스로 원해서 아이를 가진다고 하는 사태를 나는 받아들일 수 있습니다. 그리고 딸은 그 아이를 최초의 몇 개월쯤은 뜻 깊게 보살필 수 있고, 깊은 애정과 따뜻함으로 보살필 수 있다고 생각합니다. 딸이 쏟는 애정은 비장애인 부모보다도 깊을지도 모르겠습니다. 한 사람 혹은 몇 사람의 원조자로부터 지원을 계속 받으면서, 의미 있는 공동생활을 영위할 수도 있으리라 생각합니다. 그렇지만 그것은 눈 앞의 꿈에 지나지 않습니다. 현실로 눈을 돌리면 사회가 가지는 규범, 기대, 그리고 편견이라는 것이 눈에 들어옵니다. 나는 내가 이상으로 여기는 바에 따라 딸의 생활을 이끌어 딸을 그러한 삶의 가능성-다운 증후군이라도 아이를 낳고, 부모가 되는 것-의 하나의 모범으로서 내밀 수도 있을지 모르겠습니다. 그녀가 그러한 생활을 보냄으로써 어떤 불이익을 받는다 해도 딸을 하나의 모범으로서 제시해야 할지도 모르겠습니다. 그러나 나는 내 딸을 그녀가 받을 다양한 불이익의 대상(代償)으로서, 체제변혁의 도구로 이용하고 싶지 않습니다. 그러므로 나는 내 딸에게 너에게 아이는 바람직하지 않다고 들려주려고 생각하고 있습니다."

생식에 관한 장애인의 자기결정권에 관계되는, 부모로서의 고뇌에 찬 발언이다. 부모에 의한 장애당사자의 인권침해라고 단죄하는 것은 쉽지만, 그러한 비판을 충분히 각오하면서 그래도 이러한 발언을 이 부모에게 시키고 있는 것은 무엇인가?라는 시점을 갖는 것이 아마 출생전진단과 선택적 중절에 있어서도 요구되고 있다.

6. '우생학'과의 만남

조금 화제를 바꾸어 여기에서는 책 한 권을 소개하고자 한다. 〈유전자로의 메시지〉라는 제목의 책이다.[4] 거기에는 '종교나 광기'가 아닌 새로운 우생학은 '자연과학에 기초를 두는 범위 내'와 '기본적 인권과의 조화'의 범위 내에서라면 현대에 있어서도 충분히 타당하다는 주장이 전개되고 있다.

이하, 다소 긴 인용이지만 어떤 의미에서 중요한 문헌이므로 이해해주셨으면 한다. 〈신 우생학의 한계〉라는 쪽의 기술이다.

"신 우생학은 종전의 우생학과 마찬가지로 인류의 유전적 개선을 목적으로 하지만, 종전의 우생학과 다른 점은 그 한계를 내재적 제약으로서 불가결한 요소로 한다는 점에 있다. 첫째, 전술한 바와 같이 인간의 유전에 관한 자연과학에 기초를 두는 범위 내라는 한계이다. 이 한계에 의해 신 우생학은 종교나 광기와는 다른 합리적 국가정책으로서의 면목을 세우는 것이 된다. 둘째, 기본적 인권과의 조화를 고려하는 점이다. 일본국 헌법은 기본적 인권의 옹호를 중요시하고 있으며, 그러한 헌법 하에서 기본적 인권을 무시한 국가정책은 취할 수 없다. 그렇게 말하면서도 인권도 또한 다른 이익과 충돌 가능성이 있는 만큼 상호 조화를 도모하는 와중에 제약받는 것은 어쩔 수 없으므로 절대시 할 수는 없다. 이 점은 인권의 최고 높은 위치에 두어져야 할 생명조차도 공익 앞에 옹호되지 않을 수 있다는 사형제도를 통해서도 납득할 수 있을 것이다. 그 경우에도 우선될 수 있는 한 인권을 제약하는 정도가 적은 수단을 채택해야 한다. 예를 들어 신 우생학의 목적을 달성하기 위한 수단으로서, 강제적 요소가 없는 것으로서, 유전병과 그 도태의 필요성에 대해 국민에 대한 계몽과 이에 따른 자발적 단종이나 산아 제한 혹은 출생전진단 및 유전병에 감염된 태아의 인공임신중절을 들 수 있다. 이 강제적 요소를 결여하는 점이야말로가 인권을 침해하지 않기 위한 중핵적인 법기술이다."

이하는 더욱 깊게 파고들어 강제 단종도 긍정하자는 주장이다.

"그러나 신 우생학적 목적의 달성이 특히 요청될 경우, 즉 특정 유전병이 심해서 반드시 자손에게 전해지지 않도록 해야 할 사회적 요청이 강하여, 그 점에 대해서 국민적 합의가 성립하고 있을 때는 그 유전병 환자 혹은 보인자에 대해 해명을 위한 충분한 기회를 주는 등의 적정 절차 하에서 단종, 산아제한, 출생전진단, 인공 임신중절을 포함하는 강제적 수단을 국가제도로서 발동할 수 있도록 하는 것은, 그 필요성과 강제적 수단이 균형 잡혀 있으면 일본국헌법 하에서도 허용될 수 있다. 그 일부는 구 우생보호법에 의한 우생수술(동법 10조)에서도 나타났다. 강제할 경우, 인권침해의 가능성이 높아지므로 그 허용 한도는 법률에 명기해야 한다."

이러한 주장은 극단적으로 보일 지도 모르는데 과연 그럴까? 구 우생보호법 하에서의 '본인의 동의에 근거하지 않는 불임수술' 즉 강제 단종이 1980년대에도 75건 있었던 것은 후생성이 공식 통계자료(우생보호통계)에서 밝히고 있다. 이것들은 '합의'라는 위장도 하지 않고 있는 단종이지만 합법적인 단종이다.

복지 우등생 스웨덴에서도 같은 문제가 매스컴에서 다루어진(1997년 8월) 것을 계기로, 일본의 시민단체도 다시 행정당국에게 사죄를 요구하는 움직임을 보이고 있다. 이것들은 숨겨져 있었던 사실이 아니라 누구라도 볼 수 있는 통계자료상에서 명확히 밝혀진 사실이다. 법률이 강제 단종을 용인하고, 그러한 법률의 존속을 사회가 용인해 온 것이다. 구 우생보호법으로부터 모체보호법으로 개정된 때(1996년 6월)조차 이 단순 명쾌한 공적 통계자료에 나타나 있는 사실과 그 배경을 밝혀 논의된 적은 없었다.[5)]

우생조항은 확실히 삭제되었을지 모르지만 구 우생보호법은 폐지가 아니라 법률명의 개정을 포함하는 개정이다. 또한 당연한 것이지만 우생사상이 사라진 것도 아니다. 무방비로 표현해 버린 것인가 아닌가의 차이는 있다고 해도 여전히 그것은 사회 전체적으로 깊이 침투하고 있다. 적어도 '우생'이라는 두 문자에 대한 감각의 둔함은 의심의 여지도 없을 것이다.

'우생보호법지정의사'라는 간판이 거리 여기저기에 당당하게 내걸려 있는 사회에 대해 무심했던 것이 일본인이다. 극히 최근까지 '우생'이라는 이름이 붙어 있었던 법률 속에서, 그리고 현재는 폐지되지 않고 개정되었을 뿐인 그 법률 속에서, 중절이 규정되어 있었던 것이다.

앞 절과 그 앞 절에서 '본인의 불행'과 '가족의 부담'이라는 개인 수준에서의 문제에 대해서 언급했는데 여기에서 소개한 것 같은 사회방위적 사상도 아직 뿌리가 깊게 존재하고 있음도 잊어서는 안 된다.

7. '치료'와 '예방'의 음지에

의학적으로는 장애도 병의 범주에 속하며 만성질환으로 규정되어 있다. 병의 범주에 들어 있다는 것은 무엇을 의미하는 것인가? 만약 그렇게 되지 않고 끝나는 것이라면 그렇게 되지 않는 방법(예방)을, 만약 그렇게 되어버리면 그렇지 않은 상태로 되돌리는 방법(치료)을 선택하는 것이 당연하며, 적어도 많은 사람이 그러한 선택을 하고 나아가 그러한 선택을 하는 것이 타당한 것으로 세상에 받아들여진다는 것이다. 그렇다면 병으로서의 장애는 의학적 견지로 보면 원래 예방이나 치료의 대상이다.

그러나 페닐케톤뇨증 등의 병을 신생아기에 진단하고, 특수한 우유로 키움으로써 어떤 종류의 장애를 일으키지 않도록 할 수 있는 예는 오히려 소수다. 진단이 가능한 것과 근본적인 치료나 예방이 가능한 것이 꼭 연결되는 것은 아니다. 장애에 관해서는 치료나 예방이 가능한 것으로서가 아니라 우선은 진단만이 가능한 것으로서 존재하고 있는 경우가 많다. 가장 유효한 치료나 예방이 없기 때문에 병의 상태가 고정화 혹은 만성화한 것을 장애라 부른다는 것을 생각하면, 이것은 동어반복일지도 모른다.

한편 앞에서 출생전진단에는 선택적 인공임신중절을 전제로 할지 결과적으로 그것이 고려되는 것과, 그렇지 않은 것이 있음을 말했다. 치료나 예방이 가능하지 않기 때문에 선택적 인공임신중절의 대상이 되는 전자와 달리, 후자는 거기에 치료나 예방이 가능한지 어떤지의 축으로써 나눌 수 있다. 선택적 중절의 대상이 되는 일은 없지만 치료나 예방을 할 수 있을 것도 아닌 상황을 초래하는 출생전진단과 입수한 정보로 치료나 예방을 가능케 하는 상황을 가져오는 그것이다.

치료나 예방에 결부되는 출생전진단이 있다는 사실은 일종의 안도감을 가져다준다. 그러나 치료나 예방에 결부되는 것 같은 출생전진단이라면 그것은 좋다고, 크게 괜찮다고 덮어 놓고 말해도 될까? 치료나 예방에 결부되는 출생전진단도 있다는 사실에 의해 거의 반사적으로 일어나는 정서적인 반응으로서의 일종의 안도감을 당연한 것으로서 간과해 버려도 좋은가?

앞서 페닐케톤요증의 예를 들었다. 신생아기에 진단하고, 특수한 우유로 키움으로써 지적장애를 야기하지 않도록 하는 방법은 사회적으로 인정받고 있다. 페닐케톤뇨증이 치료나 예방의 대상이 되는 것은 지적장애를 회피하고자 하기 때문이다. 의학적 견지에서 보면 지적장애도 정상범위를 일탈한 병적인 상태이며, 따라서 병으로서의 지적장애는 예방과 치료의 대상이 된다.

'지적장애' 그 자체가 '본인의 불행'이나 '가족의 부담'을 가져오는 것이 아니라 해도 역시 그것은 치료와 예방이라는 이름하에 회피되어야 할 대상이다. 치료와 예방의 대상으로 하는 것은 그 대상이 되는 것을 '그렇게 되서는 안 된다'라고 부정하는 가치관이 지지하고 있다. 어디까지나 '지적장애', 나아가서는 장애로 불리는 상태 전반에 대한 어떠한 의미에서의 부정적 가치관이 그것을 지지하고 있는 것이다. 장애는 있는 것보다 없는 쪽이 좋다는 것은 당연하다는 사상이다. 그것이 의도적이든 결과적이든 치료・예방에 이바지하는 것이라면 출생전진단도 별로 개의치 않는 논리 속에도 장애에 대한 부정적 가치관이 내포되어 있다.

선택적 인공임신중절의 형태로서의 부정은 허용하지 않지만, 치료와 예방이라는 형태로의 부정은 용서되기는커녕 환영받는 것일까? 물론 양자에는 결정적인 차이가 있다. 전자는, 발생하고 있는 생명 혹은 존재하고 있는 생명체 바로 그것에 개입해 그 과정을 멈추고 있음에 비해, 후자는 존재한 후 '살아가는 힘을 빼앗기지 않도록' 한다는 배려에서 이루어지는 것이다. 사회적으로 존재시키지 않기 위한 개입과 존재를 사회적으로 허용한 후의 개입이라는 결정적인 차이를 인정한다면, 정말로 장애는 있는 것보다 없는 쪽이 나은 것이 틀림없을까?라고 묻는 감수성이, 치료와 예방에 결부되는 출생전진단도 있다고 들었을 때에 반사적으로 일어나는 안도감 뒤에서 깨진다고 말할 수는 없을까?

8. 맺으며

생식 의료기술은 '낳기 위해', '낳지 않기 위해', 그리고 '선택해서 낳기/낳지 않기 위함'에 있다. 선택해서 낳기/ 낳지 않기 위한 기술로서의 출생전진단은 유전자기술과 결부됨으로써 착실하게 전면적으로 확대되고 있다. 중증이라고는 할 수 없는 질병 유전자는 물론 성인기 이후에 발증하는 질병 유전자, 불임의 원인이 되는 질병 유전자 등 유전자가 특정되어 있는 병이라면 출생전진단은 이론적으로는 가능하기 때문이다.

출생전진단과 선택적 인공임신중절이 고뇌에 찬 개인의 선택으로서 아슬아슬한 상황에서 용인되어 누구도 그 개인의 선택을 비난할 수 없다고 하면, 그것은 '장애를 갖고 태어나도 괜찮다.', '장애를 가진 아이를 낳아도 괜찮다.'는 메시지를 확실히 받아들일 수 있는 상황 속에서 그 선택이 이루어졌는가 어떨까가 아닐까?

[주]

(1) 자세한 내용은 이하의 저서를 참고. 佐藤孝道出生前診断と母体血清マーカー試験新興医學社 1995년, 武谷雄二編医學のあゆみ別册：出生前診斷をめぐって医歯藥出版 1995년, 鈴森薫出生前診斷診斷と治療社 1996년.

(2) 단, 유전자검사・진단의 대상이 되는 병의 종류는 증가되었다고는 해도 전체적으로 보면 지극히 얼마 안 된다. 장래 어떤 병에 걸릴지 알고 싶어 유전자검사를 받고 싶다고 해도 간단히 받을 수 있는 것은 아니며, 가령 받았기 때문이라고 해도 장래 어떤 병에 걸릴지가 무제

한적으로 알 수 있는 것은 아니다. 이미 드러나 있는 증상이나 유전자를 조사하는 것 외의 검사 결과로, 그 병이 유전성이 아니라고 생각되는 경우나 가족이나 피가 섞인 친족이 확실히 그러한 유전성 병일지 그 가능성이 높을 경우에 한해서 비로소 유전자검사를 받을 수 있다는, 현 단계에 있어서는 어디까지나 지극히 한정적으로 이용되고 있음에 불과하다.

(3) 여기에서 소개하는 발언은 市野川容孝씨로부터의 자료제공 및 번역에 따른다. Therese Neuer-Miebach/Heinz Krebs Hg. Schwangerschaftsverhuettung bei Menschen mitgeistiger Behinderung: notwendig, moeglich, erlaubt? (1988 Bundesvereinigung Lebenshilfe fuer Geistig Behinderte) pp. 187-8에, 장애인단체 '레벤스힐페 Lebenshilfe'회의에서의 롤프 헨드릭씨의 발언으로서 소개되고 있다.

(4) 井上薫(1997)『遺伝子からのメッセージ』. 丸善出版.

(5) 藤野豊(1998)『日本ファシズムと優生思想』. かもがわ出版.

제 5 장

우생사상의 계보

市野川容孝
Ichinokawa Yasutaka

1. 장애학과 우생학

〈廣辭苑〉(제4판)에서 '우생학'이라는 항목을 찾아보면 다음과 같이 설명되어 있다. "인류의 유전적 소질을 개선하는 것을 목적으로 하여, 악질적인 유전 형질을 도태시키고, 우량한 것을 보존하는 것을 연구하는 학문". 이 짧은 정의에서도 중요한 것을 하나 알 수 있다. 보통 사이언스(학문, 과학)는 무엇이 좋고 무엇이 나쁜가, 무엇이 바람직하고 무엇이 꺼려야 할 것인가라는 가치 판단과는 관계가 없으며, 그 목적은 객관적인 사실만을 제시하는 것이라 여겨지고 있고, 그러한 학문관은 특히 자연과학에 대해 강하게 내포되어 있다. 그러나 위의 정의가 제시하고 있듯이 '우생학'이라는, 당초에 유전학에 인접하는 하나의 자연과학으로서 구상된 학문은, 인류의 유전적 소질에는 '악질적'인 것과 '우량적'인 것이 있다는 명확한 가치 판단에 의해 지지되고 있으며, 나아가 그 목적은 전자를 '도태'하고 후자를 '보존'할 것을 요구하고 있다. 그리고 '도태'되어야 할 '악질적'인 유전 형질과 '보존'되어야 할 '우량적'인 유전 형질이라는 분할은, 당연한 것이지만, 그 어느 쪽을 갖는가에 의한 인간의 분할 (결국은 차별)을 만들어 냈으며, 나아가 (항상 그렇다고는 말할 수 없지만) 특정한 민족이나 인종을 도태되어야 할 열등한 것으로서 자리매김하는 발상과 결부되는 일조차 있었다. 우선 우리들이 확인해야 할 것은 우생학의 근저에 있어 이것을 강하게 움직이게 한 어떤 명확한 가치 판단이다.

한편 우리들은 이 책 전체를 통해서 '장애학' 같은 것의 가능성에 대해 생각하고 있다. 다양한 과제가 이 장애학에는 요구되겠지만 우생학의 근저에 있는 위와 같은 가치관을 정면에서 비판적으로 음미하는 것도 그 과제의 하나로 꼽아야 할 것이다. "장애학이란 장애를 사회에서 박멸하기 위한 학문일 것이다."라고 한, 대충 바라는 바가 아닌, 그러나 있을 수 없는 것이 아니라는 오해를 피하기 위해서도, 그것은 필요하다. 물론 우생학이 조준해 온 것은 장애 속에서도 극히 일부분을 차지하는 것에 지나지 않는 선천적 장애이다. 그러나 유명한 우생학자들이 당시에도 후천적이라고 판단할 여지가 있었던 장애나 질환을 무리하게 유전이라는 범주에 짜맞추어, 이들 장애나 질환을 가진 사람들에 대해 불임수술 등의 말소적 조치를 적용하고자 했다는 사실은 우생학의 근저에 있는 장애전반이나 치유 불능인 질환 일반에 대한 적의와 비관용을 여실히 나타내고 있다고 말할 수 없을까? 장애학에는 한편에서 이러한 적의와 비관용이 어떻게 탄생하고 정당화되어 왔는지를 간파하고, 다른 한편으로 이들에 대항할 수 있는 다른 가치관을 모색하는 이중 작업이 부과되어 있다. 특히 후자에 유의하면, 장애학 또한 우생학과 마찬가지로 가치로부터 자유로운 학문으로는 있을 수 없을지 모른다.

우선 몇 가지 용어의 정의를 내려 보자. '우생학(eugenics)'이 독자적인 학문 분야로서 확립된 것은 역사적으로는 비교적 최근인 19세기 말쯤으로, 그것은 유전학이 의학의 내부에서 독자적인 분야로 확립되어 가는 것과 거의 궤를 같이 하고 있다. 그러나 우생학의 근저에 있는 장애에 대한 부정적인 가치관은 예전부터 존재했다. 이 가치관을 여기에서는 매우 광범위하지만 '우생사상'이라 부르기로 한다. 그리고 우생사상을 현실화하기 위한 다양한 실천을 여기에서는 '우생정책'이라고 총칭한다.

우생학에 관한 연구는 F · 갈톤의 전후에 시작되었다는 것으로 알려져 있지만 우생사상 자체는 이전부터 존재해 온 이상, 본 장에서는 지극히 긴 역사적 시간을 갖고 고찰한다. 또한 다음 사항에 역점을 둔다. 우생학적인 언설이나 실천은 몇몇 예외를 제외하면 어느 시대에도 보인다. 그러나 그것을 단편적으로 잘라 봐도 그다지 의미는 없다. 우생학적인 언설이나 실천은 정치, 경제, 혹은 인간 바로 그것에 관한 것 외의 언설과 실천과 관계없이 존재하는 것은 아니다. 중요한 것은 문제가 되는 우생학적인 언설이나 실천을, 그것을 둘러싸는 이외의 언설과 실천과 관련지으면서 이해하는 것, 다시 말해 어떤 구조=맥락 속에 위치를 부여하면서 이해하는 것이다. 세세한 역사적 사실의 검토는 다른 기회 혹은 다른 연구서에 맡기고 여기에서는 그러한 구조=맥락을 이른바 이념형으로서 추출해 보고자 한다. 구체적으로는 서양사회의 역사가 언급의 대상이 되지만, 거기에서 언급되는 것은 다른 사회에도 적용가능한 몇몇 사고의 형식이다. 따라서 본고의 작업은 실증적인 것이라기보다 이론적인 것이 될 것이다.

2. 고대 그리스

근대의 우생학자들에게 고대 그리스는 일종의 이상향이었다. 즉 아무런 방해도 없이 우생학이 실현된 사회로서.

예를 들어 플라톤은 〈국가〉에서 소크라테스에게 다음과 같이 이야기하고 있다.

소크라테스는 그라우콘을 향해 영혼과 신체를 비교했을 때 인간에게 중요한 것은 영혼이며, 영혼에 대한 배려를 잃고 신체만을 신경 쓰는 것은 인간 본래의 삶의 태도가 아니라고 논하면서 다음과 같이 말한다. "우리들은 다음과 같이 주장해야만 하지 않을까? …즉 아스클레피오스[= 고대 그리스에서 의술의 시조로 여겨진 전설상의 인물] 또한 정말로 이것들을 알고 있었기 때문이야말로 태어나면서 생활법에 의해 건강한 신체를 가지면서 국부적인 병에 걸린 사람들, 그러한 사람들과 그러한 신체의 상태를 위해서는 의술을 가르치고, 약이나 절개에 의해 그러한 사람들에게서 병을 내쫓고, 시민으로서의 일을 손상하지 않게라고, 평소와 같은 생활법을 명했지만 한편으로 내부의 구석구석까지 완전히 병들어 있는 신체에 대해서는 양생에 의해 조금씩 배설시키거나 주입하거나 하면서 비참한 인생을 헛되이 오래 끌게 하려고는 시도하지 않았다. 또 아마도 마찬가지로 병약이 틀림없이 그들의 아이를 낳지 못하게 한 것이다. 그리고 오히려 정해진 생활의 과정에 따라 살아갈 수 없는 자는, 본인 자신을 위해서도 국가를 위해서도 도움이 되지 않는 자로 간주하여 치료를 시행할 필요가 없다고 생각하고 있었던 것이라고." (플라톤 〈국가〉岩波文庫, p. 233). 한편으로 일시적으로 병에 걸렸지만 치료가능하여 건강을 되찾을 수 있는 사람들이 있고, 다른 한편으로는 태어나면서 '병약'하여 불치의 병이나 장애를 갖고 있는 사람들이 있다. 플라톤이 그리는 소크라테스는, 여기에서, 의료란 전자를 위해서만 존재하는 것이며, 그것은 후자에게 주어져야 할 것이 아니라고 설파하고, 또 후자의 사람들에게서 생식의 기회를 빼앗는 것이야말로 바람직한 정책이라고 명언한다. 그리고 다음과 같이 계속한다. "선천적인 병자로 건강에 부주의한 자는, 본인에게도 다른 사람들에게도 '살 가치가 없는 인간'이며, 의료의 기술이란 그러한 사람들을 위해서도 있어서는 안 되며, 또 그러한 사람들에게는, 비록…… 부자였다고 한들 치료를 베풀어서는 안 된다고, 그들 [= 아스클레피오스의 아들들]은 생각하고 있었던 것이다." (같은 책, p. 234, ' '은 인용자)

여기서 두 가지의 다른 우생정책을 간파할 수 있다. 하나는 '살 가치가 없는 인간'에 아무런 치료도 하지 않는 것, 즉 부작위(omission)에 의해 죽음에 이르게 하는 것이며, 또 하나는 병약한 인간에게 아이를 낳지 못하도록 어떤 작위(commission)에 의해 그러한 인간의 존재 또는 재생산을 부정하는 것이다. 여기에서는 전자를 소극적(passive)인 우생정책, 후자를 적극적(active)인 우생정책이라고 부르기로 한다. 곧잘 표현되는 positive(여기서는 '촉진적'이라고 번역)한 우생정책, negative(여기서는 '말소적'이라고 번역)한 우생정책이라는 분류는, 따라서 후자가 적극적인 우생정책에 귀속하는 것이다. 유전적으로 우수하게 여겨지는 자만을 선택해서 아이를 낳게 하는 '촉진적'인 조치라 해도, 열등하다고 여겨진 자로부터 생식 능력을 빼앗는 '말소적'인 조치라 해도, 그것들이 작위(=적극적인 개입)임에는 변함이 없다.

그런데 플라톤의 이러한 적극적 내지 소극적인 우생사상은 독특한 '형이상학(metaphysics)'에 의해 지지되고 있다. 인간에게 중요한 것은 신체가 아니라 영혼, 즉 신체적 (physical)인 것의 배후에 (meta-) 있는 편이기 때문에 인간의 존엄을 헛되이 신체 안에서 요구하면 안 된다. "내 견지로, 신체는 그것이 뛰어난 신체라 하더라도 자신의 그 탁월성에 의해 영혼을 뛰어난 영혼으로 하지는 않으며, 오히려 반대로 뛰어난 영혼이 자기의 그 탁월성에 의해 신체를 될 수 있는 한 뛰어난 것으로 하는 것이다."(같은 책, 223쪽). 신체는 영혼에 종속하는 것, 영혼의 도구에 지나지 않는다. 그리고 신체에 대한 이러한 부정적인 자리매김으로부터 플라톤은 다음과 같은 생각, 다시 말해 신체의 차원에서 생기는 죽음은 두려워해야 할 것이 아니라 반대로 열등하고 무가치한 신체를 죽음 속으로 폐기하는 것에 망설임을 느껴야 하는 것도 아니라는 생각을 도출한다.

플라톤의 이러한 '형이상학'은 동시에 어떤 '정치학(politics)'과도 불가분한 관계를 맺고 있다. 플라톤에게 영혼의 단련은 (기독교와 같이) 내세를 향해 주어져야 할 것이 아니라 현세에 존재하는 '폴리스(polis)'라는 사회공간 속에서 이루어져야 할 것이다. 신체는 영혼의 도구이며 그리고 영혼 그 자체가 현존하는 것은 국가사회(=폴리스) 안에서만 완성된다. 그 때문에 플라톤에게 신체의 의미, 그 가치는 최종적으로는 국가사회의 시점, 즉 국가사회에 대한 유용성이라는 관점에서 결정된다. 플라톤(이 그리는 소크라테스)의 말을 사용하면, 신체는 '시민으로서의 일'을 충분히 다하고, 국가사회에 의해 '정해진 생활의 과정'에 합치될 때만이 가치 있는 것으로 간주되며, 그러한 조건을 만족시킬 수 없는 신체는 무가치한 것으로서 아무런 주저함도 없이 죽음 속으로 폐기되는 것이다.

오늘날 자주 인용되는 아리스토텔레스의 "인간은 폴리스적 동물이다."는 말은, 플라톤의 이러한 생각을 정확하게 반복한 것이다. 인간이라는 동물은 국가사회(폴리스)와 떨어져 자기를 완성시킬 수는 없다. 그러므로 아리스토텔레스에게 개인이 국가에 앞서 존재한다는 것은 있을 수 없다. 그 반대이다. "국가사회(폴리스)는 가정이나 우리들 개개인보다 먼저 있다. 왜냐하면 전체는 부분보다 먼저 존재하는 것이 필연적이기 때문이다." (〈정치학〉 岩波文庫, 35-6쪽). 그리고 플라톤과 마찬가지로 아리스토텔레스의 이러한 전체주의 또한 대담한 우생정책을 정당화한다. "적어도 입법가는 양육되는 이의 신체가 될 수 있는 한 좋아지도록 애초부터 주의하지 않으면 안 된다고 하면, 그는 우선 결혼에 신경써 언제 그리고 어떤 성질을 가진 이가 서로 결혼 교제를 해야 할지를 정하지 않으면 안 된다." (같은 책, 351쪽). 지나치게 빠른 결혼 또한 너무 늦은 결혼은 법률에 의해 금지되지 않으면 안 된다. 왜냐하면 "비교적 나이를 먹은 부모의 아이는 비교적 젊은 부모의 아이와 마찬가지로 신체적으로도 정신적으로도 불구한 것으로 태어난다. 또 나이를 많이 먹은 부모의 아이는 허약하게 태어난다."라는 이유 때문이며, 또 장애를 가진 아이가 태어났을 경우에는 그 아이를 유기하도록 "신체 장애인은 양육해서는 안 된다는 법률이 정해지지 않으면 안 된다." (같은 책, 354쪽).

고대 그리스의 의사 히포크라테스는 플라톤과 거의 동시대의 인물이지만, 그의 학파에서 확립되었고 보이는 의료윤리는, 2000년의 시간을 사이에 둔 오늘날에도 높은 평가를 받고 있다. 세계의사회는 장애인의 대량 학살이나 강제 수용소에서의 인체 실험과 같은 나치의 의료범죄가 백일하에 드러난 1947년, '히포크라테스의 선언'을 의료윤리의 원점으로 재확인하면서 '제네바 선언'을 채택했다.

그러한 의미에서 '히포크라테스의 선언'은 우생사상이 그 극점에까지 달한 나치즘의 반대편에 위치하는 것이지만, 히포크라테스가 설파하는 의료윤리는 (위에서 정의한 것 같은 의미에서의) 적극적인 우생정책으로부터 발을 빼는 근거는 될 수 있어도 우생정책 바로 그것으로부터 완전히 자유로운 것은 아니다. 예를 들어 히포크라테스는 다음과 같이 말하고 있다. "의술이란 무엇인지에 대해 내가 생각하고 있는 정의를 말해보고자 한다. 의술이란 아마도 환자에게서 병환을 제거하고, 병환으로부터 그 고통을 줄이는 것이다. 그리고 병환에 정복되어버린 사람에게 치료를 베푸는 것은 의술이 미치지 않는 곳으로 알고, 이것을 획책하는 것을 거절하는 것이다." (〈낡은 의술에 관해〉 岩波文庫, 87쪽). 즉, 불치로 밝혀진 환자를 버리는 것이야말로 의사가 갖추어야 할 모습이라고 히포크라테스는 말하고 있는 것이다.

히포크라테스의 이러한 냉담함은, 그러나 그 과학적 사고의 대상(代償)이다. 히포크라테스는 간질에 관한 당시로서는 흔한 주술적 사고, 즉 간질은 눈에 보이지 않는 시행령이 빙의한 결과라는 생각을 부정하면서, 모든 병에는 인간이 합리적으로 인식할 수 있는 자연적 원인이 있다고 설파했다. 그러한 과학성으로 히포크라테스는 오늘날에도 높은 평가를 받고 있지만, 정말로 이 과학성이 위와 같은 냉담함을 도출하고 있다. 즉 히포크라테스에게 있어 치유의 전망이 없다고 밝혀진 환자에게, 그럼에도 불구하고 관계를 계속해서 가지는 것은 주술사나 기도사의 행동과 마찬가지로 비과학적이며, 사기 행위로 비춰진 것이다.

확실히 히포크라테스의 의료윤리는 의사가 환자를 고의로 죽음에 이르게 하는 것(오늘날 말하는 '적극적 안락사')을 금하고 있어 그러한 의미에서 나치가 행한 것 같은 장애인 말살에 의사가 관여하는 것을 금하고 있다. 그러나 동시에 불치병이나 장애를 가진 사람들에게 의사가 관계를 가지는 것 자체를 금하고 있어, 그러한 사람들의 삶을 적극적으로 지지해 가는 방향으로는 결코 향해 있지 않다. 오히려 히포크라테스의 의료윤리는 "선천적으로 병을 갖고 건강하지 못한 자는, 본인에게도 다른 사람들에게도 살 가치가 없는 인간이며, 의료의 기술이란 그러한 사람들을 위해서도 있어야만 하는 것은 아니다."고 말하는 앞서 언급한 플라톤의 (소극적인) 우생사상과 완전히 일치하는 것이다.

3. 유대교와 기독교

히포크라테스로 대표되는 고대 그리스의 과학적 사고와는 전혀 대조적으로 고대 유대교에 있어 병이나 장애는 신의 율법을 인간이 깬 것에 대한 벌, 즉 '신의 저주'로 해석되었다. 전자가 병이나 장애를 어디까지나 자연의 차원에서 파악하고자 한 것에 대해, 후자는 그것들을 초자연적인 차원에서 파악한다. 예를 들어 모세는 유대 국민에게 다음과 같이 알린다. "만약 당신의 신, 주의 음성을 들어 따르지 않고, 오늘 내가 명하는 모든 훈계와 규칙을 충실하게 지키지 않으면…… 주는 전염병을 당신에게 휘감아 당신이 얻으려고 들어가는 땅에서 당신을 없앨 것이다. 주는 폐병, 열병, 고열병, 악성 열병, 한발, 깜부기병, 붉은 녹병으로 당신을 치고, 그것들은 당신을 쫓아 당신을 멸망시킬 것이다. …… 주는 이집트의 종기, 궤양, 부스럼, 옴 등으로 당신을 치고 당신은 망하게 될 것이다. 주는 또한 당신을 치고, 미치게 하며, 맹인으로 만들고, 정신을 착란시킬 수 있다"(申命記 제28장). 고대 유대교에서 환자 및 장애인의 모습은 죄인의 그것으로 중첩된다.

예수라는 남자가 행한 것은 구약의 가르침을 계승하면서, 그러나 이것과는 전혀 다른 해석을 가하는 것이었다. 환자나 장애인을 죄인으로 간주할 생각 또한 예외가 아니며, 예수는 이것을 전혀 다르게 해석한다.

마태, 마르코, 루카, 그리고 요한의 복음서, 어느 것에 있어서도 예수는 모든 환자나 장애인을 기적에 의해 고쳤다고 적혀 있다. 예수의 힘에 의해 한센병에 걸린 자는 그 몸이 원래대로 되고, 눈이 보이지 않은 자는 보이게 되고, 말을 할 수 없었던 자는 말을 하게 되었다고 신약성서는 전하고 있다. 이들 모두는 아마 진실이 아니다. 그러나 중요한 것은 이러한 기적의 진위가 아니라 예수가 병과 장애에 대해 행한 종래와는 전혀 다른 새로운 해석과 의미의 부여 방식이다.

요한의 복음서(제9장)는 다음과 같이 전하고 있다. …예수는 지나는 길에 선천성 맹인을 보았다. 제자들이 예수에게 물었다. "랍비, 이 사람이 선천성 맹인인 것은 누가 죄를 범했기 때문입니까? 본인입니까? 아니면 부모입니까?" 예수는 다음과 같이 대답한다. "본인이 죄를 범했기 때문도, 부모가 죄를 범했기 때문도 아니다. 신의 업이 이 사람에게 나타나기 때문이다." 그리고 예수는 자신의 침으로 흙을 반죽하고, 그것을 눈이 보이지 않는 남자의 눈에 칠해 실로암의 연못에서 이것을 씻어 버리라고 하였다. 남자가 그대로 하자 과연 그의 눈은 보이게 되었다. 이것을 우연히 들은 바리새인은 의심하여 이 남자를 불러 일의 자초지종을 물었다. 남자는 이에 대답하면서 자신에게 행한 기적을 근거로 예수는 신이 보낸 예언자라고 하였다. 그러나 바리새인은 모세의 가르침을 깨고, 안식일에 이 '치료'를 행한 예수가 신의 사자일 리 없다고 하면서 남자를 매도한다. "너는 완전한 죄 안에서 태어났는데도 우리들에게 가르치려고 하는 것인가?". 남자가 이 조사에서 돌아오자 예수는 다음과 같이 위로한다. "보이지 않는 자는 보이게 되고, 보이는 자는 보이지 않게 된다."

이것을 흘려들을 수 없다고 생각한 바리새인은 예수에게 너는 우리들이 눈이 보이지 않는다고 말하는 것인가라고 힐문하자 예수는 이렇게 대답한다. "보이지 않는다면 죄는 없었을 것이다. 그러나 지금 '보인다'라고 당신들은 말하고 있다. 그러므로 당신의 죄는 남는다."

예수가 기적으로 남자를 보이게 했다는 것은 도저히 있을 수 없는 일이다. 그러나 이 '보이는 것'과 '보이지 않는 것'을 둘러싼 대화에 의해, 예수는 병과 장애에 관한 구약적 해석을 철저히 파괴하는 것에 성공하고 있다. 예수는 남자의 눈을 실제로 보이게 한 것이 아니다. 그게 아니라 눈이 보이지 않는다는 장애를, 율법을 범한 죄의 결과로 간주하는 사고방식 그 자체로 남자를 해방시킨 것이며, 그것이 남자가 '보이게' 된 것의 진정한 의미이다. 눈이 보이지 않는 것은 '본인이 죄를 범했기 때문에도, 부모가 죄를 범했기 때문도 아니다.' 구약의 가르침에 의하면, 병이나 장애를 가진 자는 도덕적으로 죄를 범한 자라고 업신여겨져 (= "너는 완전한 죄 안에 태어났는데도 우리들에게 가르치려고 하는 것인가?") 그 반대로 비장애인은 도덕적으로도 좋은 자로서 칭찬된다. 그러나 예수는 그러한 인간의 분할=차별 그 자체를 파괴하는 것이다. 예수가 행한 것으로 여겨지는 치유라는 기적이 진정한 의미는 거기에 있다. 여기에서 일어나고 있는 것은 병이나 장애가 물리적인 소거가 아니라 그 의미부여에 관한 근본적인 다시 보기다. '보이지 않는 자'란 비록 보인다 해도 그러한 다시 보기를 이해하지 않은 채 이것을 받아들이려는 이에 관한 것이다.

그러나 예수의 가르침이 갖는 혁명성은 훨씬 앞쪽에 있다. 병이나 장애를 가진 자는 죄인이며, 그 반대로 비장애인은 도덕적으로도 선한 사람이라는 구약적인 인간 분할을 파괴하는 것은, 실은 모든 이를 한 사람도 남김없이 죄인으로 있게 하기 위한 교지이다. 율법의 형식적인 준수는 예수 앞에서 사람을 죄로부터 사해주는 근거가 되지는 않는다. 율법을 준수하거나 말거나 모든 사람은 항상 이미 죄를 지고 있다. 그것이 예수가 생각하는 '원죄'이다. 그리고 이러한 죄의 보편화는 병이나 장애의 '내면화'에 의해 가능하게 된다(吉本, 1982, p. 92 이하). 즉 병이나 장애는 그 장소를 외면에서 내면으로 이동시키면서 눈으로 보이는 외면적인 낙인과는 일절 관계없이 그 존재가 확인되는 것으로 변모하는 것이다. 예수가 말하는 '보이는 자'란 신체가 건장하거나 아니거나, 자신이 병들어 장애를 갖고 그 때문에 죄인이라는 인식에 도달한 자이다.

여기에서 병이나 장애의 유무에 의한 인간의 분할=차별과 그리고 또 우생사상은 그 근거가 파괴되어 생명의 절대적 존중이라는 그 명령이 도출된다. 누구도 병에 걸리며, 장애를 갖고, 그리고 죄인인 이상, 병이나 장애를 이유로 어떤 자를 얕보거나 그 존재를 부정하는 권리는 누구에게도 없다. 반대로 병든 자, 장애를 가진 자와 자신을 동일한 지평에 두면서 타인에 대해 마음 쓰는 이웃사랑의 책무가 모든 이에게 부과된다. 그 이웃사랑의 가르침은 마침내 중세 유럽에서 '호스피탈'을 산출하게 되는데, 거기에서는 히포크라테스의 의료윤리와는 전혀 대조적으로 낫게 될(cure) 가망성의 여부에 관계없이, 오히려 불치이면 더욱 병든 자에게 마음을 쓰는(care) 것이 과제가 된 것이다. 기독교는 플라톤의 철학과 마찬가지로 일종의 '형이상학'인데도 불구하고 플라톤이 설득하는 우생정책과는 전혀 정반대인 실천을 인도하기 시작한다. 아니, 기독교는 플라톤의 '형이상학'보다도 훨씬 철저하게 가치(=신)의 초월화를 행했기 때문에, 어디까지나 현세적인 폴리스(국가사회)에서의 유용성으로부터 신체나 생명에 가치부여하는 것을 불가능하게 했다고 말하는 것이 적절할지도 모른다.

물론 기독교가 항상 우생사상이나 우생정책에 대항할 수 있었던 것은 아니고, 적지 않은 기독교인들이 이것들에 적극적으로 가담하는 경우마저 있었다(杉山, 1998 등). 그러나 예를 들어 나치의 안락사 계획에 대한 독일 국내의 조직적 저항…그것도 너무 지나치게 늦었던 저항…이 유일하게 가톨릭교회에서밖에 나오지 않았듯이, 지금까지 우생사상과 우생정책에 대항하는 사상적 기반을 제공할 수 있었던 것이 적어도 서양사회에서는 기껏해야 기독교 정도밖에 없었다는 것도 또한 사실일 것이다.

그러나 우생사상에 대항할 수 있는 사상적 기반은 기독교 이외에는 없었을까? 사람은 병이나 장애의 유무에 의한 인간의 분할=차별과 관계를 끊기 위해 신 앞에서 항상 죄인으로서 아주 부끄러워한다는 대상(代償)을 갚지 않으면 안 되는 것인가? 니체에게 참기 어려웠던 것은 기독교가 인간에게 강요하는 그러한 비굴함이며, 니체는 모든 힘을 기울여 인간을 그러한 비굴함으로부터 해방시키려고 하였다. "너에게 가장 인간적인 것이란 무엇인가? …누구도 부끄럽게 하지 않는 것. 체득된 자유의 표시는 무엇인가? …이미 자기 자신에게 부끄러워하지 않는 것." (〈즐거운 학문〉 제274-5절). 부끄럽게 여김으로써 자신과 타인의 병이나 장애를 긍정하는 것이 아니라 자신과 타인을 포함한 모든 인간을 전면적으로 긍정함으로써 병이나 장애 또한 긍정하는, 그러한 가능성을 니체로부터 추출하는 것은 가능하다. 예를 들어 70년대 이후 일본의 장애인운동은 바로 그 가능성을 모색해 온 것이었다고 생각한다.

그러나 신의 살해도 불사하는 니체의 귀족주의적인 힘의 사상 바로 그것은 동시대의 우생학자들에게 가장 용기를 주는 철학이었던 것도 사실이다. 니체는 '성스러운 잔인'에 대해 말한다. 어떤 성자의 밑에서 막 태어난 아이를 안은 한 사람의 남자가 왔다. "이 아이를 어떻게 하면 좋지요?"라고 그는 물었다. "이것은 볼품없고, 불구이며, 죽기 위한 생명력마저 없는 모양입니다." "죽여라"고 성자는 무서운 목소리로 외쳤다. "죽이고 나서 너의 기억에 새겨지도록 그 아이를 사흘밤 자신의 팔에 안고 있는 것이 좋다. 그렇게 하면 너는 아이를 만들어야 하지 않을 때에 아이를 만드는 일을 두 번 다시 하지 않을 것이다." 이것을 들은 그 남자는 낙담해서 돌아갔다. 많은 사람들은 성자가 잔인한 것을 권했다고 하면서 그를 꾸짖었다. 그도 그럴 것이 성자가 아이를 죽이도록 권했기 때문이다. "그러나 아이를 살려 두는 쪽이 더욱 잔인한 것이 아닐까?"라고 성자는 말했다. (〈즐거운 학문〉 제73절). 이 '성자'는 이윽고 히틀러라는 이름으로 역사에 등장하게 된다.

4. '자연'이라는 개념

주지하다시피 사회계약설은 근대사회를 일으킴에 있어 강력한 사상적 무기로서 기능했다. 內田義彥은 그 에센스를 홉스에 언급하면서, 국가와 개인 사이의 '증거책임의 전환'이라 표현하고 있다(內田, 1971, p. 74 이하). 앞서 살펴본 것 같이 아리스토텔레스의 '인간은 폴리스적 동물이다'라는 말에 응축된 고대 그리스의 정치철학은, 인간은 국가사회를 통해 비로소 그 본성을 완성할 수 있으므로 국가사회가 개인에 우선한다는 것이었다. 이에 대해 홉스는 문제 제기 방식을 역전시켜 개인을 출발점으로 하면서 국가사회의 존재 이유에 대해 다시 생각해 보았다고 內田는 말한다. 홉스에게 "자명한 것은 살아 있는 인간 개인이며, 규칙이나 국가는 그를 위해서 있는 것이다. 그러므로 존재의 입증 책임은 규칙이나 국가 측에 있다"(같은 책, p. 104). 확실히 같은 사회계약설이라고는 말해도 홉스, 로크, 루소가 말하는 그것은 몇 가지 점 특히 정부에 대한 시민의 저항권을 둘러싸고 차이를 드러낸다. 그러나 개인을 출발점으로 국가사회의 존재 이유를 다시 생각해 보는 자세는 공유되고 있으며, 이 자세는 근대사회에 특징적인 원리의 하나로 여겨지는 개인주의에 기초를 제공해 왔다.

아리스토텔레스는 국가사회를 개인보다 우월한 전체주의로써 우생정책을 정당화했다. 그 반대로 근대의 사회계약설 혹은 개인주의는 개인을 국가에 우선시키는 이상, 아리스토텔레스류의 우생사상과 우생정책을 승인할 수는 없었으며, 오히려 이것을 부정한다. 그럼에도 불구하고 우생학이 근대 후기(19세기 후반)에 들어와 미증유의 발전을 이룩한 것은 어째서일까? 그 이유의 하나는, 후술하듯이, 새로운 전체주의가 근대의 내부에서 형성될 것이 요구되고, 실제로 지금까지 우생학에 관한 연구의 대부분은 이 관점에 서 있다. 그러나 그 이외의 요인도 존재하며, 나아가서는 근대의 개인주의 바로 그 자체가 우생사상을 정당화하는 국면마저 확인할 수 있는 것이다.

사회계약설의 기초에 있는 것은 '국가사회' 대 '개인'이라는 대립축이다. 그러나 중요한 대립축이 하나 더 존재한다. 그것은 '사회상태' 대 '자연상태'라는 축이다. 사회계약설은 기존의 국가사회를, 그것을 구성하는 개인으로 분해할 뿐만이 아니다. 기존의 관습, 가치관, 사회구조를, 그것이 탄생하기 이전의 상태, 즉 '자연상태'로 되돌리면서, 이것들을 새로운 것으로 다시 쓰고자 한다. '자연'에 대한 동경, 이것이 사회계약설에 머물지 않고, 근대적 사고에 강하게 보이는 하나의 경향이다.

루소는 사람들 사이에 귀족과 평민과 같은 불평등을 초래하는 신분제로부터 그 근거를 박탈하기 위해 '자연상태'로 되돌아간다. 그러나 주의하지 않으면 안 되는 것은, 그러한 '사회적 불평등' 즉 '일종의 약속에 의존하고, 사람들의 합의에 의해 정해지는, 적어도 허용되는' 불평등을 비판해 가는 과정에서, 루소는 또 하나의 불평등 즉 '자연에 의해 정해지고, 연령이나 건강이나 체력의 차이와 정신 혹은 영혼의 질의 차이로 구성되어 있다.'와 같은 '자연적 불평등'을 반대로 긍정하고 있다는 것이다(〈인간불

평등기원론〉, 岩波文庫, 36쪽). 후일 다윈이 '도태'로 부르는 자연의 메커니즘을 루소는 찬미한다. '자연상태'하에서는 "어릴 때부터 기후의 불량과 계절의 혹독함에 익숙해지고, 피로를 견디어내도록 단련되어, 그리고 알몸으로, 무기도 가지지 않고 다른 야수에 대해 자신의 생명이나 사냥감을 지키거나, 그들로부터 도망치거나 해야 하므로, 인간은 튼튼한 거의 불사신인 체격을 만들어낸다. 아이들은, 그 아버지들이 좋은 체격을 갖고 태어나 그것을 만들어낸 것과 같은 훈련에 의해 강하게 되어, 이런 식으로 인류에게 최대한 가능할 정도의 늠름함을 획득한다. 자연은 그들에 대해 정말로 스파르타의 법률이 시민의 아이들에 대해 한 것과 같이 정확히 행동한다. 다시 말해, 자연은 훌륭한 체격의 사람들을 강하고 늠름하게 만들고, 그렇지 않은 사람을 모두 멸종시켜버리는 것이다." (같은 책, p. 43). 루소는, 플라톤이나 아리스토텔레스처럼 국가사회의 관점에서 우생정책을 정당화할 수는 없다. 그것이 아니라 소극적인 우생정책을 자연의 섭리 속에서 재발견하는 것이며, 루소의 에밀에 대한 이상적인 인간교육도 진실로 자연이 행하는 도태를 전제로 개시된다. "미리 맺어지는 이 계약은 순조로운 출산과 강건하고 건강하게 잘 나온 아이를 상정하고 있다. …… 병약한 학생을 맡는 사람은 선생님의 직무를 간호인의 직무로 바꾸어버린다. 그 사람은 생명의 가치를 더하기 위해 이용해야 할 시간을 헛되게 하고, 아무런 도움도 되지 않는 생명을 지킨다. …… 그 아이가 80세까지 산다고 한들, 나는 병약한 아이는 맡지 않을 작정이다. 언제까지라도 자신에게도 타인에게 아무런 도움도 되지 않고, 자신의 몸을 지키는 것만 생각하여 몸이 영혼의 교육을 방해하는 그러한 학생은 필요없다." (〈에밀〉. 岩波文庫, 54-5쪽).

루소와 동시대 인물인 요한·페타·프랑크는 근대 위생학의 시조로서 유명한데, 그의 대저 〈완전한 의료 정책의 체계〉에 기초를 제공하고 있는 것이 다름 아닌 루소이다. 모든 병고는 인간이 자연상태와 떨어져 사회상태로 들어가 문명에 몸을 맡긴 결과라는 루소의 말을 이 책의 서문에 인용하면서, 프랑크는 자신의 위생학(=의료 정책)전체를, 인간을 자연스러운, 즉 건강한 생활양식으로 되돌리는 프로그램으로서 구상한다. 예를 들어 임신과 출산이 갖추어야 할 방향성에 대해 프랑크는 다음과 같이 말한다. "…기독교적인 금욕생활은 인간에게 자연스럽게 갖추어지는 성애를 억압하는 것이기 때문에 바람직한 것이라고 말할 수 없다. 종종 재산 목적을 위해 사랑이 결여된 채 이루어지는 결혼은 부자연스러운 것이며, 남녀간의 자연스러운 사랑에 근거하는 결혼이야말로 바람직하고 또 건강한 아이의 출산에도 연결된다. 콜셋이나 하이힐과 같은 허식은 부자연스럽고 건강하지 않은 것이며, 적어도 임신중의 여성은 이것들을 착용해서는 안 된다. 혼인 외의 출산을 사회는 도덕적 일탈로 간주하지만, 거기에서 생겨나는 아이에게는 자연의 관점에서 보면 아무런 죄도 없는 것이어서 그러한 아이들이 유기되어 목숨을 잃지 않도록 고아원을 정비해야 한다." 등등.

동시에 프랑크는 몇 개 병(간질이나 폐결핵 등)의 유전을 역설하면서, 우생정책의 필요성을 강하게 주장한다. "중병을 가진 부모에게서 태어난 아이는 대개 단지 허약할 뿐만이 아니라 부모와 같은 병으로 고생하거나 적어도 그러한 병에 걸리기 쉬운 경향을 가지고 있다. …… 따라서 지극히 무겁고 유해한 병에 걸린 인간에 대해 면밀한 검사 없이는 결혼을 허가하지 않도록 하는 것, 이것은 분명히 공동체의 지도자에게 의무이다. …… 반대로 체격이 좋고 건강하며 아름다운 인간이 가령 가난해도 자신과 마찬가지로 건강하여 흠잡을 데 없는 신체를 가진 사람과 결혼하고, 자기들과 같은 아이를 많이 낳을 수 있게 하는 배려가 필요하다"(Frank 1779, S. 316-8).

독일에서 단종법이 제정된 직후인 1933년 10월 26일, 독일의 우생학자 A · 프렛츠는 어떤 강연에서 히틀러 정권 하에서 우생정책이 전개된 것을 '총통'에 감사하면서, 그것은 F · 갈톤보다도 아득히 이전에 J · P · 프랑크가 그리고 있던 꿈의 실현에 틀림없다고 말하고 있다(Ploetz, 1935). 프랑크는 오스트리아의 계몽전제군주 요셉 2세 하에서 활약한 의사로, 그가 설득하는 우생정책도 국가의 이익을 개인의 자유에 우선시키는 전체주의적인(혹은 고대 그리스적인) 색채를 가지고 있었던 것은 사실이다. 그러나 그의 서적 전체가 프랑스혁명을 준비한 루소의 영향 하에 기술되어 있다는 점에 충분히 주의할 필요가 있다. 우생사상과 우생정책의 근원은 종종 자칫 '국가'에 찾아보기 쉽지만, 우생사상=국가주의라는 이해는 너무나 문제를 단순화하고 있다. 루소의 경우가 그랬듯이 우생사상은 '자연'이라는 관점에서도 도출된 것이며, 프랑크의 우생정책도 일면에서는 '자연'에 준거한 생활양식으로서 제시되고 있다. 그것은 '자연'에 준거한 히포크라테스의 과학적 사고가, 소극적인 우생정책과 공범관계를 맺고 있었던 것과 무관계하지 않다.

5. 근대적 개인(주체)의 개념

개인의 자유가 존중될 터였던 근대사회에 있어 우생학이 일찍이 볼 수 없을 만큼 발전한 것은 어떤 의미에서 역설적이다. 이 역설을 설명하기 위해 많은 사람들이 근대사회의 내부에 개인주의와 대립하는 새로운 전체주의의 생성을 발견하고, 우생학의 기원을 오로지 이것에 추구해 왔다. 그러나 그러한 인식은 사태의 일면밖에 파악하지 않고, 많은 사항을 빠뜨리고 있다. 우생학은 새로운 전체주의뿐만 아니라 근대의 개인주의 그 자체에 의해서도 기초를 닦은 것이라고 말하지 않으면 안 되는 것이다(市野川, 1994).

'계몽'이란 무엇인가? "…근대의 근간을 이룬다고도 말할 수 있는 이 질문에 대해 칸트는 1784년에 다음과 같이 말했다. "계몽이란 스스로가 초래한 미성년 상태에서 인간이 빠져 나가는 것이다. 그리고 미성년 상태란 타인의 지도 없이 자신의 오성을 사용할 수 없는 그러한 무능력 상태이다." 〈계몽이란 무엇인가〉, 岩波文庫, 7쪽, 단 원문을 참조하면서 번역문 변경). 계몽이란 각인이 자립성을 확립하는 것이며, 그것이 동시에 칸트에 있어서의 '자유'의 내실이다.

따라서 예를 들어 국가가 개인의 자립성을 부정하는 것에 대해 칸트는 가차 없이 비판의 화살을 향한다. "누구라도 그 자신의 유파(즉 그 자신이 남이 행복하다고 생각하고 있는 것 같은 모습)에 의해 나를 행복한 것으로 강제할 수는 없다. 그게 아니라 남의 자유…… (즉 남의 권리)를 침해하지 않으면 각인은 자신의 행복을, 자기 자신이 적절하다고 여기는 방법으로 추구해도 좋은 것이다. …아이에 대한 아버지와 같이, 국민에 대한 온정을 원리로 쌓아가는 정부, 즉 가부장적 정부(imperium paternale)는 생각할 수 있는 범위 내에서 최대의 전제정치(즉 신민의 모든 자유를 빼앗고 그 결과 신민이 어떤 권리도 가지지 않는 것 같은 국가제)이다. 이러한 정부 하에서는 신민들은 자신에게 무엇이 정말로 유익하며, 유해한가를 식별할 수 없는 미성년자처럼 모두 수동적으로 행동하도록 강요되며, 그 결과 자신이 어떤 방법으로 행복해야 할지에 대해서는 단지 국가 군주의 판단을 기다리고, 군주가 기대하는 바이기도 하지만, 그의 자비로움을 기대할 뿐이라는 것이 될 것이다." (같은 책, 142-3쪽, 단 원문을 참조하면서 번역문 변경). 여기서 칸트가 넌지시 비판하고 있는 것은 당시 칸트의 고국 프러시아의 국왕이었던 프리드리히 2세다. 칸트가 비판하고 있는 것은 국가의 개인에 대한 폭력뿐만 아니다. 국민의 복지를 위해 '국가 제일의 종'으로 봉사하는 프리드리히 2세의 자세도 칸트는 온정주의라 하여 비판한다. 국왕이나 국가는 이른바 '아버지'와 신민의 행복을 숙고해 줄지도 모르나, 그것은 신민을 아이 취급하고, 각인의 자립성을 무시한다는 의미에서 '생각할 수 있는 최대의 전제정치'라고 칸트는 말한다. 칸트의 이러한 비판은 오늘날 복지국가가 갖추어야 할 모습에 대해도 충분히 적용가능한 것이다.

개인의 자립성을 이렇게 최대한 존중하고자 하는 칸트의 정치철학은 예를 들어 국가에 의한 강제적 불임수술과 같은 우생정책과 얼핏 관계없는 것 같이 보인다. 그렇지만 사실은 꼭 그렇지도 않다.

칸트는 다른 장소에서 이렇게 말하고 있다. "생식에 즈음한 배(胚)의 성장에 동반하여 광기의 싹도 동시에 성장한다. 즉, 광기는 유전적인 것이기도 한다. 단 한 사람이라도 그러한 자(=정신병환자)가 나타난 가족과 결혼하는 것은 위험하다." (〈인간학〉 제53절). 후에 우생학에서 재차 되풀이되는 정신질환의 유전이라는 가설과 거기에 근거한 정신병 환자의 혼인 규제라는 주장을 칸트 또한 지지하고 있다. 그러나 문제는 다른 곳에 있다. 중요한 것은 칸트가 정신병 환자를 어떤 인간으로 이해하고 있었냐는 것이다. "우둔한 자, 사려가 없는 자, 무지한 자, 바보, 천치, 그리고 어리석은 자는 단지 정신의 변조 정도뿐만 아니라 그 질에 있어서도 [정신]착란자와 구별된다. 전자의 사람들은 그 장애를 이유로 정신병원에 넣어서는 안 된다. 정신병원이란 인간이 연령적으로는 성숙해 몹시 힘이 세져 있음에도 불구하고 사소한 생활상의 용무에 관해서마저 "남의 이성으로 질서를 유지하지 않으면 안 되는 장소"이다. (같은 책, 제45절, ""은 인용자). 칸트에 있어 '계몽'이란 자립성을 획득하는 것이 틀림없지만, 칸트는 '정신병원'에서 생활하는 인간에 대해 그러한 자립성을 상실하고, 남의 이성에 의존해야 한 자로서 파악한다. 칸트의 개인주의와 자유주의에 있어 자유와 자립성이 어떤 둥근 고리를 형성하고 있다. 인간은 자립적인, 즉 스스로 생활의 질서를 유지할 수 있기 때문에 자유가 주어지지 않으면 안 되는 것으로, 자립적으로 만족할 수 없는, 즉 남의 이성에 의존하지 않으면 안 되는 인간에게 자유를 줄 수는 없다는 것이다. 자유의 조건으로서 자립 능력을 요구하는 이 사고방식은 예컨대 자산을 아무 것도 갖지 못한 거의 모든 피고용자(=노동자), 남성에게 경제적으로 의존하지 않을 수 없는 모든 여성은 경제적으로 자립해 있지 않기 때문에 선거권 등의 정치적 자유를 인정받아서는 안 된다는 칸트의 견해(〈인륜의 형이상학〉 제46절)에도 나타나고 있다.

근대의 개인주의가 모든 인간에게 자유를 부여해 온 것은 아니다. 자립 능력을 가진 자만이 자유를 누려 왔으며, 이 능력을 결하고 있다고 여겨진 인간에 대해서는 바로 그것을 근거로 다양한 억압이나 폭력이 정당화되어 온 것이다.

사람들은 나치가 행한 우생정책을 '강제'라는 말로 이해하려고 한다. 그것은 분명히 틀린 것은 아니지만 이 '강제'가 칸트적인 개인주의와 조금도 모순되는 것이 아니라 오히려 이것과 공범관계에 있다는 점을 우리는 너무나도 빠뜨리기 쉽다. 나치 정부가 제정한 1933년의 '유전병자손예방법' 제2조에서 불임수술에 관해 "신청권을 소유하는 것은 불임수술을 받는 본인이다."고 명기하고 있다. 그리고 이것에 이어지는 형태로 본인에게 법적 의미로서의 '행위능력'을 기대할 수 없을 경우, 법정 대리인, 공적 의사, 그리고 본인이 병원 외의 시설에 수용되어 있을 경우에는 그 대표가 본인을 대신해 신청할 수 있다고 규정하고 있다. 그리고 제12조는 '유전 건강 재판소가 불임화의 결정을 최종적으로 내렸을 경우, 불임수술을 받는 자의 의지에 반해 이것을 할 수 있다. 단 본인이 단독으로 신청했을 경우는 그러하지 아니하다."고 규정하고 있다. 여기에는 이중 구조가 있으며, 법적인 '행위능력', 즉 자립능력을 갖고 있는 자에 대해서는 자기신청에 근거해서 불임수술을 하고, 강제적인 조치는 인정하지 않는다. 그러나 자립능력을 기대할 수 없는 자에 대해서는 대리 신청을 인정함과 더불어 강제적인 조치도 인정하는 형태로 되어 있다. 자립적인 개인에게는 자유를, 그러나 남의 이성에 의존해야 하는 자에게는 강제를, 이라는 이중 구조가 나치의 우생정책 전반을 특징짓고 있으며, 이들의 대부분은 불임수술 혹은 안락사의 피해자 대부분이 지적장애인 및 정신장애인(으로 여겨진 사람들)이 차지하고 있다는 사실에 여실히 드러나고 있다(市野川, 1996). 근대적 개인주의는 '남의 이성에 의존해야 하는 자'를 바로 그것을 이유로 '저(低) 가치자'로 명명하고, 또 말소적 우생학의 대상으로 삼은 것이다. 그리고 이 이중 구조는 나치 독일에 한하지 않고, 1930년대 북유럽 제국에서 잇따라 제정된 단종법, 그리고 일본 우생정책의 본격화를 촉구한 전후의 '우생보호법'(松原, 1997 외)에도 통하는 기본원리이며, 또한 이 논리는 오늘날에 있어서도 완전히 소실되지 않았다.

6. 우생학과 복지국가

다윈은 다음과 같이 말하고 있다. "미개인에게 있어 몸과 마음이 공히 허약한 자는 곧 도태되며, 장수한 자는 통상 활달한 건강 상태를 보이고 있다. 반대로 우리들 문명사회의 인간은 도태의 과정을 저지하기 위해 최대한 노력하고 있다. 예를 들어 우리들은 정신박약자나 병신이나 환자를 위해 시설을 만들고, 구빈법을 제정하고, 의료관계자는 만 명의 생명을 구하기 위해 모든 기능을 최후의 순간까지 구사하고 있다. 허약한 체질로 인해 예전 같으면 천연두로 죽었을 몇 천 명의 사람들이 종두의 덕택으로 생존하고 있다고도 생각된다. 그 결과, 문명사회의 허약한 구성원은 그 종족을 번식시켜 왔다. 가축의 양식에 종사한 적이 있는 사람이라면, 이러한 처치가 인간이라는 종에 있어 대단히 유해한 것임을 의심하지 않을 것이다. 배려를 소홀히 하면 혹은 잘못된 배려를 하면, 가축의 변질은 놀라울 정도로 빨리 진행된다. 그러나 인간 자신의 경우는 예외로, 대부분 누구라도 가장 뒤떨어진 동물의 번식을 용서할 만큼 무지한 것이다." (Darwin 1871, p. 168 원문의 차별적 표현은 일부로 그대로 번역). 여기서 다윈이 전개하고 있는 주장은 뒤에 F・갈톤이 '우생학'으로 명명한 프로그램의 핵심을 상당히 정확하게 표현하고 있다.

다윈의 주장은 결코 새로운 것이 아니다. 그것은 루소에서 보여진 그 '자연'에의 동경을 반복한 것이다. 구빈법, 각종 복지시설, 종두 등의 공중위생, 그리고 의료일반, 이것들은 복지국가를 지지하는 중요한 구성 요소임에 틀림없지만, 다윈은 '자연'의 관점에서 이러한 사회복지의 충실을 도태되어야 할 허약자를 생존시켜 진화를 저해하는 것으로서의 위치를 부여한다. 마침내 우생학자들은 사회복지의 충실에 의해 둔하게 되었다고 여겨지는 도태의 메커니즘을 인위적으로 보전하는 방법으로서, '저(低) 가치자'로 불린 사람들에 대한 불임수술이라는 구체적인 안을 제시하고, 게다가 그것은 강제라는 난폭한 형태를 취할 때조차 있었다. 그러한 의미에서 우생학과 복지국가는 정면으로 대립한다.

그러나 동시에 우생학은 정말로 복지국가라는 틀에 있어서만 가능했다고도 말하지 않으면 안 된다.

그것은 다음의 포스터가 여실히 가리키고 있다(그림1). 이것은 1936년 독일에서 '유전병자손예방법'으로 시작되는 일련의 우생정책의 필요성을 국민에게 호소하기 위해서 작성된 포스터이다. 한가운데에는 금발의 푸른 눈을 가진 매우 힘이 센 전형적인 아리아인 청년이 있다. 그가 짊어지고 있는 멜대의 양다리에는 고의로 보기 흉하게 그려진 두 사람이 타고 있다. 그 위에 다음과 같이 쓰여 있다. "너도 함께 짊어지고 있는 것이다! … 한 사람의 유전병환자가 60세까지 살면 평균 5만 마르크의 비용이 든다."

"그대도 함께 짊어지고 있는 것이다!-한 사람의 유전병 환자가 60세까지 살면 평균 5만마르크의 비용이 든다." 고 적힌 독일의 포스터(1936년)

어떤 의미에서 나치의 우생정책은 "모든 자에게 인간다운 가치가 있는 생활을 보장"(Weimarer constitution 제151조)할 것을 목표로 한, 바이마르 시대의 복지국가 체제 위에 쌓여져 있다. 각인의 삶의 보장이라는 책무를 떠맡는 것과 교환하여, 국가는 각인의 삶을 움켜쥐고 그것을 국가에 대한 경제적 유용성의 관점에서 평정할 권리를 손에 넣는다. 그러한 평정은 유한한 복지 예산이라는 인식을 배경으로 할 때, 보다 설득력을 가져온다. 복지국가 속에서 사람은 점점 사회성 안에서밖에 살 수 없음을 자각해 간다. 아무도 혼자 살 수 있는 것이 아니라는 사회성의 고삐가 반전함으로써, 한 사람 한 사람의 삶의 방향에 대한 사회나 국가의 개입이 다양한 형태로 정당화되어 간다. 우리들은 '유전병환자'가 이 사회에서 한 사람도 남김없이 없어지도록, 모든 것을 행할 권리와 의무를 소유하고 있다, 왜냐하면, 그러한 사람들을 부양하고 있는 것은 우리들 자신이기 때문이다…이 포스터가 사람들에게 전하는 메시지는 바로 그러한 것이다. 복지국가라는 장치는 이러한 형태로 근대사회에 새로운 전체주의의 가능성을 부여한다.

주지하다시피 나치의 '유전병자손예방법'(1933년 제정)보다 훨씬 이전에 미국에서는 1907년에 인디애나주를 시초로 많은 주에서 단종법이 제정되었다. 또 유럽에서는 1928년 스위스의 바트(보드)주에서 처음으로 단종법이 제정되고 이를 시초로 덴마크(1929년), 스위스의 베른주(이 해에 시행령의 형태로), 스웨덴(34년), 노르웨이(34년), 핀란드(35년)에서 잇달아 단종법이 제정되었다. 모두가 그렇다고는 말할 수 없지만, 이들 단종법(또는 시행령)에 보이는 전반적인 특징은 불임수술의 대상으로서 무엇보다도 우선 각종 공립 시설에서 생활하고 있는 자 혹은 복지수

당을 받아 생활하고 있는 자에게 초점을 맞추고 있다는 점이다. 그리고 몇몇 법률은 본인의 동의가 없더라도 불임수술을 실시하는 것을 인정하고 있다. 그 배경에 있는 논리란 사회의 측면에서는 사회의 은혜로 시설에서 혹은 수당(치료)을 받아 생활하는 인간이 또한 유사한 인간을 재생산하는 것을 저지할 권한이 있다는 것이다. 이 논리는 또 자유의 향수를 인정하는 조건으로서 자립능력을 요구하는, 앞서 말한 논리와도 중첩된다.

60년대 말 이후, 불임수술은 우생학의 수단으로서 시대에 뒤떨어진 것이 되었다. 초음파진단, 양수검사, 융모검사, 모체혈청마커 검사, 그리고 체외 수정을 전제로 한 수정란진단과 같은 출생전진단 기술이 차례로 개발됨으로써 태아의 장애 유무와 그 종류를 출생전에 직접 밝혀내는 것이 가능하게 되었기 때문이다. 인간의 도태를 출생전 차원으로 이행시키는 것은 우생학이 당초부터 꿈꾸고 있었던 것이지만, 제2차세계대전 전에 있었던 것은 유전적 결함을 가지고 있다고 여겨진 사람들에게 불임수술을 행하는 정도였다. 우생학의 꿈은 이러한 기술의 등장에 의해 처음으로 실현가능한 것이 되었다고 말할 수 있다.

영국의 많은 자치단체에서는 몇몇 출생전진단에 대해 전액 공적 비용으로 부담하고, 임산부가 이를 무료로 수진할 수 있도록 하고 있다. 자치단체관계자가 명언하고 있는 것이지만, 출생전진단 무료화의 배경에는 가령 진단 비용을 자치단체가 전액부담했다고 한들 태아에게 장애가 있는 것이 밝혀졌을 경우에 임산부가 태아를 중절해 주면 태어나는 장애인에게 자치단체가 생애동안 지불하는 비용보다도 결과적으로 훨씬 싼 값에 처리할 수 있다고 하는 냉철한 타산, 복지국가만의 타산이 있기 때문이다

(松尾慈子 '출생전진단' 朝日新聞 · 大阪판, 1998년 7월 23일) .

복지국가라는 장치의 내부에서 작동하는 우생학은 결코 과거의 것이 아니다.

7. 마치며

우생사상이라는 것은 그 자체가 완결한 것으로서 존재하는 것은 아니다. 특히 그것이 하나의 사회적 실천으로서, 즉 우생정책으로서 구체적 형태를 가지게 될 때, 우생사상은 몇 개의 개념이나 장치와 연동하며, 이것들에 둘러싸이면서 현실화한다. 이 장에서는 근대사회에서 우생사상, 우생정책이 현실화해 가는 구조=맥락을 지지하는 계기로서 '자연', '근대적 개인(주체)', '복지국가'라는 세 가지에 주목했다.

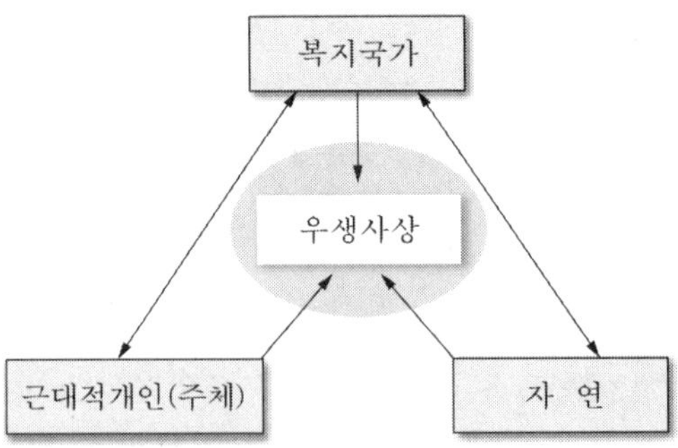

이들 세 가지 요소는 얼핏 서로 대립할 것 같이 보인다. 예를 들면, 다윈에 있어 '자연'이라는 개념은 그야말로 '복지국가'라는

장치를 도태의 저해 요인으로서 고발하기 위한 도구였다. 또, '근대적 개인(주체)'의 개념은 '복지국가'라는 장치에 잠재하는 전체주의적 경향에, 원래라면 길항할 것이었다. 그러나 이러한 것들이 일종의 화학반응으로 우생학에 결부될 때, 서로 다른 것을 보완하는 것으로서 기능하기 시작한다.

'자연'의 개념으로부터 도출되는 도태라는 실천은 '복지국가'가 요청하는 비용 계산을 배경으로 하면서, 그 정책상의 정당성을 확보해 간다. 즉, 한정된 재원에 의해 효율적으로 배분해 가기 위해서야말로 도태(우생학적 불임수술)라는 실천은 불가결한 것으로서 요청된 것이다.

또 '근대적 개인(주체)'의 개념은 자유의 전제조건으로서 자립능력을 요청하는 논리와 결부되면서 도태되어야 할 인간의 상을 보다 명확히 그려내 간다. 우생학자들은 '저 가치자'라는 말을 수차례 말하면서도 도대체 그것이 어떤 인간을 지명하는 것인가에 대해 명확히 대답할 수 없었다. 그러나 '복지국가'라는 장치는 자신의 생활을 남의 노동에 의해 혹은 남의 이성에 의해 지지받지 않으면 안 되는 인간이 누구인가를 제도적으로 부각시키면서, '저 가치자'를 그러한 인간으로서 특별히 정해 가는 우회로를 설정한 것이다.

우생사상이 이러한 복합에 의해 성립된 것이라면, 우생사상에 대한 비판적 검토는 동시에 이들 세 가지 계기의 비판적 재검토를 의미할 것이다. 그러나 그것은 이들 세 가지를 부정하는 것과는 다르다.

우리들은 '복지국가'라는 장치를 결코 포기할 수는 없을 것이다. 요구되고 있는 것은 이 장치의 부정이 아니라 그것의 신중한 운영이다. 누구도 혼자 살고 있는 것이 아니라는 사회성의 끈이 폭력으로 전화하는 우회로를 어떻게 해서든지 차단할 것.

그 때에 '근대적 개인(주체)'의 개념은 예를 들어 자기결정이라는 형태를 취하면서 하나의 강력한 대항 수단이 될 수 있다. 자기결정의 이념은 타인의 지원과 조력에 지탱되는 것을 이유로 이루어지는 폭력이나 개입을 멀리하면서, 자신의 생활을 형성하고 지켜가는 권리임을 강력하게 긍정한다. 그러나 그 때 자기결정능력이나 자립능력이 과대평가되지 않도록 주의하지 않으면 안 된다. 우생사상은 그러한 능력의 유무를 하나의 징표로 하면서 '저 가치자'를 확정해 간 것이기 때문에. 또, 출생전진단의 제 기술이 여성의 자기결정권이라는 소프트한 치장하에, 덮어 놓고 정당화되어 가는 것에 대해서도 조심스러운 시선이 필요할 것이다. 많은 페미니스트는 이미 그러한 논리의 위태로움을 간파하고 있다.

'자연'의 개념도 본인이 바라지 않은 재활이나 수술이라는 과잉 개입을 멀리할 때 크게 도움이 될지 모른다. 그러나 우생학도 이 개념을 활용했다는 사실, 또 히포크라테스가 이 개념에 의거하면서 불치의 환자를 버리는 것의 정당성을 설파했다는 사실을 잊어서는 안 된다. '자연'의 개념은 생명의 존엄이라는 이념을 쉽게 무너뜨리는 것이기도 한다. 생명의 존엄이라는 말이 중절 반대론자(프로・라이프파)의 편협함을 연상케 하는 것이라면, 立岩眞也와 말한 바와 같은 '타자의 존중'이라고 바꿔 말해도 좋다(立岩, 1997, p. 424 이하). 그러나 이 '타자'도 자연을 넘은, 즉 형이상적인 기반 없이는 쉽게 마멸될지 모른다. 기독교는 그러한 마멸에 저항하는 하나의 시도였다. 우리들의 시대는 무엇을 근거로 '타자'의 존엄을 지켜낼 수 있을까?

〈참고문헌〉

市野川容孝(1994) 死への自由？ ‧ ‧ メディカル ‧ リベラリズム批判.『現代思想』, 四月号.

市野川容孝(1996) 『性と生殖をめぐる政治 ‧ ‧ あるドイツ現代史'江原由美子編生殖技術とジェンダー』. 勁草書房.

內田義彦(1971)『社會認識の步み』. 岩波新書.

杉山博昭(1998) キリスト教社會事業家と優生思想.『基督教社會福祉研究』, 第三〇号.

立岩眞也(1997)『私的所有論』. 勁草書房.

松原洋子(1997)〈文化國家〉の優生法.『現代思想』, 四月号.

松原洋子(1998a) 戰時下の斷種法論爭.『現代思想』, 二月号.

松原洋子(1998b) 中絶規制緩和と優生政策强化.『思想』, 四月号.

松原洋子(1998c) 戰時期日本の斷種政策. 年報科學 ‧ 技術 ‧ 社會. 7, 87-109.

吉本隆明(1982)『論註と喩』. 言叢社.

Darwin, C. (1871) *The Descent of Man*. London.

Frank, J. P. (1779) *System einer vollstandigen medizinischen Polizey*. Bd.1, Mannheim.

Ploetz, A. (1935) *Zur Entwicklung der Rassenhygiene in K. Astel Hg. Rassekurs inEgendorf*. S. pp. 11-25.

제 6 장

농문화와 장애, 장애인

森壯也
Mori Soya

들어가며

'농문화'라는 말은 일본에서는 비교적 새로운 말투이다. 그러나 지금까지도 '농인의 방식'이라는 말투로 '억압된' 형태로서 존재하고 있었던 것은 아닐까? 그러나 이 '농인의 방식'에 '장애학'을 대치시키고자 하는 작업 혹은 그 사이에 다리를 놓자는 작업은 생각 외로 어렵다. Davis(1995)[1)]는 에이블리스트(ableist)에 의해 구성되어 온 노멀시(Normalcy)라는 '장애'를 비추는 개념을 들어 미국에서의 새로운 장애학을 개척하는 작품의 하나가 되었다. 이 Davis가 편자인 Davis ed.(1997)는 기존에 간행된 몇 개의 논문으로부터 '장애학' 관련 어프로치를 모은 것이다. 그 안에는 27개의 논문이 수록되어 있는데, 그 중 7개는 타이틀에 농인 내지 '농(Deafness)'이라는 말이 등장할 정도로 그 주제가 농인에 관련되어 있다. 분야별로 보면, 역사적인 시점에서의 장애학에 관한 논문은 6편 있는데 그 중 4편이 농 관계이다.

이렇게 미국의 '장애학'[2]에 영향을 주고 있는 농인, '농'이란 도대체 어떠한 것인가? 그리고 농문화가 장애학에 대해 무엇을 물을 수 있는 것인가? 그것이 이 장의 과제다. 長瀬(1995)는 "병리적 신체적 시점에서 사회적 시점으로의 전환을, 농인 자신에게만 적용하고 장애인 전반에는 적용하지 않는 것"에 대한 의문을 제기하고, 영국의 농 활동가 P. Ladd의 "장애인인 것을 완전히 부정하는 것은 장애인에 대한 억압에 비장애인과 함께 가담하는 것이다."를 인용해서 일본의 '농문화' 운동에 경종을 울리고 있다. 이 장은 이에 대해 충분하다고는 말할 수 없지만 하나의 대답이기도 한다.

한편 이 장에서 농인, '농'이라고 할 때 그것은 의학적인 장애 개념이 아니라 언어 · 문화적 개념으로서 사용한다. 즉, 木村 · 市田(1996)의 첫머리에서 "농인이란 일본수화라는 일본어와는 다른 언어를 쓰는 언어적 소수자이다."라는 입장을 기본적으로 채택한다. 그리고 또 하나, 이 장에서는 이 입장을 보다 철저하게 사용하기로 한다. 반대로 말하면 교육의 시점이나 의학의 시점의 섞여들기에 대해 보다 신중할 것이라는 것이다.[3]

1. '야쿠자'로서의 '농'

농인과 야쿠자 사이의 관계에서 농인은 일반 야쿠자 조직에는 들어갈 수 없다는 것이나, 농인만의 야쿠자도 있는 등 농 사회에서 유포되고 있는 이야기도 몇 개 있지만, 지금 여기에서 논하자고 하는 것은 그러한 관계가 아니다. 라벨링 이론에 영향을 받은 일본문화에 관한 문화인류학 작품인 라즈(1996)의 어프로치와의 대비에서 보이는 '농'에 관한 이야기이다. 라즈는 다음과 같이 말한다.

"선천적 농이라는 인격 등은 있을 수 없다. 신참자는 농을 외견적인 행동 양식에 의해 그 형태를 만들고 그것을 내재화하는 것이다. 즉 농이라는 인격은 외견에서 시작되어 내면으로 넓혀져 가는 것으로, 그 때문에 후천적으로 획득되는 인격이라고 말할 수 있다."(일역 p. 158, 이하 인용은 일역서로부터)

이 치환으로부터 보이는 것은 '천성적인 농'[4]이 존재할 수 있는지의 여부로서, 확실하게 존재한다고 말할 수 있는 것은 '야쿠자'로서의 '농'이라는 것이다. 다시 말해 이 장에서 논하자고 하는 언어적 · 문화적 개념으로서의 '농'에 상당하는 것이다. '귀가 들리지 않는다.'에서 떨어져 나간 모양으로서의 '농'이 만약 있다고 하면, 이러한 것이 되지 않을까? 그리고 라즈에는,

"외견은 내면의 반대가 아니고, 타테마에(建前)가 혼네(本音*)의 반대도 아니다. 나는 이들 말은, '안'과 '밖' 혹은 '진실'과 '거짓말'이라는 대립의 의미를 가진 것이라고는 생각하지 않는다. 오히려 그것은 어떤 연속체에 있어서의 행동의 요소를 내보이는 지표이며, 그 인물이 양자 사이에서 흔들려 움직이고 있는 것이라고 생각한다. 그렇다면 '허영'은 어떤 내적인 진실

* (역자주) 建前(명분), 本音(본심)

한 인격을 밖으로 표시한 것이 아니다. 그것은 퍼포먼스이며, 따라서 이중 행동을 뜻하고 있다. 그것은 자기 자신의 행위를 자각하고 있는 재귀적인 행위이다."

라고 쓰고 있지만, 이 기술은 농인에게도 들어맞는다. 오히려 더욱 직접적으로 말하면, 森(1998)가 말한 것 같이, 언어적·문화적인 '농'이란 여기에서의 외견=신체성에 의한 순서부여를 거부한 것에 성립하고 있는 것이 아닐까?

즉 농학교나 농 부모와 같은 것이 얼핏 필요조건으로 보이면서 사실은 농 사회 속에서는 그만큼 단순하지 않고, 이것들을 결여한 것이라 하더라도 '농인'스러운 경우가 있다. 이것이 바로 '야쿠자'로서의 '농'을 통해서가 아닌가? 역으로 얼핏보기에 이들 필요조건에 보이는 조건을 채우고 있어도 여전히 '농'답지 않은 케이스도 존재한다. 다시 말해 '야쿠자'와 '농'과는 이 점에 있어 다르다. 즉 외견 혹은 신체성에 의해 조건이 부여되지 않는 것이 '농'이다. 이것이 Davis(1995)에서 논해지고 있다는 것이 森(1998)의 주장이다.

그러나 이 '야쿠자'로서의 '농'이라는 시점은 또한 생산적이다. 木村·市田(1995)는 '농'의 표명을 제시하였다. '야쿠자'에게 이 제시는 문신이 그러하다. 위의 인용에서 '허영'이라고 표현되고 있는 것이 그것이다. 木村·市田(1995)에서도 소개되어 있는 그들이 소속하는 Dpro라는 단체는,[5] 어떤 의미에서 이 제시를 행하고 있는 측면도 가지고 있다. 즉 "통상의 사회와 같이, 적절한 제시는 연기자가 관객에게 알리고 싶은 지위를 표명함과 동시에 창조도 한다. 예를 들어 어떤 지위에 있다고 표명하기 위해서는 언제나 실제의 경제 상황보다 한두 걸음 앞서 나아가지 않으면 안 된다. 그 지위는 실제로는 아직 존재하지 않는 것이지만, 그 것이 표시됨과 더불어 만들어지는 것이다. (중략) 데모가 야쿠자라는 자기의 소산임과 동시에 그것을 구성하는 요인이기도 하다는 변증법적인 성질을 가진다."(라즈, p. 159).

이러한 측면은 일반 농사회(또 그 핵심을 이루고 있다고 일컬어지는 수화를 일상 언어로서 사용하는 사람들이 다수인 농학교 졸업자여도) 속에서, Dpro의 일련의 움직임에 크게 공감하면서 분명하게 다가오지 않는 부분으로서 '농, 농이라는 것을 지나치게 강조하고 있다.'고 하는 감상을 갖고 있는 것이 하나의 좋은 증거가 될 것이다. 즉 '농'이라는 것은 그들에게는 있는 일상으로 어쩔 수 없는 것인데도, Dpro는 퍼포먼스, 데모, 문신으로서 이것을 제시하는 머뭇거림이 있다. 그러나 주의하지 않으면 안 되는 것은 이 '농'은 결코 데포르메(과장)가 아니라 '자각된 자기제시'이며, '무의식적으로 이루어지는 자연스럽고 무조건적인 행동을 한 걸음 초월한 것'(라즈, p. 158)이라는 것이다. 그리고 그러한 '농'의 의식화는 Dpro의 일련의 움직임 속에서 '농'이 한층 더 '자기의 소산임과 동시에 그것을 구성하는 요인'도 되고 있다.

2. 농문화의 센터

長瀨(1995)는 "농문화의 인지와 추진에는 마음속으로부터 공감하지만, 지나치게 농내셔널리즘화했을 경우에는 배제의 논리나 자문화우월주의 등의 폐해도 생길 것이다. 파덴과 험프리는 농인의 독자적인 중심 CENTER의 존재를 지적했다. 그러나 중심은 항상 주변을 만들어낸다. 물론 청인의 중심만이 존재하는 것보다도 농인의 중심도 있는 쪽이 힘과의 대응이라는 의미에서는 바람직할 것이다. 그러나 그래도 예를 들어 난청인이나 중도실청인은 어디에 활로를 구할 수 있을지 의문은 남는다."고 말한다. 이 '농인의 독자적인 중심'에 대해 쓰여 있는 것으로서[6] 인용되고 있는 Padden & Humphries(1988)의 사례로서, '약간의 난청(a-little Hard-of-Hearing)'과 '완전한 난청(very Hard-of-Hearing)'이라는 단어가 ASL(미국 수화[7])과 영어에서 다른 의미로 사용되고 있다는 예가 있다. 즉 이것들은 의거 기준이 다르다는 것이다. ASL에서는 '농인'으로부터 어느 정도 떨어져 있는 것이 'a-little'과 'very'이라는 말투로 형용되고 있기 때문에, 'a-little'쪽은 조금만 들리지 않는다, 'very'는 훨씬 잘 들린다는 의미로 사용된다. 이것은 영어에서의 'a-little'이 조금만 들리지 않는, 'very'가 전혀 들리지 않는다는 의미가 되는 것과 대조적이다. 이러한 의거 기준이 다른 것이 여기에서의 '중심이 다르다'는 것의 의미이다.[8]

또 다른 예로서 AAAD(American Athletic Association of the Deaf), NFSD(National Fraternal Society of the Deaf), NAD(National Association of the Deaf)와 SHHH(Self-Help for the Hard of Hearing)의 대비예도 있다. 앞의 3자는 모두 of the Deaf(농인의)라는 명칭을 이용하고 있음에 대해, 마지막 것만이 후천적으로 청력을 잃어버린 성인의 욕구에 대응해 가는 조직임을 명확히 하는 명칭을 이용하고 있다. 또 NAD에서는,

회의의 주제는 주로 수화나 미디어에서의 농인의 이미지 향상, 지역에서의 농인(에 의한, 혹은 농인을 위한) 관련 서비스의 향상 등이지만, SHHH에서는 청각장애의 새로운 치료 방법, 독순 기술의 향상, 청각보조 기기 사용방법 등이 워크숍의 주제이다. 즉 그 모임에서 무엇이 이야기되는지가 크게 다르다. 일본 농아 협회에서도 상황은 NAD와 비슷하다.

네이티브 · 사이나* 끼리의 대담인 木村 · 米内山(1995)에서는 협회명칭으로서 세계의 흐름이 '청각장애인'에서 '농인'에 향하고 있는데도, 일본에서는 반대로 '농인(협회)'에서 '청각장애인(협회)'으로 흐르는 것에 대한 위화감이 나타나고 있다. 그리고 " '복지정책'에 편승하기 위해 장애인이라는 말이 필요합니다."(p. 365)같은 형태로, 그 이유를 추측하고 있다.[9)]

그러나 여기서 두 가지 문제를 생각하지 않으면 안 된다. 하나는 '농문화의 센터'와 관계되어 있는 것은 커뮤니티라는 것이다. 앞서 Padden & Humphries(1988)의 예도 언어가 하나가 중요한 요소가 되고 있다. 커뮤니티는 언어 없이 생각할 수 없다. 그리고 사회학 속에서의 커뮤니티의 논의를 고려하여, 이들 두 가지에 다른 하나의 가치관을 합쳐 삼위일체가 된 것으로서 커뮤니티를 생각하기로 하자. 이 때 Maclver(1920)에 의하면, 그 대비 개념은 어소시에이션이다. 그에 의하면, 커뮤니티는 '인간의 공동생활이 이루어지는 일정한 구역', 어소시에이션은 '어떤 특정한 이해를 추구하기 위해 만들어진 사회통일 조직'이라는 것이 된다. 전통적인 사회학의 개념에서는 커뮤니티를 지역과 강하게 결부시키고 있었지만, 여기에서 지역이 수행하고 있는 역할은

* (역자주) 수어를 모국어로 하는 사람

하나의 큐(cue, 열쇠, 계기)였음을 생각하면 '농'이 그 계기로 작용할 수 있다고 생각해 커뮤니티 개념은 반드시 지역성에 한정될 필요는 없다.

그렇다면 커뮤니티의 논의와 어소시에이션의 논의가 여기에서 일부 혼동될지 모르는 상황에 있음을 상상할 수 있을 것이다. 농아협회 혹은 농단체는 설립 당초엔 그렇다 쳐도 오늘날의 그것들은 결코 커뮤니티가 아니라 어소시에이션인 것이다. 이러한 농단체는 어떤 복지적 이해를 추구하기 위해 존재하고 있는 어소시에이션이다.

따라서 木村・米內山에 의한 위화감의 표명은 커뮤니티 시점에서의 어소시에이션에 대한 적절한 언어 수준의 문제를 논하고 있는 것으로 읽을 수 있다. 이러한 의미에서 보다 커뮤니티적 요소가 강한 '농인극단'에 대해 '청각장애'라는 명칭에는 위화감이 있다고 말하는 위 대담에서의 米內山의 지적(p. 364)은 옳다. 다만 이것이 이 기준으로 옳은 한편, 다른 부분(p. 377)에서 "농인의 전국 조직의 이사들은 평균적인 농인라고 말할 수 있다고 생각합니까?"에 대한 "실제로는 중도실청인이 많네요. 이것은 문제라고 생각합니다. 평균적인 농인이 이사가 되면 상황도 견해도 바뀔지도 모르겠습니다."는, 이러한 구별로부터 일탈하는 판단이 된다.

그러면 왜 이러한 판단이 나오는 것인가? 그 힌트는 米內山의 다음 발언에 보여진다. "이음역으로서 중도실청인의 진출을 허용해 버린 것 뿐입니다. 그들이 보통 농인들의 '참된 대표'라고 나는 생각하고 있지 않습니다." 그리고 이것을 이어 木村는 "Dpro[10)]에서 평균적인 농인상이라는 것을 확실하게 보이고 싶네요."라고 답하고 있다.

즉 여기에서 그들이 다음에 문제로 삼고 있는 것은 커뮤니티 측에서의 '대표' 문제인 것이다. 어소시에이션이라고 해도 '대표' 문제를 피해서 지나갈 수는 없다. 누가 '대표자'로 행동할 수 있는 것인가? 어소시에이션에 대한 외부는 무수히 있지만 그 하나로서의 커뮤니티에서의 이론(異論), 그것은 하나의 논의로서 성립할 수 있을 것이다. 그러나 반대로 커뮤니티 측에서의 이론(異論)으로서, 커뮤니티를 대표할 수 있는 것이 어소시에이션도 대표해야 한다는 것은 보편적으로는 말할 수 없다. 그것을 나타낼 수 있는 논리는 아직 준비되어 있지 않다. 예를 들어 일본의 의원은 일본의 지역 혹은 국가 전체의 커뮤니티를 충분히 대표하고 있는가? 커뮤니티와 어소시에이션이란 어디나 그러한 긴장관계 속에 있는 것이 아닐까?

실례로, 미국에서는 일본의 전일본농아연맹에 상당하는 단체인 NAD 혹은 그 하부조직에 관련되는 것은 커뮤니티의 대표에 한정되지 않는다. 커뮤니티의 어디에도 속해 있지 않은 사람은 없지만, 그 어딘가(그것은 주변부일지도 모른다)에 속해 있는 인간이 되고 있다는 것이 실상일 것이다. 단, NAD 전체를 묶는 1998년 시점의 이사장(Roslyn Rosen박사)은, 소위 '데프・패밀리'출신이면서 네이티브인 ASL이었다. 여기서 木村・米內가 이의를 내세우고 있는 것은 일본농아어소시에이션의 '대표'이다. 그리고 그들의 바람은, 이것이 농인의 센터도 구체화한 사람이었으면 한다는 것일 것이다. 그러나 그 센터가 무엇인지, 이 대담에서는 '~이 아니다'라는 부정형과 '보통'이라는 말을 제외하면 유감스럽게도 아직 명확히는 제시되고 있지는 않다.

3. '난청'이라는 수화어휘로부터 본 농문화

앞 절의 앞부분에서 長瀨(1995)의 염려를 제시했다. 그의 염려는, 중심이 주변을 만들어낸다는 곳에 있었다. 그러나 이 염려의 실제는, 長瀨가 '난청인이나 중도실청인은'이라고 쓰고 있는 이상으로 복잡하다. Padden & Humphries(1988)에서 예로 들고 있는 "HARD-OF-HEARING"에서 힌트를 얻는 형태로, 일본 농사회에서 사용되고 있는 '난청'이라는 수화에 대해서 생각해 보자(이후, 수화에서의 단어를 나타날 때에는 []을 쓰기로 한다. [] 안이 영어이면 ASL, 일본어이면 일본수화의 의미). [난청]이라는 이 수화는 역시 청인 세계에서의 음성언어인 '난청'과는 다른 의미로 사용되고 있다. [난청]이 사용되는 방법은, 농사회에서는 청인사회와 다르다. 이것을 이하 몇 개의 예를 보면서 검증해 보자.

> "청각장애아 중에서도 선천성 중도난청의 경우에는, 출생시부터 소리도 음성도 직접 들을 일은 없다. 물론, 자기 자신이 발생하는 탄생의 울음소리도 피드백해서 귀로부터 들어갈 일은 없다. 이러한 들림의 장애를 가지기 때문에 음성언어의 습득은 대단히 곤란하여 타인과의 커뮤니케이션도 한결같지 않다."(田中・石原・鈴木, 1984)

이것은 의학・교육적 입장에서 쓰여진 것이다. 당연히 '난청'이라는 것을 '청각장애 전반'과 거의 같은 의미로 사용하고 있다. 또 여기에서 '중도(重度)'라는 형용사가 붙어 있지만, 이것은 Padden & Humphries(1988)의 '영어'의 "Very Hard-of-Hearing에 가까운 의미가 될 것이다(실제로는 "Severely Hard-of-Hearing"쪽이 영어로서는 보다 보통인 말투인 것 같지만).

> "복지사무소쯤에 가서 난청인임을 말해도 이야기도 할 수 있고 무엇이든 할 수 있다고 해서 마치 실청인이나 난청인은 청각장애인이 아닌 것처럼 말한다. 그래서 난청인 운동에 참여해도, 농아인은 난청인 운동이 자기들의 영역이 침식되는 것처럼 받아들여 반대한다.(중략)"
>
> 내가 농아협회에 들어간 당시 난청인은 좀처럼 임원 등이 될 수 없었다. 열심히 3년, 5년 하는 동안에 비로소 "이 사람은 우리들에게 도움이 되는 사람이다."라는 것을 알게 된 것인지, 회장을 해달라고 하거나 무언가 해달라는 식으로 되었다. 나는 그다지 임원이 되고 싶지 않았지만, 운동 안에서는 농아인이 난청인을 차별대우해 온 시대가 있었다."(大川, 1975)

이것은 자기규정의 말로서 '난청'을 '농'과 구별해 선택하고 있는 경우이다. 더불어 중도실청인과 난청인을 거의 같은 범주에 넣어 이야기하고 있음을 이해할 수 있을 것이다. 또 여기서 나온 것 같은 '난청인'이 농아협회의 간부가 되어 가는 경과에 대해서는 木村・米内山(1995)[11]에서도 나오고 있다.

이것들과 대비시켜 [난청]으로 번역된 '난청'을 포함하는 예를 역시 木村・米内山(1995)에서 보자(이 대담은 일본 수화로 이루어지고 있다. 여기에서의 번역은 정확한 번역이라고 하기에는 다소 차이가 있다).

"농인만이라면 괜찮습니다만, 난청인이나 통역자가 합류한 장소에서는 머리 속에서 싸움이 시작된다."(p. 370)

이 예에서는 농인으로부터 봤을 때에 외부가 되는 난청인이 나오고 있다. 다른 언어를 사용하는 난청인이라는 인식이다. 언어가 다름으로써 두 집단은 나뉠 수 있다는 인식이다. 그러나 이 예는 앞의 두 가지 예와 아직 비교적 연속적인 것이다. [난청]이라는 단어는 이외에 농학교 출신이 아닌 사람들 전반을 가리키기 위해 사용되는 일이 있다. 그러면 위의 세 가지 예와 비추어 역시 수화가 그다지 능숙하지 않은 사람들 내지는 농학교에 다니지 않고 있는 사람들, 또한 청력이 비교적 있는 사람들(청력이 비교적 있기 때문에 농학교에 가지 않았다고 생각하는 케이스도 있을 것이다)이라는 의미일까?[12)]

그러나 농인끼리의 회화에서 이용될 때, [난청]에는 그러한 설명만으로는 다할 수 없는 예가 알려져 있다. 농사회에서 사용되는 방법과 그것은 농학교 출신자 상호간에도 이 수화가 쓰이는 케이스가 있다는 것이다. 그것은 농학교 안에서도 구화법으로 불리는 음성언어에 준거한 교육 방침을 채용하고 있는 것으로 전국적으로도 알려져 있는 학교 몇 군데(필자가 지금까지 확인한 것은 세 곳)를 가리켜서 사용되는 수화어휘(그 학교 출신 이외 농사회 구성원에 의해 그 학교를 가리키는데 사용되고 있는 어휘)가 이 [난청]과 같은 모양새가 되고 있다는 사실이다. 해당학교 중 한 학교에 대해서는, 그 학교의 20대 졸업생으로부터 모양은 닮아 있지만 자신의 학교의 수화는 어원적으로는 [난청]이 아니라 이 학교가 일찍이 유일한 공립이었던 사실로부터 이 학교를 가리키는 낡은 수화가 변화된 것이라는 반론도 나오고 있다. 그렇지만 이 학교 졸업생 이외의 외부의 농인에게 이러한 구별이나 다른 설은 전혀 자각되고 있지 않으며, 같은 모양인 것에 위화감을 느끼는 사람도 그다지 없다.[13] 또 이들 세 학교는 농학교 속에서도 엘리트교로 여겨지고 있는 곳으로,[14] 그것이 그러한 수화와 같은 형태로 연관된다는 견해도 아직 부정할 수 없다. 어쨌든 앞의 반론도 포함해 [난청]이라는 수화가 적어도 적극적인 의미를 가지고 있는 것이 아님은 명확하다.

또 이것과 비슷한 사용법으로서 [난청]이라는 것이 고정적인 라벨링으로서 사용되는 것이 아니라(전술한 학교명의 수화의 경우는 고정적으로 사용되는 수화이다.) 농 커뮤니티 속에서 경계적인 위치에 있는 사람이 그 때 그 때의 농사회와의 관계에 의해 이러한 라벨링으로 불리는 경우가 있다. 이 경계적인 위치라는 것은 비 농학교출신자 혹은 농학교에서 일반학교(농학교가 아닌 일반학교는 이렇게 불리고 있다)에 통합된(integrate) (농학교 등에서 청인이 다수를 차지하는 일반학교로의 전입, 혹은 일반학교에서 배우는 것을 이렇게 부른다.) 농학교에 U턴·L턴(농학교에서 통합된 후 다시 농학교에 돌아가는 사람을 유턴, 일반학교에서 중학부 혹은 고등부 단계에서 농학교에 들어간 사람을 L턴으로 특수교육의 세계에서는 부르고 있다.)한 사람 등이다. 즉 그들은 농인의 세계에서 농인으로서 받아들여지고 있는 일도 있지만 무엇인가 컨플릭트(문제)가 일어났을 때에 '[난청]이기 때문에'라는 라벨링으로 배제되는 일이 있다는 것이다.

이 라벨링은 이렇게 사용되었을 때, [청인]이라는 단어 이상으로 대단히 부정적인 동시에 공격적인 뉘앙스를 가진다. 일본 정주 코리언 사회에 '반쪽빠리'라는 말이 있는 것이 알려져 있는데,[15] 이 단어의 뉘앙스가 이것에 가장 가깝다.

> "'반쪽빠리'는 본국인이 재일동포를 모욕할 때에도 사용되지만, 재일 한인 사회에서 일본과 한국의 혼혈자에 대한 모욕어로서도 사용되어 왔다."(原尻, 1997, p. 124)

'반쪽빠리'는 일본 정주 한인 사회(原尻, 1997에서 언급된 사건을 봐도 알 수 있듯이 전부는 아니라 하더라도), 거기에 사는 사람의 긍지에 상처를 주는 말로 불리고 있다.

이러한 [난청]의 네가티브성을 감지한 (혹은 이것을 배운) 농사회의 거주자들 안에는 '난청인이지만 스스로는 농인라고 자각하고 있습니다.' ~ (Ⅰ)

이라는 자기소개법을 하는 청년이 있다. 그리고 흥미 깊게도 이것이 역전한 '농인이지만 스스로는 난청인으로 자각하고 있습니다.' ~ (Ⅱ)

이라는 말투는 농사회에서는 거의 찾아볼 수 없다. 또 이것은 '나, 사실은 농인이지만 사람들로부터는 난청인으로 불린다.' ~ (Ⅲ)

라는 것과는 다르며, (II)는 '자각적인 자신에 대한 명칭(identification)' 문제라는 것도 주의해 두고 싶다. 즉 [난청]은 농사회 안의 말로서는 주변 이상의 것이고, 게다가 (고정적인 개념이 아니라 그 대상을 밖으로 밀어 젖힌다는 운동적 측면을 가졌다.) 동적인 개념이라는 것이다. 또 '반쪽빠리'는, 原尻(1997)가 지적한 바와 같이 한반도의 한국인이나 일본 정주 한국인 이외의 인간에 의해 사용될 때, 보다 문제가 커진다. 이 [난청]도 마찬가지로 만약 이것이 농사회 속에 있는 혹은 농사회를 알고 있다고 자칭하는 청인에 의해 사용될 때, [난청]은 보다 모멸의 의미를 강화하게 되는 것도 청인사회에서는 충분히 알려져 있지 않다.

이러한 일련의 것을 생각하면, 농인 커뮤니티의 모습이라는 것은 결코 '중심'과 주변 등에서 형성되는 것 같은 단순한 것이 아님을 이해할 수 있다. '중심'에 관계된 설명의 방법으로서, 다음 그림의 문제에 대해서도 약간 언급해 보고자 한다. 농사회의 구도 모델로서 자주 이용되는 것은 다음 그림이다. 농사회가 청능(audiology, 귀가 들리는 정도)만에 의한 것이 아님을 제시함에 있어 이것은 매우 이해하기 쉬운 그림이다. 농문화를 설명할 때 이 그림을 사용하는 사람도 몇 명 있다.

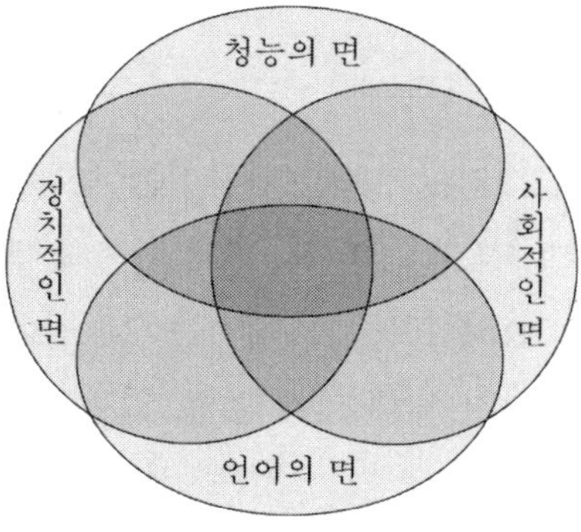

농인사회의 다양한 입구

주 : Baker F Cokely(1980), American Sign Language-a teacher's resource text on grammar and culture, T. J., Publishers Inc., p. 56 그림 2, 3에서

그러나 이 그림은 동시에 농사회가 갖는, 앞서 말한 것 같은 동적인 개념을 포함한 상황을 충분히 나타낼 수 없다. 이 [난청]을 둘러싼 상황은 이 그림 안에서 네 개 원 중 어느 것이 겹쳐 있느냐 아니냐만으로는(그것은 결국, 이항구조의 평면적 조합에 불과) 전부 설명할 수 없다. 더욱 중대한 문제는, 이 그림에서는 중앙 부분이 가장 겹치는 것이 많은 부분이지만, 농인의 센터는 이 가장 많이 겹치는 부분이라는 형태로 존재한다는 오해를 초래하게 된다. 설명되지 않으면 안 되는 것은, '센터의 존재'가 아니라 '센터의 차이'이다.

이것을 피하고자 한 이가 森(1996)가 지적한 것과 같은 개구(開球)와 그들 개구를 보는 시점을 입체적으로 생각한 모델인데 그것에 관한 해설은 森(1998)에서도 전개했으므로 여기에서는 생략한다.

4. 장애의 커뮤니티

농인 커뮤니티, 그리고 그 안에 숨쉬는 농문화에 대해서 그것을 파악하는 방법, 또한 센터에 관계되는 문제에 대해 논했다. 그러면 이것들은 長瀨(1998)가 말하는 것 같은 장애의 커뮤니티, 장애의 문화로까지 넓혀 생각할 수 있는 걸까?

그 때 최대의 문제점이 되는 것은, 커뮤니티를 둘러싼 삼위일체 중 나머지 하나, 언어이다. 다시 말해 대부분의 농인 커뮤니티는 독자적인 언어로서의 수화를 가지고 있지만, 장애 커뮤니

티나 장애문화라고 할 때 거기에서 이 '독자적인 언어'에 관한 논의는 대부분 이루어지지 않고 있다. 혹은, 언어 없음의 커뮤니티론이 새롭게 전개된다. 그러나 그것은 Barnartt(1996)가 이의를 제기한 바와 같이 장애문화가 아니라 '일체감'(collective consciousness)에 지나지 않게 된다. 또 커뮤니티 자체도 예전부터 있는 장애를 둘러싼 동료 속의 안(ウチ)/밖(ソト)관계 속에서 조성되어 온 것이 되어 버린다.

필자는 농사회 이외의 장애 커뮤니티에 관해서는 전혀 문외한이며 외부인이지만, 정신장애를 둘러싼 어떤 프랑스 영화의 시사회에 출석했을 때, 대단히 흥미 깊은 경험을 했다. 필자에게 이 영화는 하나의 다큐멘터리이며, 예술작품에 지나지 않았다. 그러나 상영 후 감독과 시사회에 온 관중과의 대화 속에서 관중으로부터의 대부분의 질문이 이 영화의 무대가 된 시설의 직원에 대한 대우나 인원수, 또 시설 설립의 이유, 촬영에 즈음한 시설 입소자로부터의 승낙, 촬영의 계기, 영화에 등장하는 입소자의 대사의 애드립성 등 아마도 이 정신장애 커뮤니티의 내부에서 발신되었다고 생각되는 질문이었던 것이다. 즉 이 영화는, 이들 관중에 있어서 예술작품이라기보다 외국의 장애시책에 관련된 정보의 제공 매체 혹은 감독의 해당 장애에 대한 메시지의 전달 수단으로 변질되어 있었다. 이러한 상황은 질문 시간도 끝이 되어갈 무렵, 관중 중 한 사람이 '일본의 정신장애인에 대해 무엇인가 메시지를'이라는 질문으로 정점을 맞이했다.

그러나 감독의 대답은 명료했다.

'나는 무엇인가를 말하는 입장이 아니다. 메시지를 말할 자격이 나에게는 없다.' 즉, 정신장애에 관련된 커뮤니티로부터의 과

잉 기대와 그 차이가 부각되어 버린 것이다.

유사한 일이, 동시에 농인과 관련해서는 만약 이 감독이 수화를 쓰는 사람이냐 아니냐에 따라 그 대응도 아마 다를 것이다. 수화를 사용하지 않는 감독은 농인에게는 완전히 외부인이다. 외부에서 무엇이 일컬어지고 있어도, 농인은 청인의 세계에서 일어난 것으로서 이것을 받아들일 것이다. 그러나 만약 수화를 쓰는 사람이면, 이번엔 역으로 CODA(농인 부모를 가진 사람들)이 아닌 한, 거기에는 농인 세계의 규칙에 어느 만큼 이 감독이 따르고 있는가가 문제가 된다. 양자를 사이에 두는 수화라는 커다란 벽 때문에 농인은 질문함에 있어 보다 신중해지게 될 것이다.

그러한 세계는 예를 들어 최근 늘어난 TV의 농인 관련의 보도・취재에서도 반대 의미로 나타나고 있다. 즉 농인에게 관련된 것이 아니면 거기에는 수화통역도 자막도 안 붙는 것이다. 조금 전까지의 상황은, 농인의 수화가 등장할 때, 농인에게는 그 수화를 이해할 수 있는 여부와 관계없이 그 때에는 자막이 붙고 그 이외의 청인이 이야기하고 있는 많은 시간에 아무런 자막도 붙지 않는다는 것이었다. 그에 비했을 때, 최근의 상황은 훨씬 농인의 편에 가까운 것이 되었다. 그러나 그만큼 거기에서는 매우 한정된 회화가 닫힌 형태로 전개된다. 이러한 상황 속에서도 농인 문화의 부연으로서 장애인문화를 생각할 수 있을까? 길은 너무나 험하다. 그러나 가지 않으면 안 될 것이다.

나오며

스틸(1994)의 저술은, 미국의 흑인이 처해 있는 인종적 억압에 대항하고자 흑인측이 빠지기 쉬운 '인종적 자폐[16)]주의'를 비판한 책이다. 여기에서 그는 다음의 전제를 논의의 출발점으로 하고 있다.

'모든 인종은 인류 전체를 구성하는 부분에 지나지 않는다.' 그러나 지금, '모든 장애는 인류 전체를 구성하는 부분에 지나지 않는다.'라고 우리들은 갈파할 수 있는가? 장애는 그렇게 말함에 있어 족할 뿐, 충분히 혹은 적어도 인종과 같은 정도로 상대화되어 있는 것인가? 대답은 아니다이다.

'농'에서조차, 장애를 구성하는 부분으로는 있을 수 없다. 농인이 지금 받아들이고 있는 것은 '농'이라는 신체성과 '농문화'이다. 그리고 농인은 청인에 의한 수화의 발견이라는 콜럼버스의 미국 발견에도 비할 수 있는 체험을 앞에 두고, 다른 언어라는, 타 장애인에게는 그에 상당하는 것이 아직 밝혀지지 않고 있는 무기를 자신들이 갖고 있음을 알아버렸다. 판도라의 상자는 열린 것이다. 그러한 상황은 특히 수화언어학의 융성을 본 미국에서 유달리 눈에 띈다. 물론 자칫 잘못하면 콜럼버스의 미국 발견이 유럽 이민의 미국 대륙에의 유입과 선주민의 생활에의 위협을 초래한 것처럼, 농인 수화의 수탈을 초래할지 몰랐다. 실제로 학교 교육의 장에 있어서의 교육 수단으로서 SEE(Signing Exact English)등 인공수화의 개발이 시도된 바 있었지만, 농인의 자연 언어 생성 능력·선별 능력 앞에 패배했다. 그리고 이러한 그들의 수화라는 언어에 의한 세계의 나누기가 [청인], [장애인]같은 수화의 세계에서의 구별, '말나눔'이 되어 한층 강화된 형태로 나타나 있다.

그리고 농인에 있어서는, [장애인]/[비장애인]보다도 [농인]/

[청인] 우선인 것이다. 또한 동시에 압도적으로 많은 농인에게 [장애인]='장애인'이 아니다 (여기에서 포인트가 되는 괄호의 차이에 주목하길 바란다. []은 수화어휘이며, ''은 일본어라는 음성언어에서의 어휘이다). [농인]라는 '수화를 갖고 연결될 수 있는 사람'이라면, 그것은 [장애인]이 아니라 [농인]이다.

이것으로부터 알 수 있는 하나의 예로, '맹농'인과와 '농맹'인이라는 구별이 있다. 전자는, 농인에 있어 [청인]이지만 후자는 [농인]이다. 후자의 사람들에 관해 농인은 자신들의 문제로서 받아들일 마음이 충분히 있다는 것은 여러 농인으로부터의 발신이다.

그만큼 언어가 가지는 벽·의미는 크다. 그것을 빼고 '장애문화'라는 틀이 주제넘게 나서도 좋은 것인가? 문제는 長瀬(1995)가 던진 것 같은, 중심-주변(주변)이 아니라 A인가 A가 아닌가와 같은 Ontorogical(존재론적)한 문제이다. 즉, 농인 측에서 농인의 모습을 말하고 있는 언어에 관한 문제인 것이다. 따라서 '중심-주변'같은 말투를 단순히 '외부로부터 묻는' 방식으로는 문제가 해결되지 않는다.

남겨진 방법으로 있는 것, 그것은 [농]을 청인인 읽는 사람에게도 알 수 있도록 서기언어로 고쳐 가는 작업, 이것밖에 있을 수 없다. 그 작업 속에서 [농] 본연의 모습을 우선 제시하고, 농인 세계의 실태를 언어도 포함해 확실히 파악해 나가는 것이 장애학에 대해 농 입장에서 할 수 있는 것이다. 그리고 나서 [장애인] 혹은 '장애인'이 비로소 논의될 수 있는 것이다. 그것이 이루어지지 않고, 우선 '장애인'이 일방적으로 눌려져 온 것이 지금까지의 농인의 역사였다. 복지의 세계에 갇히지 않는, 거기에서 일탈하는 것을 자신들이 자연스러운 모습으로서 소중히 키워 온 농인의 세계에서 '장애학'을 배울 수 있는 여지는 아직 많이 있지 않을까? 또 농을 민족이나 젠더와의 비유에서 이야기할 뿐만 아니라 다양한 언급 방식이 시도되어야 하며, 그 중에서 '농' 독자적인 모습도 확립되어 가야 할 것이다.

*본고의 작성에 즈음하여 자료의 제공이나 다양한 형태로 일본의 농 커뮤니티 여러분에게 도움을 받았다. 한 분 한 분 성함을 제시하지는 않겠지만 여기에 감사드린다.

[주]

(1) Davis(1995)에 대해서는 森(1998)에서 간단한 해설이 있다. 한편 Davis는 후에 나오는 CODA(Children of Deaf Adults)이며, 농문화 속에서 자랐다.

(2) 참고로 영국의 '장애학' 책인 Barton ed.(1996)에서 '농'은 대부분 그 모습을 보여주지 않는다. 오히려 Disability(장애)라는 틀을 그대로 논하자고 하는 경향이 보인다.

(3) 이러한 의미에서 木村・市田(1995)와는 입장이 조금 다르다. 그들의 이론에서는, 중도실청이나 난청인 같은 학교 교육의 경험의 차이나 실청 연령에 관한 구별이 나오지만, 가령 그들의 수화가 농인의 그것과 다르다는 것을 논한다 한들 그 구별이 이것들에 우선 향해지는 논의여서는 안 된다고 필자는 생각한다. 어디까지나 구별의 주체는 수화이며, 농사회 안에 보다 직접적으로 존재하고 있는 것을 구별의 기준으로 삼아야 한다고 생각한다.

(4) Lane, H. (1995)은 '선천적인 농'에 상당하는 농부모의 농인을 중심으로 한 논의를 전개하고 있는데, 여기에서 '농' 내지는 '농사회'의 에센스를 그리는 것은 곤란하며, 오독(misreading)이라고 필자는 생각한다. 이것은, '농사회'의 확산 양태와 다양성에 오히려 초점을 맞추고 싶기 때문이다.

(5) Dpro는, Dpro Members Club이라는 형태로 정보제공 네트워크를 갖고 있다. 이것은, Dpro사무국에서 기획되는 이벤트에의 참가 할인 특전을 가지는 회원(청인・농인을 묻지 않는다)을 전국적으로 전개한 것이다. 이벤트의 주력 멤버는 관동지역에 거주하는 이가 대부분이다. Dpro의

이벤트는, Dpro가 내거는 이중언어주의에 관한 명확한 주장(木村・市田, 1995) (일본 수화를 사용하는 언어적 소수자로서의 농인, 농교육에 있어서의 일본 수화와 일본어의 이중언어 교육)에 영향을 미치는 것이다. 비슷한 기획을 하는 그룹으로서, 名古屋에 Deaf스피리츠, 大阪에 Deaf쇼크가 있는 것이 알려져 있다. 이러한 한 무리의 그룹을 가리켜 필자는 DAGs(Deaf Awareness Groups)라 부르고 있다 (MORI, 1997).

(6) 여기에서 주의를 당부하고 싶은데, 이 Padden & Humphries(1988)의 이 장의 제목은 〈The Different Center〉이다. 즉, 그들이 논하고 있는 것은 중심 그 자체가 아니라 중심이 다르다는 것이다. 이것은 문화의 문제를 논할 때에 차이를 논할 수는 있지만, 그 문화 자체를 논하는 것은 상당히 어렵다는 것과 결부된다. 따라서 그들의 저서에서도 본제는 '중심과 주변'의 문제가 아니다. 그러나 그것을 염두한 가운데 長瀨(1995)의 주장에 여기에서는 답하려고 시도하고 있다.

(7) ASL은 미국 농사회에서 사용되고 있는 수화언어다. 이것은 일본 수화에서도 같지만, 같은 지역에서 이야기되고 있는 음성언어(ASL의 경우는 영어, 일본 수화의 경우는 일본어)와는 다른 언어이다. 일부에 아직 남아 있는 것 같은 음성언어를 몸짓으로 바꿔 놓았다는 오해는 잘못된 것으로, 음운, 형태, 통어 등 언어의 각 수준에서 다른 체계를 가지고, 이러한 언어의 연구를 영어학이나 불어학 등과 같이 수화학이라고 부르며, 학회도 존재하고 있다.

(8) 이와 같은 것은 일본에서도 일어나고 있다. 예를 들면, '[난청] [매우~하다]' (상당하는 난청이다)와 같은 문장이 청력손실이 크다고 하는 의미가 아니라 농사회 (의 가치관, 기준)로부터의 거리가 크다는 의미가 된다.

(9) 일본 농단체의 여러 간부들 사이의 인식에서는, 그 최대 이유가 일본의 사회・법 시스템에 있다고 한다. 현재 많은 지역에서 기존의 농단체와 달리 난청인・중도실청인 단체가 설립되어, 일본의 농인・난청인을 둘러싼 상황은 긴장을 내포하고 있다. 일본 최대의 농인・난청인의 조직으로 일컬어지는 전일본농아연맹은 '재단법인'이다. 이러한 NPO(비이익단체)는 일본에서 아직 법적인 자격의 면에서 불충분하여, 다양한 활동을 효율적으로 행하기 위해서 법인격을 취득하는 것은 합리적인 선택일 것이다(이 점에서 NPO의 면세 자격 등을 일본에 비해 좀 더 간단히 얻을 수 있는 미국의 상황과 다르다). 하지만 재단법인, 사단법인과 같은 NPO가 취득하고자 하는 자격은 일목적, 일법인이라는 제약에 걸린다. 다시 말해, 심사를 하는 쪽(관할 관공처)을 구별할 수 없는 것 같은 비슷비슷한 목적을 내걸고 있을 경우, 복수 단체에

대한 자격은 인정되지 않는다. 현재, 전일본난청인・중도실청인단체연합회라는 난청인・중도실청인의 전국조직이 있지만, 이것은 '사단법인'이다. 즉 전일본농아연맹과 법적인 영역 분리도 이루어지고 있는 것이다. 그러나 이러한 영역 분리가 항상 성공한다고는 할 수 없다. 이것이 일본 사회의 상황(=농/난청・중도실청의 구별)과 법(=법인격을 얻기 위한 요건)이, '복지정책'에 편승한다(그 최대의 '렌토(lento)'='이득'은 공공예산의 획득)는 전제조건 하에서는, '청각장애인 (협회)'이라는 명칭을 선택하지 않을 수 없다. 이를 간파한 간부도 있어 고민하고 있는 실정이다.

(10) 본장의 다른 부분에서는, 이 단체가 내고 있는 문서의 첫머리에 사용하고 있는 Dpro를 쓰고 있지만, 이 밖에 이 단체는 발행물 등에서(D Pro, D-Pro라는 표기도 이용하고 있다. 본론에서는 인용의 출처로 사용되는 명칭을 제외하고 이 Dpro에 통일했지만 모두 같은 단체를 가리키는 명칭이다.

(11) 앞의 주 참조, 木村・米内山(1995, pp. 377-378).

(12) 이 구별은, 학교가 크게 구별되는 이유의 핵심이다. 그러나 농학교에 갈 것인지 말 것인지는 대개의 경우, 청인 세계의 기준으로 결정된 결과 일어난 것임도 잊어서는 안 되는 중요한 포인트이다.

(13) 여기에서 예로 든 '반론'은, 이 수화가 같은 것이라는 어떤 농사회의 멤버로부터의 지적에 대해 내왔다. 그러나 같은 농학교 출신자에서도 딱히 같은 것에 구애되지 않는 사람도 있다. 즉 그러한 것으로 보자면 [난청]이라는 수화와 같은 것을 적어도 긍정적으로는 보고 있지 않다는 것이 된다. 이 수화자의 의식 차이에 의한 수화의 언어충돌은, 음성언어에서와 마찬가지로 수화의 변화를 초래할 가능성도 있다. 실제 의식적으로 [난청]과의 (움직임, 위치의) 차이를 강조한 수화도 나오고 있는 것은 흥미롭다.

(14) 木村・米内山(1996)에서도 이러한 사정은 "나는 강연을 할 때도 '부속농학교졸업'이라는 것을 별로 말하고 싶지 않습니다."(p. 379)라는 형태로 나온다. 그리고 "일반고교를 졸업했다고 스스로는 말하지 않지요."(같은 쪽)과 같은 벡터의 연장선위에 일반학교가 있다고 하는 것도 제시되고 있다.

(15) 原尻(1989, 1997)등.

(16) 본서가 '장애학에의 초대'라는 책임을 생각할 때, 여기에서 '자폐주의'란 '자폐증'과 그것에 대한 부정적인 이미지 환기에 연결되기 쉬운 단어가 사용되고 있는 것에 주의하고 싶다. 여기에서의 '인종적 자폐 주의'는 'Race Holding'의 번역이고, 소위 '자폐증'의 원래 영어인 'autism'과는 아무런 관계도 없다. 그러나 여기에서는 일본어 번역 방

식을 그대로 인용했다. 이것은 'autism'을 '자폐증'이라고 번역한 필자(森)의 의문의 표명임과 동시에, '자폐적' 태도라는 것은 'autism'과는 달리 존재할 수 있는 것이 아닐까라는 의견에서이다. 한편 일본의 'autism'인 사람 중, 자칭 명사로서 '자폐'를 이용하는 사람이 나오고 있는 것도 사실이며, 이 단어의 사용법에 대해서는 향후 논의의 여지로 남겨 두고 싶다.

〈참고문헌〉

綾部恒雄 (1988)『クラブの人類學』. アカデミア出版會.

大川久次郎 (1975)『聽覺障害者福祉の草分けとして入谷仙介 · 林瓢介編 音から隔てられて · · 難聽者の聲』. 岩波書店.

木村晴美 · 市田泰弘 (1995) 聾文化宣言言語的少數者としての聾者. 『現代思想』. 23(3), 354-362, 青土社.

木村晴美 · 米內山明宏 (1995) 聾文化を語る.『現代思想』, 23(3), 363-392, 青土社.

木村晴美 · 長谷川洋 (討論、司會 : 上農正剛) (1996) 聾者とは誰か / 手話は誰のものか.『現代思想』, 24(5), 110-136, 青土社.

シェルビー · スティール (1994)『黑い憂鬱90年代アメリカの新しい人種關係』(李隆譯) 五月書房, Steele, S. (1990) *The Content of Our Character* – *A New Vision of Race in America*의 번역.

長瀨修 (1995) 〈障害〉の視点から見た聾文化 『現代思想』, 24(5), 46-51, 青土社.

長瀨修 (1998) '害の文化、障害のコミュニティ. 『現代思想』, 26(2), 204-215.

原尻英樹 (1989)『在日朝鮮人の生活世界』. 弘文堂.

原尻英樹 (1997)『日本定住コリアンの日常と生活文化人類學的アプローチ』. 明石書店.

森壯也 (1996) 手話と聾者のトポロジー. 『現代思想』, 24(5), 176-194, 青土社..

森壯也 (1998) 聾文化における身体性と文化順序性と同時性 『現代思想』, 26(7), 青土社.

ヤコブ · ラズ (1996)『ヤクザの文化人類學 · · ウラから見た日本』(高井宏子譯) , 岩波書店, Raz, J. *Anthropology of Yakuza Japan as Seen from Its Back Door*의 번역.

R.M.マッキーバー (1975) コミュニティ(中久郎 · 松本通晴監譯), ミネルヴァ書房, Maclver, R. M. (1920) *Community: a sociological study*. Mcmillan의 번역.

Barnatt, S. N. (1966) Disability Culture or Disability Consciousness?,

Journal of Disability Policy Studies, 7(2).

Barton, L. (1996) *Disability & Society Emerging Issues & Insights*. Addison Wesley Longman Ltd.

Davis, L. (1995) *Enforcing Normalcy: Disability, Deafness, and the Body*. VERSO.

Davis,L ed. (1997) *The Disability Studies Reader*. Routledge.

Lane, H. (1995) Constructions of Deafness. *Disability and Society*, 10(2), Davis (1997)에 재수록.

MORI, S. (1997) Deaf Nations: Identity and Ideology in Japanese Sign Language Communities, Presentation for a Session of Ethnically Deaf: Identity, Culture and the Makingof Sign Language Communities at 96th *Annual Meeting of American Anthropological Association* (1997, Washington DC.

Padden, C. & Humphries, T. (1988) *Deaf in America Voices from A Culture*. Harvard University Press. (森壮也 · 亞美譯으로 晶文社에서 近刊予定).

제 7 장

농교육에 있어서의 '장애'의 구축

金澤貴之
Kanazawa Takayuki

1. 사회적 구축물로서의 농

'농인이란, 일본 수화란, 일본어와는 다른 언어를 이야기하는 언어적 소수자이다.'라는 선언문으로 시작되는 '농문화선언'(木村・市田, 1995)은, 농 문제에 종사하는 청인에게도 농인에게도 적지 않은 충격을 주었다. 스스로를 장애인으로서가 아니라 사회적 소수자로 규정하고자 하는 이 선언은, 지금까지 '청각장애인'의 교육이나 복지를 위해 노력해 온 사람에게는 상당히 받아들이기 어려운 주장이었을 것이다. 그러나 그 후에도 '농문화선언'의 주장을 지지하는 농인의 목소리는 그친 적이 없다. 예를 들면 棚田(1996)은, '귀가 들리지 않는 것은 불편하지만 불행하지는 않다.'는, 청인・중도실청인・난청인・통합(integration) 경험자에게는 공감이나 감동으로 받아들여지는 말을 들면서 '그것이 외부 시점의 발상의 전환에 지나지 않는다.'고 지적한다. 그리고 '농인의 시점으로 보면, 귀가 들리지 않는 것은 당연하며 하물며 불편하다고 생각한 적도 없다는 것이 더 맞다.'고 말하고 있다.

왜 이러한 주장이 임팩트가 있었냐 하면, 그것은 '농은 장애다'는 것이, 적어도 청인에게는 의심할 여지도 없이 당연한 것으로 여겨지고 있기 때문이다. '농=장애'로 생각하고 있기 때문에, '필경, 약자가 강한 척하는 것에 불과한 것이 아닐까?' 혹은 '그렇게는 말해도 사실은 마음 어디에선가는 자신의 불리함을 느끼고 있는 것이 아닐까?'라고 의심하고 억측해 버리는 것이다. '저런 발언을 하고 있는 농인은 지극히 일부의 예외적인 사람일 것이다.'라고 생각하면서, '고생하고 있다.'는, 다른 농인의 말을 듣고 '역시나' 하고 안심하기도 한다.

여기에서 문제삼고 싶은 것은, 정말로 농이 어떠한 것인가라는 것이 아니다. '진리는 존재하지 않고, 존재하는 것은 세계 다수의 구축이며, 가까운 시일 내에 어느 것이 진리의 각인을 받을지는 문화적 역사적으로 특수한 요인에 의해 결정된다.'(Burr, 1995, pp. 124-125)는, 구축(구성)주의 사고방식으로 보면 청인의 사이에서 농은 '장애'로 구축되고 있으며, 그것은 농 커뮤니티의 구축 양식과는 다르다는 것이다. 필자의 질문은, 농이 사회적으로 어떻게 구축되어 있는지에 있다. 여기에서는 사회의 다수를 구성하는 청인이 농을 어떻게 구성하고 있는가에 대해 특히 농인 사회에 큰 영향을 주는 교육의 장에 초점을 맞춰서 고찰한다.

2. 매스 미디어에 있어 농의 구축

본래 농인과 만난 적도 없는 대다수의 청인은 농인을 어떤 존재로 상정하고 있는 것일까? 이 질문에 직접 대답하는 것은 쉽지 않다. '일반적인 청인'을 규정하는 것이 애당초 곤란하고, 실제 그러한 청인을 규정하면서 실체를 파악하는 것 같은 대량조사가 이루어지고 있는 것도 아니다. 여기서 우선 '일반적인 청인'을 어느 정도 상정하면서 언설을 만들어 내는 공간으로서, 매스 미디어에 있어서의 농의 구축에 대해 살펴보기로 한다.

1995년에 방영된 농인을 주인공으로 한두 편의 TV드라마 '별의 금화'와 '사랑하고 있다고 말해줘'는 '제3차 수화 붐'이라고도 일컬어지는 움직임을 일으키게 되었다. 수화 교본이 불티나듯 팔려 지역의 수화강습회는 수강 희망자로 넘쳐 정원 초과가 되었다. 그 후, 열기는 안정되었지만 지금도 수화강습회는 여전히 성황리에 계속되고 있다. 그러나 그것은 반드시 농인이 상정하는 '수화'가 그대로의 형태로 청인 사이에 구축되고 있는 것은 아니다.

수화를 둘러싼 신문의 기술로서, '수화 붐'이 일어난 1995년 일 년 동안, 朝日신문을 검색해 보았다.[1)] 검색 문자열을 '수화'로 해서 검색해 보니 379건이 나왔다. 그 중, 강연회나 이벤트 등의 안내를 제외하고, 수화에 관한 가치 판단이 나타나 있는 기사를 뽑으니 21건이 해당되었다. 그 중 농인의 수화에 대해 말하고 있는 것은 불과 3건이며, 대부분은 청인의 수화사용에 대해서 쓰여진 것이었다. 그 중 특히 두드러진 것이 '생생하다', '감정이 풍부한', '마음을 전한다'와 같이 감정적인 면에 주목한 기술이다. 즉, 음성언어에는 없는 것을 수화라는, 청인에게는 신선한 커뮤니케이션 수단으로 보고 있다는 것이다. 농인에게는 수화가 '생생하든' 말든, '감정이 풍부'하든 말든 관계없을지도 모른다. 그러나 어찌 되었든 청인에게 수화는 무언가 매력적인 아름답고 훌륭한 것으로 묘사되어 있다. '사랑하고 있다고 말해줘'의 프로듀서인 貴島誠一郎씨는 이렇게 말하고 있다.

> "사랑하고 있다든가 좋아한다라는 말이 빈번하게 사용되고 있어 요즘엔 말이 가지는 의미가 너무 가벼운 것이 아닐까? 그래서 말을 사용하는 것보다 수화쪽이 감정을 강하거나 부드럽게 호소할 수 있다. 말로는 거짓말을 해도 표정은 속임수가 통하지 않는 것만큼 보다 진실한 사랑에 가까워지지 않을까?"[2)]

여기에서는 우선 음성언어(貴島씨는 이것을 '말'이라 하고 있다)가 '가벼워지고 있다'는 것이 문제시 된다. 그리고 그에 비해 수화가 보다 감정 표현이 풍부하고, 거짓말을 할 수 없는 것으로 평가됨으로써 '보다 진실한 사랑에 가깝게 되는' 것으로 그려져 있다. 여기서 제작자에게 중요한 것은 음성언어에는 없는 훌륭한 것을 주는 것으로서 수화가 일정한 효과를 가지는 것이다.

또, 수화의 사용자로서 상정되어 있는 이가 꼭 농인이 아니라는 점도 흥미롭다. 오히려 평소엔 음성언어를 사용하고 있는 청인이, '청각장애인의 도움이 되고 싶기' 때문에 수화를 공부한 체험이나 '수화를 사용해서 청각장애인과 마음이 통해 기뻤다'는 체험이 소개되고 있다. 즉 수화는 농인끼리 사용되는 언어로 그려지는 것이 아니라 '청각장애인'과 소통하기 위해, 그리고 도와주기 위해 청인이 농인을 위해 사용하는 커뮤니케이션 도구로 그려지고 있다. 이 구도는 '별의 금화', '사랑하고 있다고 말해줘'의 드라마 설정에서도 공통된다. 어느 쪽도 농인은 한사람밖에 등장하지 않고, 그 농인에게 호의를 품는 청인이 열심히 수화를 기억하고, 그 농인과 의지소통을 도모하려고 한다. 여기에, 통할 수 없는 자가 수화를 통해 통하는 '감동적인 장면'이 그려지게 된다.

한편 드라마에서는 일상적으로 수화를 사용하고 있는 농인이 목소리를 내는 행위도 효과적으로 사용되고 있다. '별의 금화'에서는 주인공인 농인이 지금 바로 수술을 받는 연인을 돕고 싶은 마음에 '살려줘'라고 호소하고, '사랑하고 있다고 말해줘'에서는 반대편 홈에 우연히 찾은 연인에게 자신을 알아차리게 하고 싶지만 전철이 와버려 손으로 신호를 보내는 것도 물건을 던져 알아차리게 할 수도 없는 순간에 연인의 이름을 외친다. 어느 쪽도 대단히 긴박한 순간으로, 사랑하는 사람을 위해 필사적이라는 공통점이 있다. 평소엔 목소리 내는 것을 좋아하지 않고 수화로 이야기를 하고 있는 농인이 사랑하는 청인을 위해서 이해하기 힘든 발성이면서도 열심히 목소리를 내는 행위가 역시 '감동적인 장면'으로 그려지게 된다.

여기에서 알 수 있는 것은, 청인이 농인에게 서로 다가서기 위한 수단과 손을 뻗치기 위한 수단으로서 수화가 그려져 농인이 청인에게 조금이라도 다가서려는 노력의 상징으로서 소리나 음성의 사용이 묘사되고 있다는 것이다. 여기에, 귀가 들리지 않는다는 것이 ('불편'이라고 부를지 '불행'이라고 부를지 하여간), 마이너스의 가치를 가지는 현상으로서 그려져 있음을 읽어낼 수 있다. 그렇기 때문에 그 마이너스 재료를 경감하기 위해 귀가 들리는 청인이 농인을 위해 음성이 아닌 수화를 사용해 통하려는 것이 '감동적'으로 그려지고, 농인이 목소리를 내는 행위가 농인 것을 '극복'하고자 하는 노력으로써 '감동적'으로 그려지게 되는 것이다. 棚田(1996)은 농인인 田門浩씨가 사법시험에 합격했다는 내용의 기사로부터 '농아'라는 말이 기사 속에서는 '田門씨가 속하는 집단의 명칭이 아니라 극복해야 할 상태를 나타내는 형용사'가 되고 있음을 지적하고 있다.

그러면 왜 농이 '극복해야 할 상태'로 청인으로부터 규정되는가 하면, 청인이 농을 상정할 때 자신에게서 청력이 상실된 존재로서 농을 상정하기 때문이다. 청인에게는 실제로 농이라는 상태를 체험케 할 수는 없다. 청인에 있어 농이라는 것은 상상의 세계에서밖에 없으므로 머리 속에서 이미지를 만드는 수밖에 없는 것이다. 그것은, 청인인 자신에게 편리한 것으로, 그리고 당연한 것으로 기능하고 있는 청각을 활용할 수 없기 때문에 '불편'한 상태이며, 그런 상태를 안고 가지 않으면 안 되는 것은 '불쌍하다'는 것이다. 게다가 귀가 들리지 않기 때문에 음성을 습득하는 것이 곤란하여 일본어 습득도 곤란하다는 것까지 이해했을 경우, 그것은 대단히 '힘든 것'으로 상상된다. 그러나 그러한 농의 이미지는, 청인의 세계에서 청각에 의해 받는 은혜를 제거해고 남은 것으로서 만들어지는 이미지에 불과하다. 그것은 중도실청인의 실제에는 가까울 지도 모르지만 청인이 모르는 곳에서 수화를 언어로서 생활하고 있는 농인의 세계를 이미지하고 있는 것은 아니다. 결국, 청인이 상상의 세계에서 규정하려고 하는 한, 농은 부정적인 상태로밖에 구축되지 않는 것이다.[3)]

3. 청인 부모에 있어서의 농

농인과 관계가 없는 청인에게 농의 문제는 남의 일에 지나지 않는다. 수화는 '마음을 전하는 아름다운 것'이고, '청각장애인을 도와주자'라고 생각하여 수화를 시작하는 이도 적지 않다. 그렇지만 농아를 가진 청인 부모에게 자신의 아이가 농이라는 문제는 그리 단순하지 않다. '도와주자'라고 생각하는 것은 '청각장애인'을 부정적으로 바라봐 '불쌍하다'고 생각하고 있기 때문이며, 자신의 아이를 적극적으로 '청각장애인'으로 만들려는 청인 부모는 우선 없다.

귀가 들리는 부모에게 자신의 아이가 귀가 들리지 않는다는 것을 아는 것은 어떤 상황을 만들어 내는 것일까? 이하에 부모의 수기로부터 인용한다.[4)]

"○○이, 난청이 아닐까라는 의혹을 갖고 ○○교실에서 판정을 받아 난청이라고 알았을 때, 이 아이는 일생 이야기할 수 없다는 절망감에 빠졌습니다. 특히, 어머니는 자신이 낳았다는 책임감에서 심하게 우울해지고, 같이 죽는 수밖에 없는 상태였습니다."

"나의 ○○가 난청으로 진단된 것이, 막 아장아장 걷기 시작한 한창 귀여운 한 살 때였습니다. 쓰러져 우는 나에게, 이미 다시 일어설 힘은 없었습니다."

"그럼 왜 일 년이나 될 때까지 이비인후과에 가지 않았냐고 말하면 중이염과 같은 병은 고칠 수 있지만, 들리지 않는 귀를 치료할 수는 없다고 생각하고 있었고, 분명히 난청입니다라고 선고받을 것이 무서웠기 때문이었습니다."

난청(혹은 농)이라는 것은, 부모에게 '같이 죽을 수밖에 없을' 정도의 '절망감'을 준다. 그 '판정'은 어떻게 구원받을 수 없는 선고로서 무겁게 부모에게 덮친다. 그렇기 때문에 그 선고를 듣고 싶지 않아 의사에게 보이러 가는 것을 망설이고, 그리고 선고된 후라도 부정해 줄 말을 찾는다. 때로는 의사에게 물고 늘어지고, 때로는 병원을 방황하며 걷는다. 그러나 무슨 일이 있어도 부정할 수 없을 때, '절망감' 때문에 '다시 일어설 힘'도 없고, '쓰러져 우는' 수밖에 없다.

그러한 청인인 부모의 생각은, 다음에 가리키는 것 같은 농아를 바라보는 농부모의 생각(齊藤, 1997)과는 대조적이다.

태어나는 아이는, 농이라고 생각하고 있었습니까?

이렇게 물으면, 젊은 두 아이의 어머니인 ○○은 간단하게 대답한다.

두 번째 아이를 임신했을 때는, 할 수 있으면 그 아이가 농인이기를 바란다고 생각했어요 (…중략…) 그리고 그 바람은 이루어졌다.

태어나 보니, 농아였으므로, '잘됐다'고 생각했습니다.

물론 농아를 가진 농인라고 해도 각양각색이어서 모두가 이렇게 바란다고는 할 수 없다. '자신이 구화가 서툴러 고생한 분, 아이에게는 확실한 구화지도를 해주었으면 싶다.'고 농학교에 기대하는 농인 부모도 있다. 그렇다고 해도 그러한 부정적인 말이라도 청인 부모가 처음에 직면하는 것 같은 '절망감'은 없다. 덧붙여 말하면, 농인이 구화지도를 기대하는 말도 후술하는 것 같은 농학교 교원이나 전문가에 의한 말, 예를 들면 '구화를 할 수 없는 것은 조기 구화교육이 철저하지 못했기 때문이다.'와 같은 류의 반영에 지나지 않을지도 모르는 것이다.

그렇다고 해도 농아의 부모 전체에서 차지하는 농인 부모의 비율은 약 10%에 지나지 않는다(前田・森下, 1984, 古田・吉野, 1994). 그 때문에 농인 부모의 의견은 교육 기관 안에서는 소수 의견에 지나지 않고, 청인 부모의 바람에 응해 드리는 것이야말로 전문가의 사명이 되는 것이다.

4. 청인 부모와 전문가

아이의 귀가 들리지 않는 것을 현실의 문제로서 받아들인 청인 부모는 전문가에게 구원을 요구한다. 그 전문가의 대부분은 청인에 의해 구성되어, 농인은 지극히 조금밖에 관여하고 있지 않다. 전국청각장애교직원연락협의회 연구조사부의 1994년 11월 조사에 의하면, 농학교의 전 교직원 중 청각장애 교원의 비율은 약 2.5%에 불과하다. 게다가 그 중에는 중도실청인이나 난청인도 포함되어 있기 때문에 소위 '농인'의 수만 보면 더욱 적을 것으로 생각된다. 또한 다음해 5월의 조사에 의하면, 그 대부분이 고등부에 소속하고 있어, 유아기 지도를 맡고 있는 이는 전무하다. 그 때문에 '청각장애' 선고를 받은 청인 부모에 대한 대응은 특수한 예외를 제외하고 대부분 청인인 전문가에 의해 이루어진다. 그것은, 전문가에 의한 농의 구축 또한 청인으로서 상정되는 바의 농인상을 바탕으로 이루어짐을 의미한다.

그런데 의사로부터 '치료 방법은 없다.'라는 말을 받아들인 후 부모가 직면하는 것은 '말의 문제'이다. 귀가 들리지 않는 혹은 대단히 들리기 어려운 상태라도 그것이 고쳐지지 않는 것이라면 하다 못해 '말을 할 수 없는' 상태로는 만들고 싶지 않다. '말을 원한다. 어떻게 하더라도 말을 할 수 있는 아이로 만들고 싶다'고 기원한다. 그러한 부모의 바람과 농아에게 말을 주게 하려고 정열을 기울이는 전문가의 말과는 훌륭하게 조화를 이룬다.

"그런 때 ○○교실의 ○○선생님은 반드시 말할 수 있게 됩니다 라고 자신있게 말씀해 주셨습니다. 그 얼마나 희망을 품게 해 준 말이었을까요? 그 때, 우리들은 이 아이를 위해 될 수 있는 한 해 주자고 맹세했습니다. 그 때의 선생님들의 밝은 분위기도 대단히 힘있게 느껴졌습니다. 어두운 절망적인 상황에서, 밝고 자신있게, 반드시 말할 수 있게 됩니다고 말씀해 주실 때 우리들은 구원받았습니다."

"그 중 ○○선생님이 교육에 의해 말할 수 있게 됩니다고 말씀하신 말을 분명히 기억하고 있습니다. 간단명료한 한마디였습니다. 지금 생각하면 캄캄했던 마음에 처음으로 빛을 비쳐 주신 것은 초연한 표정으로, 그러나 자신에 넘친 선생님의 한 마디였습니다."

"분명히 말해서 제 자신 잘 몰랐습니다만, 어쨌든 교실의 선생님들로부터 들은 것은, 신의 말씀이라고 믿고 있었으므로 ○○과의 교류 방식을 여러모로 바꾸거나 궁리해 보았습니다."

'말할 수 없다.'는 말은 청인부모에 있어서 절망적인 것이다. 그 때문에 전문가의 '말할 수 있게 된다.'는 말은, '절망의 밑바닥'에 있는 자신을 구해 주는, 그야말로 '신의 말씀'으로 영향을 끼친다. 부모는 그 말을 믿고, 그 때문에 필요한 것을 필사적으로 달성하고자 한다. 그리고 그 말을 믿고 따르는 것이, '구원되기' 위한 유일한 길이 되어 가는 것이다.

농 커뮤니티의 멤버는 우선 수화에 의한 교육을 기대한다. 그러나 그것은 청인 부모가 가장 기대하는 것이 아니다. 만일 누군가가 '절망의 밑바닥'에 있는 청인 부모에게 '들리지 않아도 수화가 있어요. 수화로 교육하는 것으로, 당신의 자제는 훌륭한 농인이 될 수 있습니다.'라고 말했다고 하자. 그러나 그 때, 동시에 청인인 전문가에게서 '말할 수 있게 된다.'라고 들으면, 청인 부모는 우선 청인인 전문가의 말에 따를 것이다. 청인 부모는 '훌륭한 농인'은커녕, 처음부터 자신의 아이를 농인으로 만들고 싶다고는 생각하지 않기 때문이다. 음성으로 말할 수 있게 된다면 좋겠다고 생각하고 싶은 것이다.[5] 유아기부터 적극적으로 수화를 권하고 있는 어떤 교사는 이렇게 말한다.

"솔직히 말하면 어머니, 귀가 들리는 아이와 같지 않지만, 인간으로서 다르지 않아요. 열심히 잘 키웁시다라는 표현을 합니다. ○○현의 △△센터에 가면 '어머니 괜찮아요. 들을 수 있는 아이와 같아요. 수다도 떨 수 있게 되요.'라고 합니다. 지금도 말합니다. 나한테 와서 양쪽 모두를 갖고 와 애기하면, 많은 부모는 그 센터로 도망쳐 갑니다. 그것은 공정하지가 않아요. 거짓말을 하고 있기 때문입니다. 부모에게 거짓말을 해서는 안 되요. 그러니 두 가지를 동시에 하면 도망쳐 버리게 되지만."[6)]

5. 농교육이 지향하는 것

지금까지의 농교육 역사에서 항상 최우선시 되어 온 것은 '말할 수 있게 되는 것'이며, 그것을 저해하는 것으로 생각되는 것은 항상 부정적으로 다루어져 왔다. '구화법의 아버지'로 일컬어지는 西川吉之助는, 그 때까지의 발어 우선의 방법에 대해 충분한 독화지도를 우선하는 것이 구화를 습득하는 것이 된다고 생각했다. 즉 무엇보다도 먼저 확실히 입술의 움직임을 볼 것이 요구되었다. 西川는 보청기가 도입된 당시, 그 사용에 대해서는 오히려 부정적이었다. 귀를 사용해 '듣는' 것이 입술을 확실히 '보는' 것을 저해한다는 생각에서였다. 가능한 보청기를 활용하고자 하는 것이 지금은 당연한 것이 되었지만, 西川에게는 반드시 그렇지 않았다. '잔존청력은 급격히 이용하려는 것이 어렵고, 억지로 이것을 시도하고자 할 때 농아는 주의력을 입술 읽기와 청각의 두 개로 나눌 필요성에 쫓겨 양쪽 모두 성적이 불량하게 끝날 우려가 있다.'고 말하면서 신중한 자세를 보이고 있다(西川, 1926). 滋賀縣 농학교교장이 되고난 후 西川의 주장은, 모든 농아는 구화법으로 이야기할 수 있게 돼야 한다는 것이었다. 따라서 '들리는 것으로 말할 수 있다.' 는 것으로 西川가 원하는 실현에는 연결되지 않았다. 그리고 전혀 들리지 않는 농아에게 집착하는 것은 독화에 구애받는 것이기도 하였다.[7)]

그렇다고 해도 보청기의 사용이 구화법 안에 받아들여지는 것은 시간의 문제였다. 처음에는 청력이 가볍다고 생각되는 아이를 위한 특별한 교육으로 이루어졌던 것이, 의학의 발전에 의해 지금까지 농아로 간주되었던 아이의 대부분이 조금이라도 청력을 소유하고 있음을 앎으로써, 모든 농아에 대해 청력의 정도에 관계없이 행하지는 방법이 되어 갔다. '어느 아이에게도 청각활용의 가능성은 있다.'는 말이 나오게 되고, '얼마 안 되는' 청력을 '최대한으로' 활용시키는 것이야말로 농교육의 사명으로 여겨지게 되었다. 농아는 귀가 들리지 않음으로 인해 음성언어의 획득이 곤란해진다. 그렇다면 조금이라도 '귀가 들리는 것이라면' 청력을 활용시키는 것은 말할 수 있게 되기 위한 저해 요인은 커녕 오히려 촉진 요인일 것이라고 생각하는 것이 지극히 자연스러운 것일 것이다.

그리고 현재, 청각활용은 농교육의 중심적인 역할로서의 위상을 부여받았다. 종래의 구화법의 기본이었던 독화나 발어는, 그것은 그것으로 경시되어 온 것은 아니나 역시 보완적인 위치로 이동했다고 말할 수 있다.[8)] 그리고 청각 활용의 저해 요인이 되는 것은, '청각의 가능성을 부정하는 것'으로 부정적으로 취급되었다.

농교육이 청각활용을 '없어서는 안 되는 것'으로 위치를 부여한 것은, 결과적으로 西川를 비롯한 구화법 도입기의 주장과 모순하게 되었다. 구화법은 당초, '이미 말 못하는 것은 없음'을 간판으로 하여 '모든' 농아가 말할 수 있게 된다고 주장했다. 그것이 상당한 실제성을 가지면 청각의 활용을 일부러 강조할 필요는 없었을 것이다. 그러나 오늘날 '청각의 조기 활용이야말로 성공의 열쇠를 쥔다'는 주장이 나오는 것은, 결과적으로 구화법이 '모든 농아이'에 유효한 방법이 아님을 나타낼 뿐만 아니라 '청력적으로 농이 아니다.'는 것이야말로 말하게 되기 위한 필요조건임을 제시하게 되었다.

6. 구화법의 옹호 시스템

모든 농아[9]가 '잔존 청력'을 갖고 있어 청각활용이 농교육에 꼭 필요한 것으로 주장된 것은, 결과적으로 아이가 말할 수 있게 될 것인가 아닌가가 청력의 정도에 좌우됨을 나타내는 것이 되었다. 馬場(1996)는 구화법의 성공 조건으로서 13가지 항목의 조건을 들고, 그 중 청력에 대해서 이렇게 언급하고 있다.

> "청각구화추진파가 구화교육의 성공의 열쇠를 보청기 개량이나 확실한 보청기의 조정에서 찾으면서 그치지 않은 것은, 청력손실이 가벼운 청각장애인이라는 상황을 인공적으로 만들어 내려고 하는 것의 발현이다. 그렇다면, 원래 청력손실이 가벼운 청각장애인인 것이 구화교육 성공을 위한 첫 번째 조건인 것은 자명하다."

또한 馬場는 일본의 농학교가 '구화법에 의해 성과를 올리고 있다고는 단언할 수 없는' 이유로 13가지 조건 중 '①에서 ⑧까지의 조건은 충족해도 ⑨부터 ⑬까지의 조건을 충족하는 농아만을 모으는 것이 거의 불가능하기 때문'이라고 하여 '그러한 상황 속에서 이들 조건을 충족시킬 수 있는 것이 부속농학교이다.'라고 말하고 있다. 그리고 그 이유로서 '입학시험에 의해 입학자를 선발하고 있기 때문이다.'고 말하고 있다. 馬場의 주장이 현상을 정확히 말하고 있다고 하면, 구화법은 청력과 그 외의 특별한 조건을 겸비한 아이에게밖에 적응할 수 없는 것이 된다.

얼핏 단순하게 보이는 이 논리적 귀결은 최근에 비로소 전문가들 사이에서 주장되기 시작했지만, 농교육의 장구한 역사 속에서 오랫동안 부상해 오지 않는 것이었다. 농교육이 근대 학교교육의 제도로 이루어지게 된 당시, 수화에 의한 교육이 행해지고 있었지만 大正기에 들어와 川本・橋村・西川 등에 의해 구화법이 제창됨으로써, 일본의 농교육은 단숨에 구파일색으로 되어갔다. 동시에 수화는 구화를 방해하는 것으로 배제되었다. 구화법을 행하는 것으로 말할 수 있게 된다는 주장은, 농교육계에 복음을 가져온 것 같이 생각되었다. 그 때까지 왜 수화에 의한 교육이 행해지고 있었냐 하면, 그것은 교육자가 수화에 대해 적극적인 가치를 가지고 있었기 때문이 아니라 오히려 농아가 말할 수 있게 된다고는 여겨지지 않고 있었던 것에 불과했기 때문이다. 따라서 지극히 일부의 예외를 제외하고 누구라도 구화법의 매력에 홀렸다. 청인의 입장에서는 '가능하면' 농이 아니었으면 바라고, 말하게 되면 좋겠다고 기원한다. 즉 자신에게 가까운 존재였으면 하고 기원한다. 한편 수화라는 것은 청인이 보통 이용할 일은 없는 수단이며, 그것은 구화가 '가능하지 않기 때문에' 할 수 없이 이용하고 있었던 수단에 지나지 않는다.

그러나 구화법으로 모든 농아이가 말할 수 있게 되었냐 하면, 그렇게 간단하지는 않았다. 실제로 일부 아이의 '성공'예를 제외하고 그렇지 않았다. 더불어 구화법을 하기 위해서는 아이와 부모에게 상당한 부담을 강요하게 되고, 말할 수 있는 것 이외의 것을 희생해야 했다. 즉 농아가 말할 수 있게 된다는 것은, 다른 모든 것을 희생시킨다고 해도 좀처럼 실현이 곤란한 지극히 리스크가 높은 방법이었다.

그러면 과연 그것만 리스크가 높은 방법으로, 구화법이 설명되고 있었냐 하면 결코 그렇지 않다. 필자는 거기에, 비판이 구화법 자체를 향하지 않고 끝날 것 같은 옹호 시스템이 존재한다고 생각한다. 구체적으로는, '구화법이 틀린 것이 아니라 우리들의 지도에 문제가 있다.'는 수사적 문구가 사용됨으로써 구화법이라는 방법 자체는 상처받지 않은 채 농교육이 전개되었다는 것이다. 그리고 나쁜 것은 모두 자기 노력의 모자람으로 귀착되는 것이다.

교육자가 구화법에 몰두하기 위해서는 약간의 성공 케이스만으로 충분했다. 조금이라도 성공예가 나타남으로써 많은 실패 원인은 구화법의 이념 자체로 향하지 않고, 그것이 실현되지 않는 지도의 현실을 향하게 된다. 이상과 현실의 차이를 메우기 위해 구화법의 지도 방법도 '연구'되어 한층 체계화되어 갔다. 그리고 그 체계가 고도로 복잡화해 가면 갈수록 그 체계는 경직화하고, 하룻밤에 습득할 수 없는 방법, 즉 '장인의 기술'로 승화되어 간다. 젊은 교원이 능숙하지 않은 것은 '지도 기술이 미숙하기 때문'으로 여겨지고, 의문을 토로하기라도 하면 '자신의 지도가 부족함을 덮어 놓고, 무엇을 말하고 있는건가!'라고 꾸중을 듣는다. 결국 열심히 구화법에 익숙해지는 수밖에 길은 없다(그러나 그 '익숙'에 끝은 없다).

그러면, '장인'이면 충분히 성공할 수 있는 것일까? 거기에도 또 빠져 나갈 수 없는 논리가 존재한다. 이미 그 사람은 '장인'이기 때문에, 그 '실패'는 '실패'가 되지 않는 것이다. 지도 기술에 대해 우선 아무도 불평을 할 수 없는 '장인'이라는 칭호가 주어져 있기 때문에, 만일 아이가 불충분한 발음밖에 배울 수 없었다고 한들, 배운 발음이 긍정적으로 평가받는다. '저 선생님이 했기 때문에, 여기까지 될 수 있었다. 다른 사람이 하면 참혹했을 것이다.'로 여겨지고, 동시에 '그만큼 어려운 아이였다.'고 원인이 아이나 아이를 둘러싸는 환경의 문제에 귀속된다. 결국 구화법이라는 이념 자체는 흠이 되지 않는 것이다. 게다가 그 '장인'이 '자신도 아직 미숙하다.'고 한들, 그것은 '노력가'로 평가되어 보고 배워야 할 모범으로 여겨져 그 사람이 아직 미숙자라고는 결코 생각되지 않는 것이다.

高岡(1986, 1988)은 검도의 '강자 상대 연습법'에 보이는 관계성을 분석하고, 그것이 상하 관계를 강화하는 '옹호 시스템'을 형성하고 있음을 보였다. 대단히 저항이 곤란한 상황이 설정되어 거기에서 상급자에게 묶여 가지 않으면 안 되고, 결과로서 '이 사람에게는 이길 수 없음'을 깨닫는다. 걸려 가면 맞는, 걸리지 않으면 주위에서도 욕을 듣는, 달아날 수 없는 더블 바인드 상황에 처해 자신도 까닭을 모른 채 '어쨌든 저 사람은 강하다.'고 생각하게 한다. 그리고 까닭을 알지 못한 채, 강자 상대 연습법 자체가 갖고 있는 '옹호 시스템'을 알아차릴 일은 없다. 상급자 또한 그 위 상급자와 강자 상대 연습법을 하기 위해, 또 지금까지 그러한 상황을 당연한 것으로서 경험해 왔기 때문에 '옹호 시스템'을 알아차릴 일이 없는 것이다. 게다가 高岡는, 그것이 검도 이외의 장소에서도 일상적으로 이루어지고 있음을 지적하고, 어떤 대학의 연구실을 예로 들었다. 학생이 교수에게 이야기할 때 생각대로 말을 할 수 없어 결국 둘의 상하 관계가 강화된다고 지적한다. 高岡의 말을 빌리면, 농교육이라는 장도 '강자상대 연습법'이 이루어지는 장소라고 말할 수 있을 것 같다. 그리고 그 시스템에서는 '장인' 그 사람의 존재가 옹호될 뿐만 아니라 '장인의 기예'로서의 '구화법' 또한 옹호되는 것이다.[10)]

이리하여 구화법은, 그것이 정말로 최선의 방법인가 어떤가, 정말로 '성공'에 가까운 방법인가 아닌가를 확인하는 방향으로 향하지 않은 채, 시스템으로서 계속 유지되어 왔다. 그 '옹호 시스템'의 구축에는, 출발점에 '할 수 있다면 말할 수 있도록 만들고 싶다.'는 청인의 바람과, 주위를 놀라게 할 가치가 있는 '성공'예가 있으면 좋은 것이다. 다음은 그 성공 예를 추구하여 보다 복잡하고 경직된 지도법의 체계가 만들어져 계속 '전수'되어 갈 뿐이었다.

그런데 최근 몇 년 동안 구화법에 대한 의문이 도처에서 나오게 되었다. 왜 그러한 변화가 일어난 것인가에 대해서는 다양한 요인이 얽혀 있다고 생각되나 안이하게 결론짓는 것은 위험하다. 단지, '옹호 시스템'에만 눈을 돌리면, 교원의 퇴직 제도나 교원의 강제 이동에 의한 '장인'의 감소가 영향을 주고 있음은 충분히 추측할 수 있다. 이전에는 40대, 50대라도 '젊은이' 취급을 받았던 것을 생각하면 확실히 농학교 교원의 평균 연령은 저하되고 있음에 틀림없다. 그리고 실제 필자가 아는 범위에서 말하면, 수화에 적극적인 농학교에서는 젊은 교원의 활발한 발언이 보인다. 그러한 젊은 교원의 언동은, 만약 그것이 '장인'이 주도권을 쥐고 있었던 농학교라면 '발음 지도 하나도 만족 못하는 주제에 잘난 체 하지 마라!'고 꾸짖음을 당해 상대로 취급되지 않았을 것이다. 일반적으로 '우려해야 할 것'으로 파악하고 있는 '전문성의 저하'가 결과로서 농교육에 새로운 시점을 주는 것에 연결되었다고 하면, 그것 또한 피상적인 현상이라고 말하지 못할 것도 없다.

7. '놀이가 중요'하다는 수사학

지금까지 논한 바와 같이 농교육에서는 말하게 되는 것이 우선되어 그 저해 요인은 부정적으로 취급받아 왔다. 그런데 최근에 들어 음성언어 이외의 요소에도 관심을 갖게 되었다. '철저히 가르치는' 지도가 부정적으로 취급되고 '놀이'의 중요성이 주장되고 있다. 그렇다고 해도 아이의 정서 교육에 주목하여 언어지도 중심의 구화법의 방식을 비판적으로 바라보는 주장은, 결코 근래에 와서 일어난 것이 아니라 오히려 수화의 필요성을 주장하는 입장에 있어 없어서는 안 되는 수사학의 하나였다. 전전에 수화가 부정되는 가운데 유일하게 수화의 필요성을 계속 주장한 大阪시립농학교의 高橋潔 교장은, '종교 교육' 안에서 그 중요성을 주장하고 있다(高橋, 1931). 그렇지만 최근의 흐름에 보이는 '놀이' 중요성의 강조는, 외부에서의 구화법 비판으로서가 아니라 오히려 청각구화법에 영향을 미치는 사람들 속에서 이루어지고 있다는 점에 특징이 있다. 그러면 이러한 주장은, 지금까지 지적해 온 '말할 수 있는 것'을 최우선으로 한 농교육의 방향을 뒤집어엎는 것일까?

지금까지의 교육의 결과로서 잘 발음할 수 있어도 그 아이가 들을 수 있는 아이와 마찬가지로 말할 수 있는 것은 아니었다. 그렇기 때문에 한쪽에서 '풍부한 언어를'이라는 요구가 있었다. 그렇다고 해도 그것은 결국 최종적으로 목표로 하고 있는 것이 '들리는 아이와 같이' 말하는 모습임에는 변함이 없다. 그러나 그 목표에 도달하지 못했을 때, 단지 깨끗한 발음을 우선할 것인가, 발음은 이해하기 힘들어도 풍부한 언어력을 우선할 것인가가 문제가 되는 것이다. 거기에서 어느 쪽을 우선할 것인가라는 점에서, 가치관이 전자에서 후자로 이동했음을 지적할 수 있을 것이다.

'놀이'에의 관심은 그러한 흐름 속에 딱 들어맞는 것이었다고 말할 수 있다. 즉, '놀이 속에서야말로, 생생한 말을 익힐 수 있다.'는 것이다. 그러나 이것은 바꿔 말하면, '놀이' 자체에 관심이 두어져 있는 것은 아니라는 것이다. '놀이 속에서 말이 는다'에서 '놀이'에 관심이 두어지는 것으로 '음성언어가 획득되지 않아도 놀이가 중요'하다는 것은 아니다. 좀더 들어가 보면, 정말로 '놀이'가 가장 중요하다면, 아이들끼리 음성을 지운 수화언어를 아이들끼리 주고받고 있을 경우, 거기에 청인교원이 음성으로 개입하는 것이 놀이의 세계를 부숴버리는 것이 아닐까라는 논의가 있어야 마땅할 것이다. 농아는 내버려 두면, 집단 속에서 수화언어를 사용하게 된다(그렇기 때문에 농교육자는 음성언어를 습득시키기 위해 수화를 계속 금지했다). 그렇다면, 음성언어를 획득하는 이상으로 (혹은 그것과는 다른 차원에서) 놀이를 중시한다면, 수화언어로 놀게 하면 아이는 풍부한 수화언어를 이용하면서 즐겁게 놀게 된다고 생각하는 것이 논리적으로 자연스럽다. 그러나 실제는 그렇지 않다. 여기에, 놀이를 중시하면서도 역시 농교육의 가치관은 여전히 음성언어를 향하고 있음이 드러나 있다고 말할 수 있다.

그런데 청각구화법의 입장에 서는 사람들이 주입주의적인 '엄격한' 말의 가르침을 부정적으로 이야기하고, 놀이의 '즐거움'을 강조하는 것에도 하나의 수사학으로서의 기능을 볼 수 있다. 그것은 농인이나 수화의 필요성을 주장하는 농교육자에게서의 구화비판을 받아 넘기는 작용을 한다. 앞서 말한 것처럼 정서면에의 주목은 수화의 필요성을 주장하는 입장의 기본적인 수사학이었다. 구화법의 '엄격함'을 지적하고, 아이가 '즐겁게' 지내기 위해서는 수화가 필요하다는 주장이다. 농인이 수화의 필요성을 말할 때도, 역시 자신이 받은 구화법을 '엄격한' 경험으로서 이야기한다. 그 때문에 공개 연구회나 심포지엄과 같은 개방적인 장소에서 그러한 구화비판이 행해질 때에 다음과 같은 대답으로 구화비판의 수사학은 무효화된다. 우선, '확실히 예전엔 엄격했다.'라고 공감적이면서 호의적으로 받아들일 수 있다. 거기에 '지금 우리들이 하고 있는 지도는 결코 엄격한 것이 아니라 즐거운 것이다.'로 여겨진다. 청각구화법이 '즐거운' 것으로 언급됨에 정면으로 반론할 것은 없고 '공감적으로' 수화의 도입이 '부정된다'. 단지, 이러한 수사학은 반드시 전략적으로 이용되는 것은 아니고, 오히려 수사학을 이용하고 있는 본인에게는 자연스러운 대답으로서 이루어지고 있음에 그 특징이 있다. 청각구화법 입장의 사람들 중에는 스스로 적극적으로 농인의 목소리를 듣고자 노력하고, 조금이라도 과거의 반성을 새로운 교육에 살리려 노력하는 이도 적지 않다. 그들에게 본인들은 이렇게 노력하고 있는데도 왜 농인이 '수화가 필요해!'라고 소리쳐, 청각구화법에 공격적인 것인지가 도대체 이해하기 어렵다. 그 결과 한쪽의 농인에게는 자신의 주장을 왠지 잘 모른 채 큰소리치는 듯한 개운치 않은 불쾌감이 남게 돼 버린다.

8. 농교육과 수화

농교육이 '말할 수 있는 것'을 최우선하는 가운데 배제해 온 저해 요인의 으뜸, 그것은 다름 아닌 수화였다. 동시에 아무리 교육자가 금하려고 해도 오히려 금지하면 할수록 교육자의 눈을 피해 농아들 사이에 사용되어 온 것 또한 수화였다. 그리고 그 아이들이 쓰려는 수화라는 것은, 지금도 예전에도 금지하려는 교사에게는 도무지 읽어낼 수 없는 것이다. 실제 급식할 때처럼 교사의 눈앞에서 농아가 그 교사의 욕을 하는 풍경을 우연히 목격할 때가 있다. 그것은 귀가 들리는 일반 학교에서와 같이 숨어다니며 살금살금하는 것이 아니라 당당하게 하거나 한다. 그러나 그 수다는 수화로 행해지고 있기 때문에, 그 의미를 이해할 수 없는 교사는 애매한 미소를 지을 수밖에 없다. 그리고 아이끼리의 수화를 읽어낼 수 없는 것은 수화를 부정하는 교육자

뿐만 아니다. 수화를 적극적으로 지도 속에서 이용하고 있는 교육자조차 읽어낼 수 없는 경우가 종종 있다. 그렇지만 이 사실은 좀처럼 표면화하지 않는다. 청각구화법을 지지하고, 수화를 경시하는 이에게 처음부터 수화는 스스로 실천할 필요가 없는 것이며, 수화를 읽어낼 수 없는 것은 부끄러운 것도 아니다. 그러나 수화를 이용하고 있는 교육자에게 자신이 수화를 읽어낼 수 없다는 것은 단지 부끄러울 뿐만 아니라 교육자로서의 정체성에 관계되는 것이다.[11] 또한 본인은 읽어낼 수 있다고 생각해도 사실은 오해하고 있는 경우도 결코 적지 않다. 그리고 그것 또한 잘 안 보이는 사실이었다. 그것은 수화언어라는 것이 단지 연속해서 표출되는 수화단어의 의미를 연결시킨 뿐만의 것이 아니라 눈썹과 턱의 상하로 만들어지는 마커의 유무로 의미가 완전히 바뀌어 버린다는 것을, 필자 자신이 놀라움으로 체감하여 처음으로 얻을 수 있었던 것이다.[12]

그런데 문제는 교육자가 수화를 이해할 수 없다는 것에 있는 것이 아니다. 교육자가 전혀 의미를 이해할 수 없는 수화에 대해 잘 알지 못한 채 그것을 결코 호의적으로 평가하지 않고 다양한 부정적 낙인을 가하는 것이야말로 문제의 본질이다.

현재 농 커뮤니티를 구성하고 있는 농인의 대부분은 구화법에 의한 교육을 받으며 자라왔다. 즉 농학교에서 교사로부터 수화를 배운 것이 아니라 오히려 금지되는 가운데 '선배나 동급생을 통해 익혀 갔다.'고 한다. 그것은 반대로 농학교의 교원에게는 자신이 알지 못하는 사이에 슬금슬금 손을 움직이고 있었다는 것으로, 전혀 유쾌한 일이 아니다. 자신이 열심히 구화로 옳은 일본어를 가르치려고 하고 있는데도, 그것은 좀처럼 배우려 하지 않고, 슬금슬금 영문을 모르는 몸짓과 같은 것…수화…을 하고 있다. 여기에서 이렇게 생각한다. 수화를 하기 때문에 옳은 일본어를 배울 수 없는 것이라고.

어떤 교원은 "수화에서는 구체적인 사물에서 벗어난 사고를 할 수 없기 때문에, 그것이 농아의 독자적인 세계관을 구성하고, 그에 따라 농아는 지극히 감정적 · 정서적 색채가 강한 인식을 가진다."고 한다. 그리고 "공이 들어가고, 담을 넘어 들어가 찾는다. 공을 갖고 있는 사람을 찾아 도둑이라고 말한다."는 사례를 제시하면서 '손짓같은 인식 · 사고를 하고 있는 심리를 단적으로 보이는 예'로 설명했다. 이렇게 수화가 구체성과 결부되어 이야기되는 것은 결코 드물지 않다. 그리고 농아에게 추상적 사고가 익혀지지 않고, 중등부 · 고등부에 진학해도 여전히 아홉 살 수준의 학력으로 정체되어 있는 문제… '아홉 살 벽'…로 관련지으면서 이야기된다. 구화법으로 지도하고 있는 학교에서 '수화에도 조예가 깊다.'고 평가받는 어떤 교원(즉 주위에서는 '수화도 알고 있고 구화법을 하고 있다.'고 평가받는 교원)에 인터뷰를 실시한 바, 그 교원은 '수화가 구체적인' 것이라는 설명으로 '北海道'나 '札幌' 등 몇 개의 수화단어를 실제로 예로 들면서, '수화는 상품의 형태를 그대로 나타낸 것이기 때문에 구체적이고 시각적으로 이해하기 쉬움'을 강조했다. 그리고 '이해하기 쉽기 때문에 그것에 의지해버려 아주 중요한 일본어를 습득할 수 없고, 추상적인 사고도 자라지 않는다.'고 설명했다.

그렇지만 처음부터 수화가 구체적인 것밖에 표현할 수 없는, '몸짓과 같은 것'이라고 하면, 농인끼리는 어떻게 회화가 이루어지고 있는 것일까? 청인교원은 그러한 일을 할 수 있을 리 없다고 생각하여, 농인끼리는 착실한 회화를 할 '리가 없다'고 생각한다. 그러면, 능력도 출중하고 내용도 풍부하게 이야기할 수 있는 우수한 농인이 수화로 이야기하고 있을 경우는 어떻게 생각해야 하는가? 청인으로부터 능력을 높게 평가받는 농인은 학력적으로도 우수해서 일본어 문장력도 뛰어날 때가 있다(일본어가 서투르지만 수화언어를 이용해서 논리적인 이야기를 할 수 있는 농인은 농인 상호간에게는 평가를 받아도 청인에게는 평가받기 어렵다). 따라서 농교육자는 이렇게 생각한다. 그들은 구화로 '일본어를 익혔기 때문에' 그것을 '기초로' 수화에서도 추상적인 이야기를 할 수 있는 것이라고. 즉, 추상적 사고를 할 수 있는 농인은 '구화법의 은혜를 받은 것'으로 평가되고, 추상적 사고를 할 수 없는 농인은 수화에 의해 구화법이 저해되었다고 평가받게 된다. 그러나 만일 추상적 사고를 할 수 없는 농아가 수화를 사용하고 있었다고 해서 과연 그 농아가 수화를 사용했기 때문에 추상적 사고가 자라지 않는 것인가 아니면 구화법의 환경에서 추상적 사고가 자라지 않는 상황에서 수화를 접해 수화라면 이야기할 수 있음을 알게 된 것인지는 알 수 없다. 본래 수화에서 어떤 이야기를 하고 있는가는 해당 청인교원에게는 알 수 없는 것이니까. 그리고 진상을 모른 채, 수화는 추상적 사고를 방해하는 것으로 계속 언급되어 온 것이다.

수화는 구체적인 표현밖에 할 수 없다는 설명은 전술한 농학교 교원이 '北海道'의 수화표현에서 설명하려고 한 바와 같이, 종종 몇 개 수화단어의 예시로 행해진다. 그러나 그것은 어디까지나 단어를 나타낸 것뿐이며, 수화의 통어 규칙에 대해서는 전혀 언급되고 있지 않다. 일본어로 비유하면, '나무(木)'와 '수풀

(林)'과 '삼림(森)'의 차이가 시각적으로 이해하기 쉬운 것임을 나타내고, 때문에 일본어는 구체적인 표현밖에 할 수 없다고 말하는 것에 다름없다. 그렇지만 수화의 경우, 도무지 문법적인 설명에 대해서는 언급할 필요가 있다고는 생각하지 않고 있다. 왜냐하면, 수화에는 문법이 없다(혹은 불완전하다)고 여겨져 왔기 때문이다. 그리고 이 사고방식이 '풍부한 수화의 기초에는 일본어라는 힘이 필요하다.'는 주장을 만들어내게 된다. 그것은 전술한 것 같이 수화를 사용하면서도 추상적 사고가 길러지는 농인이 존재함을 합리화하는 것으로도 되고 있다.

수화는 확실히 시각적이다. 한편 음성을 사용해 의사소통하는 청인에게 시각적으로 의지를 표현하는 수단은 몸짓이다. 그러므로 청인은 수화를 '몸짓 같은 것'으로서 위치를 부여하게 된다. 그것은 일반 청인에게는 '생생하고', '감정이 풍부'하며, '마음을 전하는' 것으로서 무언가 매력적인 것으로 연상된다. 그러나 말을 시키는 것을 사명으로 하는 농교육자에게는 그저 '불완전한 것'에 지나지 않다. 바른 일본어를 습득하고, 거기에 수화단어를 얹는 것으로 비로소 옳은 수화에 의한 회화도 성립한다고 생각한다.

한편 수화를 불완전하다고 생각하면서도 농인의 생각에 찬동하고, 수화를 농교육에 넣고자 생각하는 사람들에 의해 새로운 움직임이 생성되었다. 그것은 일본어에 입각한 수화를 새롭게 만들어 내는 것으로, 수화를 사용하면서 옳은 일본어를 습득할 수 있을 것이라는 사고방식이며, '동시법'이라는 이름으로 栃木농학교에서 시작되었다. 여기에서는 농인이 이용하는 '전통적 수화'와 일본어를 정확하게 시각적으로 표현한 수화…'동시 법적 수화'…

가 구별된다. 전자가 농인에 있어서 중요한 것으로 존중되면서도 교육의 장에서는 부정적으로 다루어져 후자의 필요성이 주장되고 있다. '동시법'은 그 후 농교육에 적지 않은 영향을 주고, 수화단어나 지문자 혹은 큐드스피치(cued speech)와 같은 수지수단을 이용해 일본어를 획득하고자 하는 몇몇 실천을 가져왔다.

이들 실천이 널리 퍼짐으로써 농교육에서는 현재 수지수단의 사용 여부를 둘러싼 논의가 활발하게 이루어지게 되었다. 수지사용에 부정적인 입장의 기본 주장은 이렇다. 음성언어의 습득을 위해서는 남은 청력을 최대한으로 활용하지 않으면 안 된다. 그런데 손을 사용하면 아이는 귀보다도 눈에 의지해버려 귀를 사용하는 것이 소홀하게 된다. 따라서 안이하게 손을 사용해서는 안 된다는 것이다. 반대로 수지사용에 긍정적인 입장에서는 청각구화법에 의해 입력되는 자극의 불충분함이 강조된다. 그렇기 때문에 더욱 수지를 사용함으로써 그것을 보완할 것이 필요하며, 거기서 비로소 충분한 언어입력이 보장된다고 설명되어 청각과 시각이 병용가능하다고 주장된다. 전자가 '손을 사용하면 귀를 사용하지 않게 되고, 말할 수 없게 된다.'고 주장하는 것에 대해, 후자는 '손을 사용하는 편이 귀도 쓸 수 있게 된다.' 혹은 '손을 사용하는 쪽이 일본어 획득이 용이해진다.'고 주장한다. 따라서 어느 쪽 주장도, '말할 수 있게 되기' 위해서는 혹은 '일본어를 획득하기' 위해서는 어떻게 하면 좋을 것인가라는 것이 논점으로, 그런 의미에서 본질적으로는 지금까지의 농교육의 흐름과 다르지 않다. 확실히 '동시법'은 지금까지의 농교육에 중요한 파문을 일으켰다. '손을 움직이는' 것이 마치 범죄처럼 이야기되는 가운데에서의 제창은 용기가 필요한 것으로 높게 평가되어야 할 것이다. 그러나 농교육이 소리를 내서 말하는 것을 계속 목표로 삼는 한, 농인이 사용하는 수화언어는 부정적으로 취급받게 된다. 그것은 청각구화법을 채용하는 학교에서는 물론, 수지수단을 받아들이려 하는 학교에서도 본질적으로는 바뀌지 않는 것이다.

9. 청인에 의한 '장애'의 구축

지금까지 논해 온 바와 같이 농교육을 구성하는 멤버의 대부분은 청인이며, 그에 따라 농인을 어떻게 교육해야 할지는 청인에 의해 결정되어 왔다. 농교육자가 일관되게 농아에게 요구해 온 것은 말할 수 있게 하는 것 외에는 없다. 그리고 그것은 농아를 낳은 부모의 절실한 바람과 겹친다. 따라서 교육 방법은 음성언어의 습득에 득이 될 것인가의 여부로 평가되고, 음성언어의 습득에 방해가 된다고 여겨진 '수화'는 농교육 안에서 부정적으로 취급받아 왔다.

왜 청인이 농아에게 말할 것을 요구하고 수화를 부정하려고 하는 것일까? 그것은 이미 청인의 가치관 안에 귀가 들리지 않는 것이 '장애'로서 깊게 박혀 있기 때문이다. 귀가 들리지 않는 것은 '불쌍한' 것이며, 귀가 들리지 않는 사람(=농인)은 '불쌍한' 사람으로 여겨진다. 그리고 귀가 들리지 않고, 말할 수 없는 사람을 도와주기 위해 사용하는 것으로서 '수화'의 위상이 부여된다. 그 때문에 청인이 수화를 사용해 농인과 통하는 모습을 동경하면서도, 농이라는 것을 동경하지는 않는다. 역시 가능하다면 들리지 않는 것보다는 들리는 편이 낫고, 그것이 무리라면 적어도 말할 수 있게 되었으면 하고 바란다. 그리고 그 바람에 부응하고자 전문가가 노력해서 만들어낸 것이 '구화법'이라는 시스템이다. 여기에 '공의존(共依存*)적인 관계를 발견할 수 있다. 공의존자는 자신을 필요로 해 주는 다른 사람에 의해 자기를 정의내리고, 무의식 중에 자신의 헌신이 배반당하는 것을 기대하고 있다(Giddens, 1992). 농아에게 구화를 습득시킨다는 것은 곤란한 과제로, 곤란하면 할수록 전문가의 정체성은 보장된다. 그리고 '헌신이 배반당함으로써 같은 노력을 몇 번이나 싫증내는 일 없이 되풀이하는 것이 가능하게 된다'(野口, 1996, 162쪽). 물론 자각해서 배반당하는 것을 기대하는 이가 있을 리 없다. 그렇다고 해도 농교육에 있어 구화법의 역할은 농을 '들리지 않는', '말할 수 없는', '장애'로 상정하기 때문에 거기에 의존하는 형태로 확보되는 것이다. 거꾸로 말하면, 농이 '장애'가 아니면 자기 정체성이 상실되어버리는 것으로 청인인 전문가에 있어 역시 농은 '장애'가 아니면 곤란한 것이다.

그러나 청인은 '농인'이 어떤 가치관을 갖고 살아갈지에 대해 과연 어느 정도를 알고 있는 걸까? 왜 농인은 농교육에 수화의 도입을 계속해서 요구하는 걸까? 청인 교원은 구화가 충분히 가능하다면 수화는 필요없다고 생각한다. 그러면, 확실히 그것은 구화의 능력이 충분하지 않은 농인이 수화를 사용하는 상황을

---

* (역자주) 공의존자: 공의존자란 자기자신에 대한 과소평가로 인해 다른 사람에게 인정받는 것 외에는 만족할 수 없고, 그 때문에 다른 사람의 호의를 얻으려고 하여 자기희생적인 헌신을 강박적으로 행하는 경향이 있는 사람을 말한다.

설명하는 수사학은 될 수 있다. 그렇지만 청인이 봐서 구화를 충분히 할 수 있다고 생각되는 농인이 수화를 소중한 것으로 말하는 언설을 어떻게 이해하면 좋을까? 또 '수화는 나중에라도 습득할 수 있다.'는 말도 청인인 전문가 사이에 자주 언급되고 있어 구화를 우선시키기 위한 유효한 수사학으로서 기능하고 있다. 그렇지만 처음부터 수화를 읽어낼 수 없는 청인이 어떻게 그렇게 확신할 수 있을까? 성인이 되고나서 수화의 세계에 들어간 이가 어떤 고생을 하고 있을지에 대해서 수화를 읽어낼 수 없는 청인은 알 리도 없다. 결국 전문가는 이들 의문에 대답할 수 있을 만한 재료를 갖지 못한 채, 농을 '장애'로 상정함으로써 자기 정체성을 확립하고, 스스로 상정한 '장애'를 극복하기 위한 지도 방법을 구축하는 작업을 계속 실천해 오고 있는 것이다. 그리고 그 구축에는, 농인이 관여하기 어려운 구조가 존재하며, 성인 농인의 주장은 무효화된다. 청인에게 교육을 받은 농인은 성인이 된 시점에서 '부외자'가 돼 버리는 것이다(金澤, 1996).

10. '옹호 시스템'을 극복하기 위해

농교육에서 농은 '장애'로 구축되어 그 장애를 극복하는 것으로써 구화법이 지속적으로 요구되었다. 거기에는 들리지 않는(듣기 어려운) 아이에게 말을 시키려는 것으로 자기 정체성을 확립시키고자 하는, 공의존자로서의 전문가의 모습을 간파할 수 있다. 그리고 구화법은 '옹호 시스템'을 내재화시키는 것으로, 무너지는 일 없이 계속 유지된다.

高岡(1988)는 '옹호 시스템'성을 없애는 방법으로서 '이렇게 되고 있는 것입니다 라고 그 구조를 설명할 것'을 제안한다.

> "사물을 자각한다는 것은 이러한 것이라고, 체형(體型)의 논리로 가득 찬 인식만으로 자각해도 어쩔 수 없다. 그런 것, 진심 어린 자각이 될 까닭이 없는 것이다. 체형 그 자체를 적나라하게 해명해버릴 것 같은, 그러한 자각이 진짜 자각이에요."
> (高岡, 1988, p. 152)

이 지적은 농교육에서도 들어맞는 것이다. 스스로가 만들어 내고 있는 시스템 속에 스스로가 처해 있다는 것을 '자각'하는 일 없이 연구나 실천을 거듭하는 것은, 자기의 '옹호 시스템'을 강화하는 것뿐으로, 새롭게 다음에 필요한 것이 무엇인가는 알 수 없을 것이다. 농교육의 지도법에 대해 '무엇이 좋은 방법인가'를 둘러싼 논의는 지금도 예전에도 활발히 이루어져 오고 있다. 그러나 거기에 결핍되어 있는 것은, '무엇이 좋은 방법인가'라는 논의가 어떤 사회적 구성에 제약을 받고 구축되고 있는지에 관한 논의, 즉 방법에 관한 메타 수준에서의 논의이다. 그리고 여기에야말로 농이라는 '장애'를 사회과학하는 '장애학'의 의의를 볼 수 있는 것이다. 우선 필요한 것은 '농=장애'를 자명한 것으로 하지 않고, '장애'를 만들어 내는 것 또한 그 분야에 관계되는 사람들이라는 것을, 전문가 자신이 '자각'하는 것이 아닐까?

*본고의 집필은 많은 농인과 농교육자의 협력으로 비로소 가능하게 되었다. 또 집필에 즈음해서는 樫田美雄씨, 岡田光弘

씨로부터 방법론상의 지적을 해주셨다. 여기에 감사의 말씀을 드린다.

[주]

(1) 검색에 즈음해서는 ASAHI네트의 검색 서비스를 사용했다.
(2) '수화, 인기 드라마로 붐. TBS계 사랑하고 있다고 말해줘' 朝日신문, 1995년 9월 2일, 東京석간, 11쪽.
(3) 1997년 2월 9일에 TBS '보도 특집'에서 농인 커뮤니티를 테마로 한 프로그램이 방영되었다. 감독인 齊藤씨에게 이 기획은 몇 년 전 농인의 대학인 Gallaudet대학을 방문했을 때부터 품고 있었던 것이었다. 제작에 즈음해 농인 그룹의 협력을 얻는 형태로 농인만의 모임의 장소에 적극적으로 참가해서 취재를 진행시켜 갔다고 한다. 제작자 자신이 농 커뮤니티에 무리하게 들어가지 않으면 농의 현실성에 다가갈 수는 없음을 나타내는 하나의 예라고 말할 수 있다.
(4) 여기서 올린 부모의 수기는 어머니와 아이의 교실(1987)에 따른다. 원문에서는 '청각장애에 대해 보다 좋게 이해해주었으면 싶다.'고 기원하는 부모들의 동의하에 부모나 전문가, 전문기관의 이름도 실명으로 기재되어 있지만, 여기에서는 이하의 이유로 실명을 감추고 있다. 필자는 본고 집필에 즈음해 Spector & Kitsuse(1977)이후의 구축주의 어프로치를 따르고 있다. 그 때문에 언설에 대한 진위 판단을 행하지 않고, 거기에서 사용된 수사학에 주목하여 분석한다. 그것은 확실히 사람들의 주관에 의한 발언의 분석을 쉽게 하지만, 발언한 본인에 있어서는 결코 기분 좋은 것이 아니다. 다른 사람에게 무엇인가를 호소하려고 하여 절절하게 이야기하는 '뜨거운 생각'을, 단순한 표현 형식으로밖에 간주받지 못하기 때문이다. 물론 필자 자신은 이 어프로치에 의해 밝혀지는 것이 충분히 의의 있는 것이라고 생각하고 있기 때문에 방법론적으로 무관심한 입장에 서는 것이지만, 한편으로 필자 자신도 사회의 구성원으로서 '뜨거운 생각'에 귀를 기울이면서 교육적인 활동에 관여하고 있다. 그 때문에, 이러한 분석 방법을 채택하는 결과로서 부주의(준비가 잘 되지 않은 상태)로 오해를 생기게 하거나 당사자에게 상처를 입히는 결과가 되는 것은, 필자가 바라는 바가 아니다. 이러한 점을 고려하여 여기에서는 실명을 드러내지 않는 것으로 했다.
(5) 본고에서는 자주 '말한다'라는 말을 사용하고 있지만, 여기에서 말하는 '말한다'란 어디까지나 청인이 모국어로 하는 음성언어로 말한다는 것

이며, 딱히 거부하지 않는 한 수화언어에서의 그것은 상정하지 않고 있다.

(6) 'TC연구대회(제20회)보고실천보고질의응답'(TC연회보74, 1997년, pp. 26-35)

(7) 靑木(1995)는 西川의 주장에 대해 수사학 분석을 하고, 다양하고 흥미로운 지견을 제시하고 있다. 본고에서의 西川의 언설 분석에 대해서는 동 논문에 의거하는 부분이 대단히 크다.

(8) 모든 농학교가 청각주도형에 바뀌었다는 것은 아니고, 여전히 독화·발언 중심에서 보청기의 취급이 충분하지 않은 농학교도 있다. 그러나 '청각활용이 불충분하다' 는 것은 농교육의 현재 흐름 속에서 결코 긍정적으로 파악되고 있는 것은 아니며, '시대에 뒤떨어진' 것으로 낙인을 부여받게 된다.

(9) 청각활용을 전제로 구화교육이 행해지고 있는 이상, 이미 '농아'라는 말은 (병리학적으로는) 모순을 포함하지만, 여기에서는 '농학교가 대상으로 삼고 있는 아이'라는 의미로 사용한다.

(10) 필자가 여기에서 지적한 농학교의 상태는 주로 전통적인 구화법의 학교에 재직하고 있었던 몇 몇 교원(특히 '장인'으로 일컬어져 현재는 퇴직한 베테랑 교원)으로부터 얻었던 증언을 바탕으로 하고 있다. 그러한 언설은 비공식적인 형태의 인터뷰로밖에 얻을 수 없었다. 그 때문에 어쩔 수 없이 자료로서의 신뢰성은 충분하지 않은 모양새가 되었지만 정보제공자에 관한 상세를 감추는 형태로 기술하고자 하였다.

(11) 그 때문에 필자 자신이 이 사실을 확인하는 작업도 결코 용이하지 않았다. 비공식적인 장소에서 신뢰 관계를 형성하는 작업 (예를 들면 함께 술을 주고받는)이 불가결하고, 일정한 신뢰 관계를 얻은 후에 비로소 '사실은……'라고 함께 이야기 해 주신 것이 본심이다.

(12) 오해가 없도록 덧붙여 말씀 드려 두면, 필자 자신도 수화학습 중인 청인이며, 수화언어를 충분히 읽어낼 수 있는 것은 아니다. 농아와 청인교원의 디스커뮤니케이션 상황에 대해서는 농인 친구에 의한 확인 작업을 거쳐 얻을 수 있는 것이다.

(13) 이 공의존적인 관계는 野口(1996)가 arco holism의 분석에서 지적한 관계와 유사하다는 점이 흥미 깊다.

〈참고문헌〉

青木純世 (1995)『西川吉之助研究··'愛'で語った口話法』. 東京學芸大學障害兒教育學科卒業論文.

金澤貴之 (1996) クレイムはどのように發せられるか.『現代社會理論研究』, 6, 43-50.

木村晴美·市田泰弘 (1995) 聾文化宣言.『現代思想』, 23(3), 354-362.

齊藤道雄 (1997) 誤解されている少數言語手話.『中央公論』, 1354, 146-157.

全國聽覺障害教職員連絡協議會 (1997)『聽覺障害をもつ教職員に關する全國調査報告書··採用·在籍數·職務·コミュニケーション·人事異動』. 身体障害者団体定期刊行物協會, 290号.

高岡英夫 (1986)『光と闇現代武道の言語·記号論序說』. 惠雅堂出版.

高岡英夫談·運動科學研究所編 (1988)『武道を讀む』. 惠雅堂出版.

高橋潔 (1931)『宗教教育に就いて』. 川渕依子 (1983)『手話は心』. 全日本ろうあ連盟, 327-378.

棚田茂 (1996) メディアと聾者.『現代思想』, 24 (5), 137-141.

西川吉之助 (1926) 殘聽力の發達.『口話式聾教育』, 2(11), 2-3.

野口裕二 (1996)『アディクションと近代 アルコホリズムの社會學』. 日本評論社.

母と子の教室 (1987)『心が開かれるとき'育てる篇』. ぶどう社..

馬場顯 (1996) 第一八回聾教育國際會議と附屬聾學校の教育.『筑波大學附屬聾學校紀要』, 18, 1-12.

古田弘子·吉野公喜 (1994) ろうの兩親をもつ聽覺障害兒の實態について.『ろう教育科學』, 36(1), 37-45.

前田直子·森下裕子 (1984) 聾兒をもつ聾の母親を取りまく諸問題.『ろう教育科學』, 262, 79-96.

Burr, Vivien(1995) *An Introduction to Social Constructionism*, London, Routledge, (田中一彦譯(1997)『社會的構築主義への招待··言說分析とは何か』. 川島書店.)

Giddens, A, *The transformation of intimacy*, Stanford, 1992 (松尾精文·松川昭子譯(1995)『親密性の変容』. 而立書房)

Spector, M., and J. I. Kitsuse(1977) *Constructing Social Problems*,

Menlo Park, CA: Cummings,（村上直之 · 中河伸俊 · 鮎川潤 · 森俊太譯(1990) 『社會問題の構築 · · ラベリング論を越えて』. マルジュ社)

제 8 장

이형(異形)의 패러독스

-「푸른 잔디」·「독렉스」·「극단 態変」-

倉本智明
Kuramoto Tomoaki

1. '차이파' 장애인운동과 문화라는 주제

장애인운동의 과제란 무엇인가? 이 질문에 대한 해답으로서 지금 가장 지지를 모으고 있는 것은 아마도 장애인이 사회의 다양한 영역에의 활동에 참가하는 것을 막는 사회적 장벽을 제거하는 것일 게다.[1] 장애에 handicap이라는 사회적 차원[2]이 존재한다는 견해는 세계보건기구(WHO)의 '국제장애분류'를 포함하여 오늘날 널리 공유되는 것이 되었다. 이러한 생각을 더욱 전개하여 handicap발생의 기저에 impairment나 disability의 존재를 인정하는 의료모델을 비판하며, 장애를 순수하게 사회관계의 소산으로 파악하고자 하는 것이 사회모델이라고 불리는 입장이다.[3] 앞에서 말한 해답은 이 사회모델로부터 도출되기 시작된 것이다. 치료나 재활이 장애인문제를 해결한다는 사고방식에서 장애인을 따돌리는 사회의 구조를 다시 보고, 다시 짜기를 도모하는 방향으로 패러다임은 전환하고 있다.

한편 인간으로서 혹은 시민으로서의 평등을 추구하는 것만으로 충분하다는 입장에 이의를 제기하고, 그러한 차원으로 환원할 수 없는 문제에 계속 집착하는 일련의 사람들이 있다. 그들/그녀들은, 사회적 장벽의 제거로 장애인/비장애인이라는 차이가 소멸되고, 차별이 없는 사회가 출현한다고 간주하는 주류파 장애인운동을 비판하면서 이렇게 말한다. 가령 장벽이 없어졌다고 한들 비장애인과는 다른 이 신체가 남지 않은가, 이 신체를 전제로 할 때 '같은 사람끼리', '같은 시민'으로 사는 것이 우리들에게 행복을 가져다주는가, 우리들은 우리들에게밖에 없는 독자적인 것에 눈을 뜨고, 거기를 출발점으로 해야만 하는 것이 아닐까라고. 앞의 입장을 '평등파'로 한면, 여기는 '차이파'라는 것이 된다. 단 立岩眞也에 의하면, 이 '차이파'는 페미니즘에 있어서의 그것과는 다른 성격을 가진다고 한다. 차이파 페미니즘이 차이를 찬양하는 것에 대해, '할 수 없다'는 것에 집착하는 장애인의 그것은 간단하게는 그러한 방향으로 향하지 않는다는 것이다.[4] 정말로 그럴까?

본장의 과제는, '차이파'가 계속 집착해 온 것은 무엇이며, 그 집착의 저편에 어떠한 가능성을 읽어낼 수 있을까를 밝히는 것이다.[5] 그 때문에 나는, 세 개의 실천을 들고자 한다. 이들에 공통되는 것은 장애인과 비장애인 사이에 놓여진 골의 깊음, 그러한 일방적인 분할= '명명'을 강요하는 지배 문화를 탈구축할 필요성의 인식이다. 또한 그 때, 경계선의 철거를 목표로 하는 것이 아니라 어디에 어떤 경계선을 그릴지를 둘러싼 헤게모니를 장악하고자 하는 방향성도 공통되고 있다.

다음 절에서 다룰 일본 뇌성마비인협회 「푸른 잔디」의 모임(이하, 「푸른 잔디」의 모임 내지 「푸른 잔디」로 약칭)은, 그러한 '차이파'로서의 노선을 내건 최초의 운동체이다. 이 모임의 사상과 행동은 그 후 '차이파'의 흐름에 수로를 만들어준 것에 그치지 않고, '평등파'로 보이는 사람들의 주장 속에도 그 영향을 간파할 수 있다.[6] 이어서 3절, 4절에서 다루는 두 가지 움직임은 포스트 「푸른 잔디」에 있어서의 '차이파'의 새 지평을 내보이는 사례이다. 「독렉스」는 프로레슬링, 「態変」는 연극이라는, 기존 '정치'의 맥락에서 이야기된 적이 없던 영역에서 각각 독자적으로 지배 문화에의 개입을 시도하고 있다. 이들 세 가지 사례를 검토함으로써 마지막으로 장애인운동에서의 '차이파'가 차이를 쾌락하는 것으로 향할 가능성, 환언하면 장애를 긍정적으로 말하는 것의 가능성을 확인할 수 있었으면 한다.

2. '내적인 비장애인 환상'과의 투쟁: 「푸른 잔디」의 모임

구미에서 사회모델의 이론화가 본격화되기 훨씬 이전인 1960년대 말에서 70년대 초반, 일본의 장애인운동은 이미 반환점을 통과하고 있었다. 그때까지의 장애인운동이 요구해 온 것은 오로지 의료나 교육을 통한 장애의 극복·경감이며, 시설 정비를 중심으로 하는 복지의 확충이었다. 이에 대해 1970년을 전후로 대두되는 장애인운동의 새로운 물결=장애인해방운동은, 장애를 부정적인 것으로 파악하여 그 제거나 경감·교정의 필요성을 당연시하는 사고방식이나 시설에의 격리·수용으로 문제를 해결하고자 하는 복지의 모습에 이의를 주장하고, 그 근본적인 재검토를 요구하였다.[7] 그러한 새로운 장애인운동 안에서도 가장 근본적인 질문을 제기하고, 운동을 선도해 온 것이 「푸른 잔디」의 모임이다.

「푸른 잔디」의 모임은 뇌성마비인의 상호 친목을 도모할 것을 목적으로 1957년 東京에서 발족되었다.[8] 다과회나 레크리에이션 등을 중심으로 활동을 전개하고 있었던 이 모임이[9] 그 성격을 크게 바꾼 것은 茨城縣의 願成寺에서 열린 장애인 코뮨 '마하라바촌'에 참가한 横塚晃一, 横田弘, 小山正義 등이 떠나고나서 神奈川에서 활동을 시작하고부터이다. 마하라바촌을 주재하는 大佛空는 기회가 있을 때마다 코뮨의 거주자들에게 강의하면서 '장애인이 비장애인 속에 들어가고자 하는 것은 자기 자신을 부정하는 것과 다름없다.'고 반복했다고 한다. 横塚·横田 등은 이 大佛의 사상을 저작하고, 70년대 「푸른 잔디」운동을 유지한 사상으로 승화해 간다.[10]

神奈川에 되돌아온 그들/그녀들의 운동이 급선회를 이룬 것은 1970년 5월 横浜에서 일어난 장애아 살해 사건이 그 계기였다. 이 사건에서 가해자인 어머니에 대해 이웃 주민과 장애아를 가진 부모들을 중심으로 감형을 탄원하는 운동이 일어났다. 복지시책의 부족이 어머니로 하여금 아이를 살해하게끔 한 것으로 그러한 의미에서 어머니 또한 피해자라는 이유에서이다. 그러나 이에 대해 「푸른 잔디」의 모임 神奈川縣 연합회는 감형 반대의 캠페인을 전개한다. 복지시책이 불충분하다고 해서 장애아 살해가 정당화될 수 없음은 물론, 여기에서 일컬어지는 복지 그 자체가 시설에의 격리·관리라는 형태로 장애인을 사회에서 배제·말살하는 기민(棄民)정책과 다름없다고 그들/그녀들은 고발한 것이다.[11] 이러한 운동 안에서 태어난 것이 다섯 가지 항목으로 이루어진 '행동 강령'이다.

하나, 우리들은 스스로가 뇌성마비인 것을 자각한다.

우리들은 현대사회에 있어 '본래 있어서는 안 되는 존재'로 여겨지는 스스로의 위치를 인식하고, 거기에 모든 운동의 원점을 두지 않으면 안 된다고 믿으며, 동시에 행동한다.

하나, 우리들은 강렬한 자기주장을 행한다.

우리들이 뇌성마비인 것을 자각했을 때, 거기에 일어나는 것은 자기 자신을 지키고자 하는 의지이다. 우리들은 강렬한 자기주장이야말로 그것을 이룰 수 있는 유일한 길이라고 믿고, 동시에 행동한다.

하나, 우리들은 사랑과 정의를 부정한다.

우리들은 사랑과 정의가 가지는 에고이즘을 날카롭게 고발하고, 그것을 부정함으로써 생기는 인간응시에 따른 상호이해야말로 참된 복지라고 믿고, 동시에 행동한다.

하나, 우리들은 문제해결의 길을 고르지 않는다.

우리들은 안이하게 문제의 해결을 도모하는 것이 얼마나 위험한 타협에의 출발인지 몸으로 체험해 왔다. 우리들은 계속 문제를 제기하는 것만이 우리들이 할 수 있는 운동이라고 믿고, 동시에 행동한다.

하나, 우리들은 비장애인 문명을 부정한다.

우리들은 비장애인 문명이 만들어내 온 현대문명이 우리들 뇌성마비인을 따돌리는 것에 의해 성립되어 왔음을 인식하고, 운동 및 일상생활 속에서 우리의 독자적인 문화를 만들어내는 것이 현대문명을 고발하는 것과 통하는 것임을 믿고, 동시에 행동한다.[12)]

여기에서 볼 수 있는 근원적인 질문과 타협을 허용하지 않는 자세는, 이후 「푸른 잔디」운동 안에서 일관되게 인정할 수 있는 특징이다. 장애를 이유로 한 선택적 중절을 둘러싼 혹은 전동휠체어의 사용 거부에 즈음하여, 그들/그녀들은 극단적이기까지 한 질문을 제기하고, 사람들에게 유무를 말하지 못하게 하는 양자택일의 대답을 강요했다. 대답은 '예스', '노'의 어느 하나였다. 애매한 태도는 일체 용서되지 않았다. 이러한 '극론'이라고도 말할 수 있는 질문 방법은 버스에 대한 휠체어의 승차 강행·점거 투쟁이나 복지시설 사무실에의 바리케이드 봉쇄 등 '과격'한 투쟁 스타일과 더불어 「푸른 잔디」의 운동에 대한 강렬한 인상을 심어주었다. 물론 그 인상은 긍정적이지만은 않았다. '양식' 있는 사람들이 보면 「푸른 잔디」의 사상과 행동은 분명히 시민사회의 룰에서 일탈하는 것이었다. 사실 그 운동은 한 때 혐오와 비판의 집중 포화를 맞았다.[13)] 그러나 그 같은 '양식'하에서 가혹한 생활을 강요당하고, 쾌락으로부터 멀리 떨어져 있던 장애인들에게 「푸른 잔디」의 주장과 싸움은 전혀 다른 것으로 받아들여질 수 있었던 것이다. 그들/그녀들에게 비장애인과 대등하게 싸우고 매도조차 해 보이는 장애인의 존재는, 그 자체가 이미 복음이었을지도 모른다. 이 시기, 적지 않은 장애인이 「푸른 잔디」의 운동에 합류해 간 사실로부터도 그들/그녀들을 강하게 끄는 무엇인가가 거기에 있었던 것을 엿볼 수 있다.[14] 그리고 그 '무엇인가'란 반드시 사회의 변혁과 같은 외측에 향해졌던 것만은 아닌 것 같다. 그들/그녀들이 바란 것은 오히려 자기 자신을 변혁하는 것, 즉 장애인인 자신을 긍정하고 긍지를 되찾는 것이었다.[15]

「푸른 잔디」 모임의 운동은 그러한 자기정의의 변용을 목표로 하는 운동으로서의 성격을 농후하게 가지는 것이었다고 말할 수 있다. 橫田弘와 함께 사상과 실천의 양면에서 운동을 리드한 橫塚晃一가 집착한 것도 바로 이 점이었다.[16] 이하에서는 橫塚의 텍스트에 덧붙이는 형태로 이 점에 대해 살펴보기로 한다.

「푸른 잔디」의 사람들이 '비장애인 문명'이라 부르는 현재의 지배적 문화는, '비장애인적인 것'에 보편적인 가치를 두고 그것을 정점으로 한 지배구조를 형성하고 있다. 비장애인의 신체, 비장애인의 행동, 비장애인의 생활 양식……, 거기에서의 편차가 크면 클수록 그 신체나 행동, 생활 양식은 가치가 낮은 것, 꺼려야 할 것으로서 주변으로 쫓겨나게 된다. 그러한 문화 밑에서 장애인이 긍정적인 자기 이미지를 갖는 것은 지극히 어렵다. 다양한 장면에서, 그/그녀는 좋지 않은 시선에 노출되고, 거기에서 강요당하는 부정적인 정체성을 자기도 모르는 사이에 스스로의 것으로 삼아 버리기 때문이다. 예를 들면, 다음과 같은 橫塚의

말로부터도 그것을 추측할 수 있다.

> "뇌성마비인으로서의 참된 자각이란 거울 앞에 멈추어 서서 (그것이 아무리 괴로워도) 자신의 모습을 확실하게 응시하는 것이며, 다음 순간 다시 자신의 처지로 돌아가 사회의 편견·차별과 싸우는 것이 아닐까요?"[17)]

橫塚는 왜, 거울 안 자신의 모습을 응시하는 것과 '뇌성마비인으로서의 참된 자각'을 결부시켜 말하는 것일까? 눈에 보이는 장애를 갖지 않는 사람들의 대부분에게 거울을 들여다본다는 행위는 어떤 특별한 의미를 갖지 못한다. 거기에 비치는 자신의 모습에 다소의 불만을 느끼는 일은 있어도 그러한 행위 자체에 괴로움을 느끼는 일은 드물 것이다.[18)] 그런데 뇌성마비인에 있어서는 '그것이 아무리 괴로워도' 등으로 마음가짐을 갖추지 않으면 안될 만큼 큰 일인 것이다. 왜냐하면 그들/그녀들의 신체는 비장애인의 그것을 척도로 했을 때, 기준으로부터 아득히 멀리 떨어진 것이기 때문이다. 정말로 그것은 '기형'으로 인지되어, 부정적인 표상을 야기하지 않고는 둘 수 없는 존재이다. 뇌성마비인인 그/그녀 자신이 뇌성마비인의 신체를 매우 싫어하고, 그것을 응시하는 것에 괴로움을 느껴버리는, 너무나도 잔혹한 역설이다. 이러한 자태의 미추를 둘러싼 문제에 한하지 않고, '비장애인적인 것'에 플러스의 의미를, '장애인적인 것'에 마이너스의 의미로 분류하려는 코드는, 이 시대 이 사회를 사는 우리들 모두를 잡아서 떼어 놓지 않는다. 거기에는, 장애인/비장애인의 구별 등은 없는 것이다. 그러기는커녕 '장애인적인 것'에 향할 수 있는 시선이 어떤 것인가를 몸으로 아는 장애인은 비장애인 이상으로 '비장애인적인 것'에 높은 가치를 찾아내고 동경하지 않고는 있을 수 없다. 橫塚는 이렇게 말하고 있다.

"우리들 장애인의 의식 구조는 장애인 이외는 모두 괴로움도 고민도 없는 완전한 인간처럼 착각하고, 비장애인을 지상의 목표로 하도록 되어 있습니다. 즉 비장애인은 정확하게 좋은 것이며, 장애인의 문제는 잘못이기 때문에 한발치라도 비장애인에게 근접하고 싶다는 것입니다.[19)]"

이렇게 신체화된 '비장애인 문명'을, 橫塚晃一는 '내적인 비장애인 환상'이라 부른다. 무엇보다도 우선 이 '내적인 비장애인 환상'으로부터의 해방이 없으면 자기정의의 혁신은 있을 수 없고, 나아가 지배 문화의 해체도 없다고 그는 생각하고 있는 것이다. 이러한 과제를 안고 있기 때문에 「푸른 잔디」의 운동은 특이한 방향으로 향한다. 다음과 같은 제기에 주목하길 바란다.

"장애인은 일반사회에 융합되고자 하는 마음이 강하다. 그것은 비장애인으로의 동경이라는 것이지만, 당신들이 생각하는 만큼 이 사회도, 비장애인으로 불리어지는 이도, 그렇게 훌륭한 것이 아니다. 그 증거로 실제 장애인을 차별하고, 따돌리고 있지 않은가? 비장애인의 사회에 들어가려는 자세를 취하면 취할수록 차별되고 따돌림받는 것이다. 그러므로 지금의 사회를 반문하고 바꾸어 가기 위해 새삼 지금의 사회에 등을 돌리려는 것이 아닌가?"[20)]

보통, 반차별 운동은 재물에 대한 접근의 평등을 요구하면서 주류로의 참가를 꾀하려고 한다. 그러나 「푸른 잔디」의 모임은 그것과는 전혀 반대의 길을 선택한 것이다. 비장애인의 신체와 그것이 수행하는 행위가 항상 정통인 것으로서 상위에 두어지는 '비장애인 문명'하에서는 장애인의 신체나 거기에서 나오는 행위가 유용한 문화자본이 되는 것은 일단 없다. 따라서 장애인이 주류에의 참여를 꾀한 시점에서 기다리고 있는 것은 높은 확실성에서의 패배이다. 그리고 그러한 좌절을 맛본 자의 대부분은 결코 손에 들어올 수 없음을 실감하기 때문에 전보다 훨씬 그것에의 동경을 한층 부풀리게 된다. 이러한 올가미를 직관적으로 간파한 横塚는, 굳이 반차별 운동의 왕도를 가지 않고, 적극적으로 주류로부터의 철퇴를 제창한 것이다.

그러나 가령 그것이 주류로부터 빗나간 장이라 해도, 그들/그녀들이 생활하는 땅이 '비장애인 문명'의 세력권내임에는 변함이 없다. '내적인 비장애인 환상'에서 해방되어 긍정적인 자기상을 되찾기 위해서는 한 걸음 더 깊이 파고든 전략이 필요하다. 거기에서 도출된 것이 뇌성마비인의 신체와 그 행위에 적극적인 의미를 주는 또 하나의 문화를, 그들/그녀들의 커뮤니티 사이에 창조하자는 제기였다. 이것은 이른바, 개별 수준에서는 전부 저항할 수 없는 거대한 힘에 대해 지금 하나의 구심점을 새롭게 마련하고, 그 중력권에 뛰어드는 것으로 대항해 가자는 전략이다.

> "우리들 뇌성마비인은 남에게 없는 독특한 것이 있음을 알지 못하면 안 됩니다. 그리고 그 독특한 사고방식이라든지 관점을 집적해서 거기에 우리들의 세계를 만들어 세상에 묻는 것이 가능하게 되었을 때, 그것이야말로 진정한 자기주장이 아닐까요?"[21]

단, 여기에서 横塚가 말하는 뇌성마비인이 갖는 '독특한 것'이 도대체 무엇을 가리키는 것인가는 분명치 않다. 따라서 그 집적 위에 창출될 '우리들의 세계'가 어떤 것이 될지도 미지수이다. 「푸른 잔디」의 운동이 그 후 걸어온 길을 아는 우리들은, 그들/그녀들이 마음속에 그린 구상이 결실을 못 맺고 무너진 사실을 알고 있다. 새롭게 구축되어야 할 문화의 근거를 어디에 둘 것인가, 구체적인 근거를 결여한 채 전개된 그 운동은, 오랜 동안의 가혹한 억압 상황 밑에서 조성된 대항적인 파토스(pathos)나 신좌익운동・카운터컬처 운동이 한창이었던, 당시의 사회상황과도 결부되어 본래의 목적인 창조보다도 대항 그 자체를 우선시켜 버린 함정에 빠져버렸던 것이다.[22)]

그렇지만 「푸른 잔디」의 운동이 구심력을 잃어버린 후에도 여전히 거기에서 제기된 명제는 그 의의가 감소된 것은 아니다. 그것은, 기존의 좁은 의미에서의 '운동'이라는 틀을 넘어 다양한 형태를 가진 문화로의 대처로서, 오늘날 더욱 심화되고 있다. 3절・4절에서 다룰 두 가지 실천은 그러한 대처의 맨 위에 위치하는 사례이다.

3. 이화(異化)로서의 장애인 프로레슬링: 「독렉스」

사지와 체간에 장애를 가진 이에게 격투기는 전혀 인연이 없는 것처럼 생각된다. 사실 10년 전까지만 해도 격투기 세계에 깊이 파고들어 가는 지체장애인이 있을 것이라고 어느 누가 상상할 수 있었을까? 그런데 1991년 4월 27일 世田谷 자원봉사 센터 2층의 어느 방에서 울려 퍼진 공은, 그러한 우리들의 생각을 완전히 뒤집어 엎어버렸다. 이날, 고작 5명의 관중을 두고 링 대신에 테두리를 댄 돗자리 위에서 뇌성마비인인 두 사람의 레슬러가 격한 싸움을 연기했다. 장애인 프로레슬링 단체 「독렉스」의 시작이었다.

「독렉스」는 世田谷 자원봉사 센터를 거점으로 자원봉사 활동을 계속하고 있었던 비장애인 北島行德를 중심으로, 기존의 자원봉사 활동에 의문을 품거나 싫증난 사람들이 모여 결성한 그룹이다. 장애인문제가 발생하는 원인의 하나로 비장애인의 무관심에 있다고 생각한 北島는, 장애인에 의한 표현 활동을 통해 그 생생한 모습을 비장애인에게 전하고자 하였다. 그러나 기존의 자원봉사 그룹이 주최하는 음악이나 연극 등의 공연에서는 관객의 대부분을 장애아 부모나 특수학교의 교원, 시설 직원이나 자원봉사 관계자들이 차지하고 있다. 원래, 장애인이 발하는 메시지를 전해야 할 대상이어야 할 일반손님의 모습을 인정하는 것은 거의 불가능하다. 또한 거기에서는 내용의 좋고 나쁨과는 상관없이 단지 연기하는 사람이 장애인이라는 것만으로 거의 기계적으로 박수가 보내진다. 게다가 거기에 연출되는 장애인의 모습은 어느 것이나 깨끗하고, 바르고, 아름답고, 정형화된 그것이다. 그것은 北島가 아는 다양하고 생생한 장애인의 현실을 표현하는 것이 아니었다.[23)]

이러한 기존 활동에 대한 안티테제로서 대응하고자 한 것이 장애인 프로레슬링이라는 시도였다. 신체 장애인과 프로레슬링이라는 의표를 찌르는 역의 발상[24)]이 성과가 있었는지 「독렉스」

의 활동은 얼마 되지 않아 이목을 끌었다. 첫 회 불과 5명에 지나지 않은 관객동원이 제5회 때는 이미 세 자리 숫자로 뛰어오른 것이다. 물론, 관객 중에는 자원봉사 관계자도 포함되어 있었다. 그러나 그때까지 장애인관련의 이벤트에는 얼굴을 비춘 적이 없음에 틀림없는 일반손님의 모습을 거기에서는 찾아볼 수 있었다. 메시지를 전해야 할 사람들의 발을 경기장에 향하게 함으로써 「독렉스」는 성공한 것이다.

그러면 「독렉스」가 관객에게 알리고자 한 메시지란 어떤 것일까? 장애인 프로레슬링에 거는 생각에 대해 北島는 다음과 같이 말하고 있다.

> "내가 관객에게 보여주고 싶은 장애인 프로레슬링이란 즐거움만으로 다 말할 수 없는 것이었다. 경기장에서 한 걸음 나오면, 모든 것을 잊어버린 듯한 일과성의 즐거움으로 끝나지 않는 것이었다.
>
> 마비가 있는 몸을 한계까지 혹사하고, 자신의 내면까지를 완전히 드러내는 것으로 관객의 마음에 붙어 떨어지지 않는 무엇인가를 남긴다. 이것이야말로 장애인 프로레슬링의 진수였을 것이다."[25)]

어떻게 생각해도 격투기에 적합하다고 말하기 어려운 신체의 주인공인 장애인들이 링 위에서 펼치는 싸움은 지금까지의 '상식'으로 보면 그로테스크하고 동시에 익살스럽다. 시합 관전 후, 北島가 아는 어떤 자원봉사 관계자는 '뒷맛이 나쁜 재미'라고 느낀 감상을 말했다고 한다.[26)] 나중에 「독렉스」의 다큐멘터리를 찍게 되는 영화감독 天願大介도 '나는 저것이 짓궂은 짓이라고 생각했습니다.'라고 北島에게 이야기하였다.[27] 목적은 정말로 거기에 있었던 것이다. 그들이 기억한 '뒷맛의 나쁨'이나 '싫은 느낌'이야말로 北島가 관객에게 느끼게 하고 싶었던 것이었다.

지금 장애인을 둘러싼 상황은 예전과 비교해 상당히 복잡해서 전망하기 어려운 것으로 되어가고 있다. 미디어나 학교 교육을 통해 일방적이고 획일적인 장애인 이미지가 유포될 뿐, 비장애인의 대부분은 그들/그녀들의 생생한 현실을 느낄 기회와 그 의미를 해독하는 방법을 갖고 있지 않다. '장애인을 이해하는 장', '장애인과 비장애인의 교류의 장'으로 여겨지는 이벤트의 대부분은, 장애인의 현실을 전하기는커녕 오히려 장애인의 〈생〉과 그 이미지를 비장애인에게 편리한 것으로 변형해 재생산하기 위한 장치로서 기능하고 있다. '정상화'나 '공생'같은 귀에 듣기 좋은 말이 사회에 넘치는 가운데 현실의 장애인의 존재는 오히려 불가시화되어 왔다고 말할 수 있다.

그러나 일단 장애인 프로레슬링의 링 앞에 앉았지만 마지막에 평소 우리들이 보지 않고 지나친 혹은 외면해 온 현실이 차례로 눈앞에 들어오게 된다. 거기에서는 상처를 입히는 것이 금지되어 온 이가 가차 없이 때려 눕혀져, 아름다움의 반대쪽에 위치하는 광경이 감춰지지 않고 시야에 들어온다. 그리고 보아서는 안 될 것을 봐버렸다는 생각, 웃어서는 안 될 것에 웃어버렸다는 생각이, '뒷맛의 나쁨' '싫은 느낌'이 되어 사람들에게 착 달라붙는다. 우리들에게 붙어 떨어지지 않는 이 위화감이야말로 보이기 어렵게 된 장애인의 존재를 역으로 비추고, 한 번 더 현재화시키는 계기가 되는 것이다. 장애인 프로레슬링이란 장애인이라는 존재에 대해 깊게 생각하는 일 없이도 충분히 성립해버리는 대다수 비장애인의 일상에 쐐기를 박고, 이화(異化)[28]하기 위한 장치인 것이다.

그러나 이 장애인 레슬러들이 北島와 마찬가지로 장애인에 대해 무관심한 비장애인 사회를 도발하고자 한 의도를 갖고 링에 서느냐 하면 썩 그렇지도 않다. 그들/그녀들이 장애인 프로레슬링에서 추구한 것은 그것과는 전혀 다른 것 같다. 예를 들면, 「독렉스」 발족 이래의 멤버로 인기 레슬러이기도 하는 삼보 愼太郎라 불리는 矢野愼太郎는 北島에게 자주 이렇게 말했다고 한다. "北島씨, 지금까지 연기해서 받았던 박수는 동정이었지만 프로레슬링으로 받는 것은 동정의 박수가 아니예요. 감동의 박수라고 생각해요." 이에 대해 北島는 "물론 동정의 박수를 보내고 있는 관객이 없는 것은 아닐 것이다. 그러나 중요한 것은 愼太郎가 다르다고 생각한 것이다. 자신이 정당하게 평가받고 있다는 감각은 자신감으로 연결된다. 주위에서 안 되는 장애인으로 불려 낙담하는 일이 많았던 愼太郎와 浪貝는 프로레슬링을 통해 자신에게 자신감을 갖기 시작한 것 같았다."고 말하고 있다.[29] 장애인 레슬러들에게 프로레슬링이란 장애인이기 때문에 직면하는 일상의 고된 현실에서 나와 스포트라이트 밑에서 한 사람의 자신을 발견하기 위한 장소이다. 그러한 장소를 가짐으로써 그들/그녀들은 다소 부정적인 정체성을 떼고, 쾌락을 손에 넣는 것이 가능해지는 것이다.

단 그러한 쾌락은, 어디까지나 '프로레슬러'로 있는 동안의 것에 지나지 않는다. 링 위의 스타도 일상에 있어서는 비장애인들이 당연히 하고 있는 일이나 연애, 결혼을 동경해 마지않는 평범한 장애인의 한 사람이다. 어쩌면 스포트라이트 밑에서 비장애인의 시선을 온 몸으로 받는 그들/그녀들이야말로, 비장애인이 손에 들고 있는 것에 한층 강하게 끌릴지도 모른다. 그러나 어쨌든 링 밖에서의 그들/그녀들의 그러한 바람은, 현실 앞에서 간단히 부서져 간다. 닿지 않는 꿈이기 때문에 그들/그녀들은 보다 강하게 그것을 추구하며 매일 괴로워한다.[30] 그러한 장애인들의 현실을 보면서 北島는 장애인과 비장애인은 다름을 느껴갔다. 비장애인에 있어 '당연함'이 장애인에 있어서는 조금도 '당연한' 것이 아닌 것이다. 그리고 '그 차이에 눈을 돌리는 일 없이, 장애인도 비장애인도 같은 인간이라는 이미지만이 이 사회에는 뿌리박혀 있다. 공허한 환상이 비장애인의 무관심을 유혹하고 장애인의 고뇌를 부르는 것이라면, 때려 부수는 수밖에 없다.'고 생각하게 된다. 그러나 北島의 그러한 생각과는 반대로 삼보愼太郎는 매스컴의 취재에 응할 때마다 정해놓은 대사를 다음과 같이 말했다고 한다. '장애인도 하면 될 수 있다는 것을 봐주셨으면 합니다.' 장애인 프로레슬링에 거는 愼太郎의 생각은 北島의 그것과는 분명히 정반대쪽을 향하고 있다. '공허한 환상'으로서 北島가 내친 것에, 愼太郎는 여전히 집착하였다. 이러한 愼太郎에 대해 北島는 묻는다. '잠깐. 그러면, 지금의 자신이 처해 있는 상황에 대해서는 어떻게 생각하고 있는 것인가? 장애인과 비장애인은 다르다는 현실과 매일 맞닥뜨리면서 보내고 있지 않은가? 그래서 고된 것이 아닌가? 그래서 내 집에 하루 몇 번이나 전화거는 것이 아닌 것인가?'라고.[31]

愼太郎도 포함해 장애인도 비장애인도 같다는 등의 듣기 좋은 말로 현실을 은폐하고, 시선을 외면하려는 사람들을 향해 北島는 더욱 과격한 도발을 기도한다. 나중에 「독렉스」 흥행의 메인

이벤트로서 정례화되는 장애인 vs 비장애인의 시합이다. 그 의도는 다음과 같은 곳에 있었다.

> "비장애인 레슬러가 장애인 레슬러를 세차게 흔드는 것을 보이면서 왜 그런 일을 하냐고 관객을 성나게 하는 것이 목적이다. 그리고 나서 반대로 묻는다. 그렇다면 당신들은 어떠냐고.
>
> 현실에 상처받고 있는 장애인에 대해 당신들은 지금까지 무엇을 해 온 것인가? 단지 방관자가 아니었던 것인가? 눈앞에서 장애인이 맞고 있다고 하면서 방관자에게 이러쿵 저러쿵 말할 권리는 없을 것이다. 평소처럼 다물고 장애인이 고통받는 것을 끝까지 지켜보는 것이다."[32]

장애인 대 비장애인의 시합에서는 그 압도적인 힘의 차이에 의해 양자의 차이는 꼼짝없이 부각된다. 그것은 바로 현실 세계에 있어서의 장애인과 비장애인의 관계의 축도와 다름없다. 그리고 속수무책으로 관객석에서 그것을 바라보고 있는 자신의 위치 또한 현실세계의 그것과 같은 것이다.

이렇게 장애인 대 비장애인이라는 지극히 상반되는 카드에까지 다다른 「독렉스」이지만 北島가 전하고자 한 것이 어느 정도 사람들에게 전해졌는지는 분명치 않다. 어쩌면 예민한 감성을 가진 일부 관객을 제외하고 많은 이들은 北島가 의도하는 바와는 전혀 반대의 무엇인가를 느꼈을지도 모른다.[33] 또 이화(異化)라는 전략의 성격상, 회를 거듭하면 거듭할수록 그 효과가 쇠퇴해가는 문제에 그들/그녀들은 끊임없이 직면하고 있다. 당초, 관중을 불쾌와 쾌락의 왕복 운동으로 이끈 신선한 놀람도 언젠가는 단순한 매너리즘으로 변해 버릴지 모르는 것이다.

그러한 위태로움과 표리의 관계인 채 「독렉스」의 레슬러들은 지금도 계속해서 싸우고 있다. 어쨌든 흥행 성적도 순조로운 것 같다. 장애인과 비장애인의 격투전에서 금하는 손 규칙이나 장애 정도별계급제의 도입, 여자 프로레슬링에서의 예술점수의 채용 등 새로운 시도도 차례로 이루어지고 있다. 그러한 시도가 「독렉스」에 새로운 활력을 줄 것인지 어떤지는 현시점에서는 뭐라 판단하기 어렵다. 지금까지의 「독렉스」 고유의 맛이 사람들을 도발하고 일상을 이화(異化)하는 곳에 있었다면, 금지 규칙이나 계급제의 도입은 분명히 그 효과를 반감하는 방향으로 작용할 것이다. 그렇지만 격투기로서의 순화를 목표로 하면 할수록 「독렉스」는 새로운 단계로 향해 나갈 수 있다고 볼 수도 있다. 대답은 장래에 맡길 수밖에 없다.

그건 그렇고 그러한 기로에 세워진 경험은 그 어떤 것도 「독렉스」 혼자의 것이 아니다. 다음 절에서는 장르는 달라도 「독렉스」와 같은 지점에서 출발하였으나 그 앞을 달려가는 것으로서 「극단 態変」에 대해 살펴보고자 한다.

4. 반전하는 장애인신체 : 「극단 態変」

연극, 특히 소극장계의 그것에 친숙한 이에게 무대 위에서 전개되는 연기에 신선한 놀람을 느끼는 경우는 이젠 별로 없다. 거기에서는 이미 모든 실험이 시도되어 말과 육체의 가능성이 극한까지 추구된 것 같다. 그러한 가운데 지금 장애를 가진 그 신체를 전면에 내세워 얼터너티브한 육체표현에 도전하는 극단 「態変」이 국내외로부터 주목받고 있다.[34)]

「態変」를 주재하는 金滿里는 24시간 케어를 요하는 소아마비 장애인이다. 金滿里는 70년대 「푸른 잔디」의 운동에 합류해 후에 조직의 분열과 함께 운동에서 벗어난 경험을 갖고 있다.[35)] 그러한 그녀가 장애인 극단을 결성하는 계기가 된 것이 1981년 京都에서 개최된 이벤트 '국제 장애인의 해를 날려버려! 81'이다. 이 이벤트는 정작 중요한 장애인을 내팽개친 채, 비장애인 주도로 전개된 국제장애인의 해에 이의를 주장하기 위해 金滿里를 중심으로 하는 關西 거주의 장애인들이 기획한 것이다. 프로그램은 2부로 구성되어 파트1은 당시 록 콘서트의 메카였던 京都대학 서부강당에 水玉消防團 등의 밴드를 초대해 라이브로, 파트2는 京都대학 11월 축제에 교실을 빌려 일일 포장마차와 바자, 촌극이 열렸다.

메인인 록 콘서트에서는 자선 콘서트 등에 흔히 있는 비장애인 관객만을 의식한 기획 운영이 아니라 어디까지나 장애인 자신이 즐길 수 있는 장을 만들어 내는 것이 목표였다. 장애인이 진을 치는 공간이 무대정면에 마련되어 휠체어에서도 보기 쉽도록 무대의 위치를 내릴 수 있었다. 사실, 이러한 설정에는 하나의 목적이 있었다. 관객의 중심에 장애인을 둠으로써 일반적인 콘서트에는 없는 독특한 공기를 그 자리에 나타내고자 하는 것이다. 보통, 장애인이 콘서트에 올 경우, 회장에 장애인은 그/그녀 혼자밖에 없다. 그러나 그럼에도 불구하고, 그/그녀의 존재는 꼼짝없이 주위의 공기에 영향을 끼쳐버린다. 이것은 이른바 장애인이라는 존재가 가지는 부의 힘이다. 만약 장애인에게 그러한 힘이 있다면, 그것을 역으로 생각해 보자는 것이 金滿里의 생각이었다. 그녀는 예측한다. '어느 숫자 이상의 장애인 무리가 아주 신이 난다. 그렇게 하면 주변에 있는 비장애인들은 썰렁해지든가 반대로 평소엔 썰렁해질 사람도 자신도 모르게 끌려 들어가던가, 그 어느 쪽이 될 것이다.'라고.[36] 그리고 예측은 후자 쪽으로 향했다. 당일 400명 이상의 관객이 서서 본 콘서트장은 커다란 열기로 가득 찼다. 당시를 회상하면서 金滿里는 이렇게 쓰고 있다.

> "나는 장애인을 차별하는 세상에 욕설을 퍼부으면서도 한편에서 비장애인에게는 알 수 없는 우리들만의 독특한 즐기는 방법이 있다고, 또 신체가 다르면 필요한 것도 다르고, 거기에서 발상하는 생활의 차이가 있어도 좋을 것이라는 장애인문화의 창조를 생각하게 되었다. 장애인 독자의 '표현'이라는 것이 사정권 안에 들어오기 시작한 것이다. 그 시작으로서 '국제 장애인의 해를 날려버려! 81'이 있으며, 이것이 대성공한 것은 크다."[37]

'날려버려! 81'의 성공으로 장애인 문화의 창조라는 金滿里의 의도는 다음 단계로 발을 내디딘다. 장애인이 가지는 독특한 리듬이나 주위에의 영향력을 중시했다고는 하나 '날려버려! 콘서트'에서 장애인은 어디까지나 관객으로밖에 없었다. 그 다음은 장애인 스스로가 표현하는 쪽으로 돌리자는 것이다. 이렇게 해서 '날려버려!'로부터 2년이 지난 1983년 '색은 냄새로'라는 제목의 작품으로 『극단 態変』가 데뷔하게 된다.[38] 초회 공연의 광고지에는 金滿里의 필체로 다음과 같은 말이 적혀 있다.

> "한층 더 장애인성으로의 회귀를 도모하고 있습니다.
> 모두가 장애인이 된 때, 세상은 어떻게 될까요.
> 상냥한 우리들은 스스로의 육체를 걸고, 모두의 잠을
> 깨워드리겠습니다.
> 　잠자코 있으면 되는 것을
> 　사랑과 정의에 끄덕이면 좋을 것을
> 새삼 그것을 뜯어 벗기는 것은, 그것을 빼놓고는
> 더 이상 우리들은 만날 수 없게 되기 때문입니다.
> 바보같은 우리들은 이윽고 본심을 내보였습니다.
> 모두에게 가르쳐주고 싶습니다.
> 우리들의 세계를
> 새삼
> 돌을 던지도록 해요
> 머리를 깨부수도록 해요
> 어떻게 할까는 당신의 자유입니다."[39)]

여기에는 분명히 「푸른 잔디」의 사상으로부터의 영향이 보인다. 스스로가 장애인인 것의 긍지와 강렬한 자기주장, '사랑'과 '정의'로 이야기되는 것에의 의심, 비장애인 문명에 대치하는 장애인의 독자적인 세계……. '색은 냄새로'는 확실히 그러한 '사상성'을 가진 연극이었다. 무대는 다음과 같이 전개된다.

스테이지는, 어둡고 깊은 바닷속을 이미지시키는 설정으로, 객석의 천정에는 낭창한 어망이 깔려 있다. 무대 한 면에 깔려 있는 풍선 안을 모래집과 같은 천으로 몸을 덮고, 연체동물 같은 태아가 된 金滿里가 소아마비인의 신체 특징을 살려 데굴데굴

구르거나 엎드려 기면서 나온다. 그 후, 다음에서 다음으로 특징 있는 몸의 주인인 연기자들이 개성적인 모습으로 등장하여 옴니버스 형식으로 퍼포먼스를 펼친다. 예를 들면, 스님에 가까운 머리, 얼굴에 색을 칠하고, 쭈글쭈글한 옷을 입은 뇌성마비 남자가 됫병을 축 늘어뜨리고, 앞으로 나가 있는 연기자를 쫓듯이 큰 소리로 소리치면서 흔들흔들 나타난다. 그리고 관객을 향해 '이 몸은 술을 안 마셔도 술주정꾼으로 보여. 그래서 이렇게 술을 마시는 거야. 뭐 불만 있냐!', '아, 그건 모두 술 마시고 싶어하잖아. 좋아, 내가 모두에게 술을 돌리지'라고 하면서 객석에 내려간다. 싫어하는 손님에게도 됫병을 입에 처넣어 무리하게 마시게 한다. 또 언어 장애 때문에 내용의 대부분을 알아들을 수 없는 부추김이 끊임없이 있거나 한다. 마지막 장면에서는 지금까지 무대 위를 기어가거나 구르던 자들이 가믈란의 격한 음악과 함께 무대에서 일제히 우르르 떨어져 객석 안으로 들어간다. 거기에, 천정에 붙어 있었던 그물이 낙하, 연기자도 관객도 혼연일체가 되어 그물에 붙잡힌다. 거기에서 암전. 컴컴해진 회장에 갓난아이의 웃는 소리만이 깨름직하게 울려 퍼진다[40)]…….

이 작품의 주제에 대해 金滿里는 '나는 바로 이 연극을, 우생사상을 저격하는 것으로서 자각하고 있었다. 누가 막으려고 해도 사회의 이물로서 배제되는 존재는 세상에 계속 태어나는 것이다. 해저와 같이 보이는 심해는 그대로 자궁이라는 상정이었다. 거기에서 각양각색으로 전개되는 인간 모양은 아직 태어나지 않은 태아들의 꿈. 거기에 둘러싸여 점차로 침식되어 가는 것이 이 사회 같은 것'이라고 말하고 있다.[41)] 그러나 다른 글에서 그녀 자신이 말하고 있듯이[42)] 이 작품은 그러한 좁은 의미에서의 주제의 정치성·사회성으로만 수렴되는 작품이 아니다. '장애인에게밖에 느낄 수 없는 일상성을 추출하고 보다 현실감 있게 가공하는' 것으로 '진실과 과장과의 아슬아슬한 긴장감'을 만들어 내고, 관객을 자신의 세계에 끌어 들일 수 있다고 생각한 金滿里는[43] 연극을 통해 극장이라는 공간을 일상적인 비장애인과 장애인의 관계를 조금 바꾸어 상대화되는 특수한 자기장으로 덮어버리려 한 것이다. 일찍이 장애인은 구경거리가 되어 그 '기이'한 모습을 노출시킴으로써 살아 왔다. 지금, 역시 장애인은 끊임없이 쏟아지는 사회로부터의 시선에 계속 노출되고 있다. 그러한 무언의 압력을 던져 오는 비장애인 사회에 대해 金滿里는 이렇게 도전한다.

> "아무리 그것이 사회관계의 산물이라고 해도 인간의 심정으로서 바뀐 것을 보고 싶다는 마음이 있다. 그렇다면 그 심리를 역으로 취하지 않는 방법은 없는 것이다. 철저히 구경거리가 되어 주자. 그 대신 우리들을 보고 있는 그 눈을, 당신들에게도 돌려 드리자. 그것이, 상대를 놀림감으로 하고 있는 자신의 심리를 보일 수 있게 하면 된다 …그것이 내 의도였다. 비장애인을 위한 구경거리가 아니라 자기의 의지로 구경거리가 되어 주자. 그것은 결과적으로 구경거리가 단상에서 모두를 구경거리로 만드는 구도가 될 것이다."[44]

'색은 냄새에'를 비롯해 초기 「態変」에서는 이렇게 장애인의 신체와 그것과 불가분의 것으로서 구축되는 그 일상이, 비장애인이 헤게모니를 쥐는 이 사회를 도발하고, 그 안에서 평온하게 생활하는 사람들의 자동화된 일상을 이화하기 위한 수단으로서 이용되고 있었다. 극단적으로 말하면 거기에 있었던 것은 모양을 바꾼 운동이다.

그런데 87년에 상연된 '물은 하늘로부터 떨어져를' 쯤에서부터, 「態変」는 그러한 장애인운동의 연장선상에서 위치하는 표현활동으로부터의 탈피를 목표로 하게 된다. 그리고 92년의 '하늘' 3부작[45]을 기점으로 그 표현은 과거의 그것과 완전히 단절되기에 이른다. 초기의 엉성하고 도발적인 무대와 비교해서 현재 「態変」의 그것은, 이것이 같은 극단인가라고 생각할 만큼 계산되고 세련된 것이 되고 있다. 요사이 우선 주제 자체가 크게 바뀌었다. 초기 작품에 있어, 데뷔작 '색은 냄새에'나 '게릴라 · 끙끙거림이 없네' 등에 보이듯이 변형된 모양이라고는 해도 중심적인 테마는 어디까지나 '장애인문제'였다. 이에 대해 예를 들면 '하늘' 3부작에서는 '혼' 혹은 그 '위안'이 주제로 다루어지고 있다. 그리고 그러한 주제의 변화를 초래한 것이 다름 아닌 장애인 신체에 대한 새로운 해석의 가능성이었다.

> "나는 자신이 장애인이기 때문에 장애인의 신체표현을 통해 고유한 미적 세계를 추구하고 있었던 것은 확실합니다. 그것을 추구해 갔을 때, 자신이 추구하는 것이 정신성, 인간의 혼의 표현이었으며, 정말로 중증장애인의 살아 있는 모습, 그 희미한 신체의 움직임이야말로 혼의 표현이 아닐까라고."[46]

역설적인 방법론에 따르는 것이라고는 해도 초기의 「態変」에서 장애인의 신체는 어디까지나 '매니아'인 것, '기형'인 것으로써 비로소 연극상의 의미를 가질 수 있었다. 그것은 이른바 지배 문화가 장애인 신체에 할당한 부정적인 의미를 일단 수용한 것에서 출발하는 발상이다. 이에 대해 80년대 말 이후의 「態変」는 전략적 의도를 가졌다고는 해도 그러한 일방적인 의미 부여를 거부하고, 거기에 독자적인 가치를 부여하는 방향으로 바뀐 것이다.

그리고 그러한 전환에 따라 대사의 배제와 의상의 간소화라는, 연출상의 개혁도 이루어진다. 대부분이 '욕설을 퍼붓는 것'에 가까웠던 대사는 비장애인들이 품고 있는 마음을 떨쳐내는 이화효과라는 점에서는 효율적으로 기능했을지 모른다. 그러나 장애인의 육체 그 자체가 지금까지 누구도 들어본 적이 없는 것 같은 '말'로 이야기했을 때, 이미 그것은 잡음으로서밖에 울리지 않는다. 89년의 작품 '은하반란89' 이후, 「態変」의 연극에서는 대사가 일체 사라졌다. 거기에서는 훈련되고 계산된 신체표현이 연극의 중심으로 놓이게 된 것이다.

의상에 대해서도 사정은 변함없다. 데뷔 당초부터 金滿里는 '신체 장애인의 신체성을 최대한 표현하기 위해서는 신체의 선이 두드러지고 피부감각으로 그것으로 있으면서 부상에서 몸을 지킬 수 있는, 레오타드밖에 없다[47]'는 생각을 갖고 있었으며, 실제로 '색은 냄새에'에서는 레오타드 모습으로 무대에 오르고 있다. 단지, 초기 「態変」에서 이러한 발상은 꼭 철저하게 지킬 것으로 정해져 있지 않고, 관객의 의표를 찌르는 화려한 의상이 즐겨 사용되기도 하였다. 연기자 전원이 레오타드를 착용하게 되는 것은 역시 주제에 변화의 조짐이 보이기 시작한 이후의 일이다. 이화 효과를 노리거나 은유적으로 장애인 존재를 표창하는 것이라면, 기발한 의상이 효과적으로 작용하기도 할 것이다. 그렇지만 장애인 신체 그 자체의 표현력에 주제를 맡기는 새로운 방법론 하에서는 대사와 마찬가지로 그것은 잡음으로밖에 없는 셈이다. 이렇게 현재 「態変」의 무대는 천 등은 사용해도 장애인의 육체가 갖는 표현력을 최대한 끌어내도록 단순한 구성이 되고 있다.

예전의 그것과는 전혀 다른 지평에 도달한 「態変」에 대해 金滿里는 "안티라든가 이의주장이라는 소규모인 의식에서 해방됨으로써 찾는 표현도 바뀌었습니다. 자신이 하고 싶은 것뿐만 아니라 무대라든가 표현이라는 것을 객관적으로 이미지하게도 되고. 말하자면 예술 그 자체로 생각하게 되었습니다."[48]라고 말하고 있다. 얼핏 이러한 현재의 「態変」의 실태는 비장애인 중심으로 구축된 문화에 개입하고 그 탈 구축을 목표로 하는 입장에서 보면 전선에서의 이탈인 것처럼 비친다. 그러나 그렇지 않다. 사실은 반대인 것이다. 좁은 의미에서의 '운동'으로부터 거리를 두고, 표현 그 자체, 예술 그 자체를 추구하는 것으로 「態変」는 장애인 신체에의 의미 부여를 둘러싼 새로운 아레나를 획득한 것이다.

분명 이화라는 전략은 지배 문화의 질서에 균열을 생기게 하기 위한 유효한 처방이었을지도 모른다. 그렇지만 그것은 어디까지나 지배 문화라는 기지의 존재의 부정으로밖에 있을 수 없다. 되풀이되는 이화의 끝에 金滿里 등이 희구한 세계가 펼쳐져 있다는 보장은 어디에도 없는 것이다. 그러한 세계를 획득하기 위해서는 자기들을 억압하는 것을 부정하는 것에 머물지 않고, 자신이 하나의 가치를 구체적인 모양으로 제시해 보이지 않으면 안 된다. 그러한 시점에 서 보면, 현재의 「態変」가 행하고 있는 것은 바로 그러한 구체성을 가진 가치의 제시가 아닐까? 무대

예술이라는 한정된 장소에 있어서이지만, 부정적인 표상으로서 지속적으로 인지되어 온 장애인 신체의 의미를 반전시켜 새로운 문화 창조에 연결해 가기 위한 맹아를 거기에서 발견할 수 있다.

5. '차이화된 신체'에서 '차이화하는 신체'로

나는 본 장의 모두에서 「푸른 잔디」, 「독렉스」, 「態変」 모두가 깊은 분단을 초래하는 지배 문화의 탈 구축을 지향하면서도 차이의 해소라는 방향을 지향하는 것이 아니라 차이화를 둘러싼 헤게모니를 문제삼는다는 점에서 공통된다고 하였다. 그것은 말한 그대로이지만 이들 제 실천의 내부에는 활동의 장이나 스타일의 다름과 같은 수준을 넘는 결정적인 단절이 존재한다.

1970년대 「푸른 잔디」운동은 일상의 요구나 정치적 과제를 넘어 '문화혁명'이라는 주제도 장애인운동에 가져왔다. 거울에 비치는 자신의 모습에 대한 혐오 같은, 그때까지라면 개인적인 맥락으로밖에 이야기되어 오지 않았던 문제에 운동 과제로서의 위치를 부여한 것이다. 마치 권력 기관에 의한 개인의 사상 조사를 강요할 것 같은 '극단적'인 질문의 들이대기나 '과격'한 실력투쟁조차 남에게 폐가 되지 않도록 점잖게 순종적으로 살 것을 강요당해 온 그들/그녀들에게 하나의 '문화혁명'이었다고 말할 수 있을지 모른다. 그러나 그러한 '혁명'을 수행하기 위한 근거지가 될 터인 '우리들의 세계'= 독자적인 문화가 현실의 것이 되지는 못했다. 비장애인과는 다른 자기들의 모습을 긍정하는

데도 단서가 되어야 할 것도 그들/그녀들은 준비하고 있지 못했던 것이다. 그 눈에 비치는 것은 이미 부정적인 의미를 할당받은 차이 그것뿐이었다. 자신의 신체나 행위에 적극적인 의미를 부여하기 위해서는 '내적인 비장애인 환상'의 외부로 달아나지 않으면 안 된다. 그러나 거기에서 달아나기 위해서야말로 억압되어 있는 또 하나의 의미의 현재화가 필요한 것이다. 순환논증이다. 이 악순환을 차단하는 수단을 발견하지 못한 채 「푸른 잔디」의 운동은 그 기세를 잃어 갔다.

폐쇄 상황에 빠진 「푸른 잔디」를 대신해 산적한 과제에 임한 것이 「독렉스」이고, 「態変」이다. 「독렉스」는 프로레슬링이라는 '부적절'한 맥락에 장애인을 일부러 둠으로써 이화 효과를 끌어내어 은폐되고 불가시화된 그 현실을 백일하에 드러내고자 하였다. 누구나 '인권'을 말하고, '정상화'를 이야기하는 시대야말로 역설적인 전략이다. 공격적인 무대에서 관객을 도발한 초기 「극단 態変」의 전략도 같다. 장애인 신체의 '기형성'을 거꾸로 파악한 초기 작품을 성립시키고 있는 것은, 혐오와 호기의 대상으로서의 '일탈'을 거기에 내다보면서 구경거리로서 그것을 즐기는 것에 꺼림칙함을 느끼는 사람들의 양면적인 생각이다. '일탈'이 존재하지 않는 시대는 물론, 구경거리로서 그것을 즐기는 것에 하등의 망설임을 느낄 필요가 없었던 시대에는, 이러한 전략은 성립될 수 없다. 국제 장애인의 해를 계기로 장애인을 둘러싼 상황이 변화되기 시작한 1980년대부터 90년대라는 시기에 이것들이 등장하기 시작한 것은 그러한 의미에서 필연적이라고 말할 수 있다. 장애인과 비장애인 관계의 비대칭성을 '자립' '평등' '권리'……같은 근대사회가 자명시하는 범주 안에 넣으면서, 거기에서 흘러내리는 부분의 존재를 안 보려는 이데올로기[49]가 지배적으로 되어가는 시대야말로, 그 허위성을 고발하고 차이의 현재화와 가해성의 자각을 사람들에게 어필하는 이러한 전략이 요구되는 것이다.

그런데 '차이파'가 목표로 하는 바가 차이화를 둘러싼 헤게모니의 장악이라고 하면 적어도 다음의 두 가지 과제를 해결하지 않으면 안 된다. 하나는, 일방적인 차이화=의미화의 부당성에 대한 고발이며, 또 하나는 억압된 의미의 현재화=얼터너티브한 가치의 창조이다. 「푸른 잔디」의 운동은 이들 과제를 제기하면서도 후자에 대해서는 구체적인 것을 대부분 남기고 있지 않다. 그리고 「독렉스」나 초기 「態変」도 「푸른 잔디」가 도달한 그 앞으로 발걸음을 뗄 수는 없었다. 그들/그녀들이 덧붙인 것은 전자의 과제에 응하기 위한 보다 효과적인 방법이다. 계몽이나 그렇지 않으면 실력 행사와 같은 방책밖에 가질 수 없었던 70년대까지의 운동과 비교해 기호의 질서에 흔들기를 거는 그 시도는 확실히 과격하다. 그러나 그것은 어디까지나 두 가지 과제 중 전자를 둘러싼 방법론상의 혁신에 지나지 않으며, 후자의 과제는 아직 손대지 못하고 있는 상태이다.

이 과제에 대답하기 위해 하나의 가능성을 추구하고 있는 것이 현재의 「態変」이다. 대항적인 발상에서 빠져나와 자기의 표현 활동에 예술로서의 위치를 다시 부여해 「態変」는 주체적으로 의미가 부여된 차이를 장애인 신체상에 구축하는 것에 성공하고 있다. 장애인 신체에 배정된 부정적인 의미를 반전하고, 얼터너티브한 가치로 승화함에 즈음하여 연극공간은 절호의 장소였다. 원래 그곳은 그러한 새로운 가치의 창조, 의미의 발견을 위한 실험실과 같은 곳이다. 물론 그렇다고 무대에 서는 장애인의 신체가 그대로 받아들여지는 것은 아니다. 억압된 의미를 현재화시키기 위해서는 컨텍스트의 고쳐 쓰기가 필요하다. 그것을 가능케 하는 것이 연기이며, 연출이다. 연기하는 것, 연출함으로써 비로소 차이화된 것으로서의 장애인의 신체, 차이화하는 신체로 반전하는 것이다.

나는 이러한 「극단 態変」의 모습 중에 종래의 '차이파'와는 다른, 새로운 '차이파'의 가능성을 발견할 수 있다고 생각한다. 종래의 그것이 일방적으로 차이화되었다는 부정적인 사실에 구애받는다는 의미에서의 '차이파'라로 하면, 새로운 그것은 자신의 의지로 차이화해 간다는 의미에서의 적극적인 '차이파'이다.[50] 金滿里의 다음의 말은 상징적이다.

> "나는 그 후의 인생을 위해 자신이 장애인이 되는 것을 선택한 것 같은 느낌마저 든다. 다른 사람은 좀처럼 이해하기 어렵겠지만 이것은 강한 체 하는 것이 아니다. 진지하게 그렇게 생각하는 것이다. 여러 사람들에게 도움을 받고 또 살아갈 수 있도록 하기 위한 진짜 표현・예술이라는 것을 추구하기 위해 그 모두가 필요했다는 생각이 든다."[51]

새로운 '차이파'가 예술이라는 탄력성이 높은 장에만 허용되는 특수한 존재인가 아니면 그 테두리를 넘어 다른 영역으로 확대될 가능성을 가지는 것인가, 지금으로서 확실한 것은 말할 수 없다. 어쩌면 비장애인 중심으로 조직된 앎의 질서의 탈 구축을 목표로 하는 장애학이라는 '운동' 또한 학문이라는 영역에 있어서의 그러한 영위의 일환일지 모른다.

[주]

(1) 예를 들어 국제적인 장애인운동센터인 국제장애인연맹(DPI)이 이러한 입장을 주장하고 있다.

(2) 영국, 그중에서도 '장애의 사회이론'(Social Theory of Disability)에 있어서는 통상 handicap이라는 단어로 표현되는 내용이 disability라는 단어로 표현되고 있다. 마찬가지로 disability라는 말로 보통 나타나고 있는 것에 impairment라는 단어가 쓰이고 있다. 영국 관련의 문헌에서는 이 점에 주의가 필요하다. [長瀬, 1996]

(3) 이러한 입장을 대표하는 것으로 여기에서는 M. Oliver가 정식화한 "The Social Creation of Disability Thesis"을 든다. [Oliver, 1990]

(4) [立岩, 1998]. 한편 '차이파'로서 立岩가 염두에 두고 있는 것은 「푸른 잔디」의 모임이다.

(5) 본고에서는 지체장애인들을 한정해 다루지만 '차이파'의 가능성을 생각함에 즈음하여 농문화운동을 잊어서는 안 된다. 단, 그 기반을 이미 거기에 있는 독자적인 문화와 커뮤니티에 구할 수 있는 농인과 그것들을 가지지 않는 곳에서 출발해야 하는 지체장애인과는 운동의 성격면에 있어 상당히 다른 것이 된다. 농문화운동도 포함한 보다 포괄적인 검토는 향후 과제로 하고 싶다. 한편 역시 독자적인 문화나 커뮤니티를 소유하는 맹인들의 움직임 속에도 '차이파'에 연결되는 징후를 간파할 수 있지만, 현시점에서 그것은 커뮤니티의 외부로 향한 집합행위로서 현재화되고 있지 않다(농문화・농문화운동에 대해서는, [Lane, 1992] [木村・市田, 1995] [森, 1998] 등을, 맹문화에 대해서는 [杉野, 1990] [杉野, 1997] [Sugino, 1997]을 참조).

(6) 예를 들어 '장애는 개성이다'고 한 말의 배후에는 동질성을 강조하는 '평등파'의 사고와는 다른 이질성의 승인이라는 사고방식이 보인다. 직접・간접은 별개로 「푸른 잔디」의 운동이 이러한 전환을 준비한 것은 틀림없을 것이다.

(7) 장애인해방운동의 논리로 흘러 장애인운동 전체에 있어서의 위치 부여를 개관한 것으로서는, [楠, 1982] [津田 외, 1977] 등이 있다.

(8) 전국 「푸른 잔디」의 모임의 기관지 92호 [전국 푸른 잔디, 1973]는 모임 발족 이후 16년의 발걸음을 되돌아보고 활동을 총괄하는 특집을 짜고 있다.

(9) 60년대에 들어서면 모임 내부에 사회활동부라는 섹션이 마련되어 생활상의 제 문제에 대한 대처가 이루어지고 있다. 단, 그러한 활동은 일부 회원에 의해 전개된 것에 지나지 않고, 이 시기 모임전체의 것으

로 된 적은 없었다.

(10) 마하라바촌과 大佛空에 대해서는, [岡村, 1988] [橫田, 1975] [小山, 1981]등을 참조.

(11) 이 사건에 대해서는 「푸른 잔디」 神奈川縣연합회의 기관지 〈결음〉 10~15호를 참조(이들은 합본 [神奈川 푸른 잔디, 1989](상권)에 수록되어 있다).

(12) 각 '행동 강령'은 橫田弘가 결음 11호 (합본 [神奈川 푸른 잔디, 1989](상권)에 수록)에 독단으로 게재한 '우리들 이리 행동 한다'라는 제목을 붙인 네 항목의 선언문에 '우리들은 비장애인 문명을 부정한다.'는 항목을 추가한 것이다. 당초 이 선언문을 둘러싸고 神奈川縣연합회내부에서 橫田에 대한 엄격한 비판이 있었다고 한다(橫田, 1975).

(13) 「푸른 잔디」의 운동에 대해 비판적인 태도를 취한 것은 꼭 보수적인 입장의 사람들뿐만 아니다. 「푸른 잔디」비판에 가장 열심이었던 것은 오히려 구 좌익세력의 일부였다. 예를 들면 田中(1977) 등에 그 전형을 볼 수 있다.

(14) 그 후 장애인운동을 선도하게 되는 사람들 가운데에도 「푸른 잔디」의 운동을 거쳐온 이가 적지 않다. 예를 들어 安積(1993)이나 金(1996)에는 그러한 체험이 기술되어 있다.

(15) 70년대의 「푸른 잔디」운동에 대해서는 橫塚(1981), 橫田(1979), 小山(1981)등 운동의 담당자 자신에 의한 것으로, 이 외 立岩(1990), 荒川・鈴木(1996), 倉本(1997) 등을 참조.

(16) 杉野昭博는 "橫塚晃一이 싸우고 있었던 것은 밖의 비장애인 사회보다도 내부의 비장애인 환상이었던 것이 아닐까? 자신 안에 있는 비장애인에의 동경을 불식하고, 스스로 '장애'의 정체성을 받아들이지 않는 한 그에게 자기 해방은 없었다."라고 말하고 있다(杉野, 1997).

(17) 橫塚, 1981, p. 72.

(18) 아름다움과 권력을 둘러싼 페미니즘이나 흑인학의 지견을 근거로 하면 이러한 기술은 부적절할지 모른다. 단, 여기에서는 문제의 소재를 이해하기 쉽도록 젠더나 민족성에 대해서는 굳이 빼고 생각하고 있다. 이러한 방법이 내포하는 문제점을 의식하지 않는 것은 아니지만 다음 과제로 하고자 한다.

(19) 橫塚, 1981, p. 51.

(20) 橫塚, 1981, p. 95.

(21) 橫塚, 1981, pp. 52~53.

(22) 橫塚晃一의 사상과 「푸른 잔디」운동의 한계에 대해서는 졸고 倉本(1997)을 참조. 또 정체성・정치학이 내포하는 함정 일반에 대해서는 石川(1992)를 참조.

(23) 北島, 1997, pp. 20~21.

(24) 河野秀忠는 프로 레슬러에 대해 "비장애인성의 극치라기보다 내게는 일탈(괴물)의 범위에 생활하고 있는 사람들로 보인다."라고 하면서 "그 사람들이 운영하는 격투기세계에 격투기와 가장 먼 거리에서 살고 있다고 여겨진 장애인이 같은 수법과 순서로 참여하려고" 하고 있다고 진술하고 있다(河野, 1993).

(25) 北島, 1997, pp. 197~198.

(26) 北島, 1997, p. 51.

(27) 北島, 1997, p. 71.

(28) '이화로서의 정상화'라고 한 바와 같이 최근 장애인 관련의 영역에서 '동화'의 반대어로서 '이화'의 단어를 이용하는 일이 있다 (예를 들면 [堀, 1994]). 그러나 여기에서 말하는 '이화'란 그것과는 전혀 다른 개념이다. 러시아·포르말리즘에 근원을 두고 브레히트의 연극에서 다용된 이 기법은 평상시 눈에 익은 사항을 일상의 연관과 어긋나게 하는 것으로, 일상 감각으로부터 소원한 것으로 바꾸어버리는 수법이다 ([브롯호, 1976]). 「독렉스」의 시합을 관전한 사람들은 그 이화 효과에 의해 지금까지 익숙해져 친숙해 온 장애인 이미지 그대로 그/그녀와 상대할 수는 없게 되는 것이다.

(29) 北島, 1997, pp. 53~54.

(30) 「독렉스」의 대표적 레슬러인 삼보愼太郞나 야신(욕수)매그넘 浪貝 등이 매일 직면하고 있는 혹독한 현실은 [北島, 1997]의 도처에서 읽을 수 있다.

(31) 北島, 1997, pp. 94~95.

(32) 北島, 1997, pp. 97~98.

(33) 이 점에 대해서는 北島 자신이 다음과 같이 쓰고 있다. "그러나 관객에게서 회수한 앙케이트 용지를 훑어 보고 있노라면 점차 즐거워할 수 없게 되었다. 장애인도 하면 된다고 생각했습니다, 장애인이 싸우는 모습에 감동했습니다, 장애인이 매우 빛나 보였습니다, 앙케이트 용지에는 그런 말만이 나열되어 있었다. 관객이 배 이상으로 늘어나도 왜 비판하는 목소리가 없냐는 것이다. 그것이 너무나도 이상했다." (北島, 1997, p. 70).

(34) 단련된 젊고 건전한 육체를 전제로 아크로바틱적인 표현으로 가속화되는 현재의 댄스(신체표현)의 실태에 한계를 간파하는 관계자들 사이에서는, 「態変」에 한정하지 않고 일련의 장애를 가진 아티스트들의 활동이 주목받고 있다(유럽 장애인들에 의한 얼터너티브한 연극/댄스에 대해서는 [코스로스키, 1997]을 참조).

(35) 「푸른 잔디」와의 만남과 거기에서의 활동, 조직을 떠나게 된 경위에

대해서는 金(1996) 제4장・제5장을 참조.
(36) 金, 1996, p. 170.
(37) 金, 1996, pp. 173~174.
(38) 「態変」의 공연 기록은 [「극단 態変」, 1993]에 수록되어 있다.
(39) 金, 1996, pp. 177~178.
(40) 나는 이 공연을 실제로 보고 있지만 여기에서의 기술은 오로지 [金, 1996] pp. 181~185에 의거하고 있다.
(41) 金, 1996, pp. 185~186.
(42) 金, 1995, p. 256에 "나는 자신으로서는 장애를 표현으로서 어떻게 살릴 수 있을 것인가라는 것 같은 것을 테마로서 포함하고 있었지만, 안에는 이것이 우생보호법에 대한 장애인으로부터의 회답이다라는 사람도 있고."라는 기술이 있다.
(43) 金, 1996, p. 184.
(44) 金, 1996, pp. 184~185.
(45) '하늘' 3부작이란 '청천벽력', '꿈꾸는 기상 천외', '천국의 숲'의 세 작품을 가리킨다. 그 중 '천국의 숲'은 「극단 態変」 최초의 해외공연이 된 케냐 공연에서의 공연제목이다.
(46) 金, 1995, p. 347.
(47) 金, 1996, p. 182.
(48) 金, 1995, p. 348.
(49) 오늘날 장애인복지의 주도적 이념이 되고 있는 '정상화'도 그러한 이데올로기의 일부이다(杉野, 1992; 横須賀, 1996).
(50) 이러한 움직임은 일본만의 것이 아니다. 미국에서는 장애를 긍정적으로 의미부여하고자 하는 장애문화운동의 흐름이 형성되어 있다고 한다(長瀬, 1998).
(51) 金, 1996, pp. 212~214.

〈참고문헌〉

安積遊歩(1993) 『癒しのセクシートリップ‥私は車イスの私が好き！』. 太郎次郎社.

荒川章二・鈴木雅子(1996) 一九七〇年代告發型障害者運動の展開‥日本腦性マヒ者協會青い芝の會をめぐって. 『靜岡大學教育學部研究報告』(人文・社會科學篇), 47.

石川准(1992) 『アイデンティティ・ゲーム‥存在証明の社會學』. 新評論.

岡村青(1988)『脳性マヒ者と生きる・・大仏空の生涯』. 三一書房.
神奈川青い芝の會(1989)『あゆみ創立三〇周年記念号（上・中・下）』. 青い芝の會神奈川縣連合會.
河野秀忠(1993) キミはドッグレッグスの勇者たちをみたか.『ノーマライゼーション研究一九九三年年報』.
北島行德(1997)『無敵のハンディキャップ・・障害者がプロレスラーになった日』. 文藝春秋.
金滿里(1995)『銀河叛亂・序說』. 岸田美智子・金滿里（編）私は女（新版）. 長征社.
金滿里(1996)『生きることのはじまり』. 筑摩書房.
木村晴美・市田泰弘(1995) 聾文化宣言・・言語的少數者としての聾者.『現代思想』, 三月号, 青土社.
楠敏雄(1982)『障害者解放とは何か・・'障害者'として生きることと解放運動』. 柘植書房.
倉本智明(1997)『未完の〈障害者文化〉・・横塚晃一の思想と身体』. 社會問題硏究, 47(1), 大阪府立大學社會福祉學部.
劇団「態変」(1993)「態変」『舞台寫眞集』. 東方出版.
コスロウスキー, ステファン(1997) 異形のバレエ 內田のり子・仙城眞譯, イマージュ 11, イマージュ.
小山正義(1981)『いきざま・・ある脳性マヒ障害者の半生』. ＪＣＡ出版.
杉野昭博(1990) 障害の文化分析・・日本文化における盲目のパラドックス.『民族學硏究』, 54(4).
杉野昭博(1992) ノーマライゼーションの初期概念とその変容.『社會福祉學』, 33(2), 日本社會福祉學會.
杉野昭博(1997)『障害の文化と共生の課題 青木保ほか編岩波講座 文化人類學』. 第八巻 異文化の共存, 岩波書店.
全國青い芝の會(1973)『青い芝九二号』. 日本脳性マヒ者協會全國青い芝の會.
立岩眞也(1990)『はやく・ゆっくり・・自立生活運動の生成と展開. 安積・岡原・尾中・立岩生の技法・・家と施設を出て暮らす障害者の社會學』. 藤原書店.
立岩眞也(1998) 一九七〇年.『現代思想』, 二月号, 青土社.
田中昌人(1977)『障害者教育に對する攻擊と攪亂の諸潮流批判』. 五十嵐

顯ほか編講座 日本の教育 別巻 教育諸潮流の批判. 新日本出版社

津田道夫 · 木田一弘 · 山田英造 · 齋藤光正(1977) 『障害者の解放運動』. 三一書房.

長瀬修(1996) 障害 (者) の定義 · · 英國の例 (上), 『ノーマライゼーション』, 六月号, 日本障害者リハビリテーション協會.

長瀬修(1998) 障害の文化、障害のコミュニティ. 『現代思想』, 二月号, 青土社.

堀正嗣(1994) 『障害兒教育のパラダイム轉換 · · 統合教育への理論研究』. 柘植書房.

ブロッホ, エルンスト一九七六異化片岡啓治 · 種村季弘 · 船戸滿之譯, 現代思潮社.

森壯也(1999) 聾文化における身体性と文化 · · 順序性と同時性. 『現代思想』, 六月号, 青土社.

横須賀俊司(1996) ノーマライゼイションに求められるもの · · 多元主義の思想. 『社會福祉學』, 37(1), 日本社會福祉學會.

横田弘(1975) 『ころび草』, 自立社.

横田弘(1979) 『障害者殺しの思想』. JCA出版.

横塚晃一 (1981) 母よ！殺すな(增補版). すずさわ書店.

Lane, H. (1992) *The Mask of Benevolence*. Alfred Knopf.

Oliver, M. (1990) *The Politics of Disablement*. Macmillan.

Sugino, A. (1997). *Work and the blind identity in Japan with reference to the British experience*. Ph.D.Thesis,London School of Economics and Political Science.

제 9 장

역사는 만들어진다

花田春兆
Hanada Shuncho

들어가며

1997년 5월 25일 오후 미네아폴리스를 이륙한 노스웨스트기는 아직 북미 대륙의 상공에 있어 날짜는 바뀌지 않았다. 미국 장애학회(SDS)에서 일본으로의 귀로였다.

동행은 3명. 나와 장애 커뮤니케이션 연구소 대표로 통역을 부탁한 長瀨씨와 프리 라이터로 활동보조인인 坂部군.

長瀨씨는 이번 학회의 메인테마인 장애태아의 통제 문제와 관련해 일본 「푸른 잔디 모임」의 우생보호법에 대한 격한 반대 운동에 관한 강연, 나와 坂部군은 2000년에 이르는 일본문화와 장애인과의 깊은 역사를, 컴퓨터아트로 표현한 비디오 에비스 만다라의 상영으로 각각 적절한 반응을 얻고 있었던지라 학회의 여운은 강하게 남고 있었다.

"장애인관련의 학회에서도 앞으로 주목받는 분야로서 역사라든가 문학 분야가 재미있을 것 같다. 다시 봐야 할 테마이네."라고, 유엔 직원을 비롯해 정책분야를 걸어온 長瀨씨가 이렇게 중얼대기 시작한 것만으로도 나로서는 뜻을 이룬 것 같았다.

1. 여흥 등이 아니라

이야기는 우선 비행장 출발을 앞두고 빠듯하게 있었던 분과회에서 長瀨씨가 늦게 들어온 백발의 키 큰 신사로부터 받은 이야기의 메모로부터 시작되었다.

내용으로 보아 내가 살며시 기대하고 있었던 셰익스피어의 연구자로 그 분과회의 강의를 위해 올라와 있었던 사람인 듯하다. 전해진 주장의 요지는 대략 다음과 같은 것이었다.

"의학을 위주로 한 장애인에 대한 대응이 생활·복지로의 관점이 얽혀서 정치·경제를 포함하는 사회과학, 노동·고용문제 그리고 심리학, 최근에는 문학도 대상에 더해지게 된 것은 진보로서 환영받아야 할 것이다. 그러나 현실적으로 문학 등은 아직 가볍게 생각되고 있어 제구실을 하는 것으로 다루어지고 있지 않다. 기껏 파티의 여흥정도의 의미밖에 덧붙여지지 않고 있다. 이번 학회에서도 마지막 날 게다가 일요일 아침이라는, 사람들이 가장 모이기 어려운 시간대를 할당하고 있는 것이 그 증거이다."

그래서 나오지 않았다(늦게 와서 강연자 자리에 자리잡지 않았다)고 말하려는 태세이다.

파티의 여흥이라면 화려하고, 사람들이 밀려오는 일단 주목받는 존재이기 때문에 나쁘지는 않다고 생각하지만, 그렇게 일컬어지면 행사의 주제와는 관계가 없는 것이 많고, 마시는 것이나 서로의 잡담에 열을 올려 별로 질문받지 않는다는 점에서 보면 무거운 의미가 부여되지 않음은 확실할 것이다.

장애인관계의 회의이면서 문학이나 역사 분과회를 정식으로 마련하고 있는 것에 주목하여 멀리 일본에서 참가해 본 이 학회에서마저 이러한 소리를 들으니 하물며 다른 학회에서의 모습은 익히 미루어 짐작할 수 있을 것이다.

문학이 그러하니 역사 분야는 더욱 뒤돌아보고 있지 않다고 해도 과언이 아니다(그러니 에비스 만다라가 주목받고 평가되는 것이지만……).

어쨌든 장애인관련으로 이제부터 재미있어진다, 아니, 재미있게 해 가지 않으면 안 되는 분야임에는 틀림없다.

2. 선별 육아의 수수께끼

역사 분과회를 경험하고 확인하고 싶은 것이 있었다.

고대 그리스의 스파르타에서 행해지고 있었다는 선별 육아법이다. 엄밀히 말하면 그 대상이 장애아에 한정된 것은 아니었지만…….

무력존중의 군사국가(도시국가)로 여겨지고 있는 스파르타에서는 강하고 튼튼한 아이만을 기르기 위해 매우 특이한 선별 방법이 실시되고 있었다. 즉, 아포테타이의 깊은 못이라 불리는 연못에 던져 떠올라 물가로 오면 살려서 기른다는 것이다. 스파르타에서 아이는 부모의 물건이라기보다 국가의 물건으로서 키울 수 있어야 했던 것이다.

전술한 것 같이 이번 학회의 테마가 장애태아의 통제 문제인 것도 있고 해서 이 고대 그리스의 역사를 언급하는 강의는 프로그램 안에서도 특히 흥미를 끌고 있었다.

깊은 못이라는 것도 장애태아의 인정에 이용되는 것이 양수검사인 것으로 말하면서, 개최 장소가 미시시피강의 원류에 가깝고 부근에는 천 개의 호수가 있다는 '물의 미네소타'라고 하면서, 나아가 에비스로 변신하기 이전의 히루코가 바다에 흘려지고 있는 것도 병행하여, 물에 인연이 깊은 모임이라고 생각되어 한층 더 강한 인상을 받았을 것이다.

그런데 長瀨씨가 내보여 준 메모에 의한 해설은 의외였다. 그러한 사실을 증명하는 것 같은 문헌은 하나도 없다는 것이었다.

즉 그 젊은 여성학자의 강의에 의하면, 아무래도 역사적 사실로서는 인정받을 수 없다는 것인 듯하다. 극단적으로 말하자면, 사실 무근의 꾸며내기일 수도 있다. 무척 기대하고 있었던 것만큼 따돌림 당한 것 같은, 허탕친 것처럼 맥이 빠졌다.

운운되고 있는 사항을 부정할 경우, 왕왕 깊은 생각이나 편애로부터 그러한 일은 일어날 리가 없는 것이다……라는 희망을 품은 심리적인 것 또는 자기에게 불이익이 되는 것은 인정하지 않을 정치적인 작용이 근저에 있어서 크게 영향을 끼치는 일이 많다.

그러나 이 연구자의 경우 그 어느 쪽의 영향도 현저하다고는 생각할 수 없고, 생각하고 싶지도 않다.

그렇다면 왜 그러한 잔혹한 인간선별의 이야기가 만들어진 것인가?

노트의 정리에 옮겨져진 長瀨씨와 달리 옆 자리의 坂部군과의 사이에서 이야기는 전개되고 있었다. 비행중 기내의 음향과 흔들림 속에서…….

그 역사로서 정착해버린 이야기가 시작되어 널리 유포되어 가는 요인이 스파르타와 대립하는 아테네에 의해 형성된 것임은 의심의 여지가 없다. 먼저 쇠퇴해져 간 스파르타보다도 나중까지 번영한 아테네측이 이후의 역사를 지배해 간 것과 마찬가지일테니까…….

아테네 입장에서 보면, 자국의 문화적 우위성을 과시하기 위해서도 상대를 야만적인 국가로서 대내외적인 인상을 부여하고 싶었을 것이다. 또, 군국 스파르타의 무력에 대한 공포도 충분히 작용하고 있었음도 확실하다. 그리고 그 강함을 만들어 내고 있는 것이, 사실은 보통인 것이 아님에 이유를 붙여 억지로 납득하려고 하는 증거로 보이는 것은 아닐까…….

이러한 나의 해석에 대해 마지막에 내놓은 坂部군의 일설은 어떤 의미에서 결정적인 무게를 갖추고 있는 것이었다. 대담한 가설. 그것은 이렇다.

사실은 아테네 자신도 그것에 가까운 것(주로 장애나 허약을 대상으로 한 유아의 통제)을 하고 있었던 관계로, 그것을 정당화하고 비판의 시선을 돌리기 위해 아테네 당국이 의도적으로 유포한 것이 아닐까라는.

물론 그것을 실증할 가능성은 없는 것과 마찬가지일 것이다.

그러나 그러한 현상은 원자・수소폭탄실험이나 생물・화학 병기의 생산을 증거로 낼 필요까지도 없고, 대립하는 세력 사이에서는 상투적으로 일어날 수 있는 것이 아닐까?

게다가 장애아에게 한정된 것이 아닐지도 모르지만 아이를 바다나 강에 유배시킨다는 이야기는 세계 각지의 신화나 전설 같은 곳에서 곧잘 나오는 것으로, 딱히 희귀한 이야기에도 속한다고 볼 수 없지 않나? 그렇다 치면 스파르타나 아테네만이 예외였다고 생각하는 쪽이 무리가 아닐까?

불이 없는 곳에 연기는 나오지 않는 말은 아니지만 정말로 완전히 아무 것도 없었다고는 생각할 수 없다는 점에서는 분명히 일치하고 있었다. 인간의 역사가 그렇게 아름다운 것만으로 구성되어 있다고는 생각할 수 없지 않을까?

일본으로 비행의 4분의 1쯤 왔을까? 출발한 미네아폴리스는 드디어 늦은 저녁을 맞이하고 있을까? 피로가 침묵을 불러오고 있었다.

그리고……. 成田에 가까이 옴에 따라 세 명은 세 명의 생각으로, 체험해 온 것 같은 장애학회를 일본에 구축할 것을 생각하기 시작했을지도 모른다.

그러나 일단은 그 문제로부터 벗어나자.

3. 장애아를 둘러싼 "죽이기"와 살리기

바다나 강으로 흘려보내는 것으로 상징되는 것 같은 장애아를 주 대상으로 한(?) 태아·유아·영아를 조절한 사실, 조절·안락사·(약간 사정과 조건은 다르지만) 일가족 동반자살 등의 표현으로 미화되어도 「푸른 잔디」 논객들이 규정하는 "장애아 죽이기"가 행해지고 있었던 사실은 지워지지 않는다.

또 냉정한 현실에 눈을 돌릴 것을 주의하면서도 냉정한 사실을 관철하는 것만으로는 아무리 해도 완전히 수습되지 않는 것이 마음을 차지해 퍼져 가는 것을 지울 수 없는 것이다. 구원을 바라는 기원이며, 기도와 닮은 것일지도 모른다.

그러한 기도를 닮은 마음의 주인은 어느 때에도 존재하고 있었던 것 같다.

흘려져 버림받은 아이들을 훌륭하게 구해 버린 것이다.

노부부로 사냥꾼·어부이며, 요정·코비토이며, 때로는 늑대·곰같은 동물이지만, 어쨌든 구하는 이를 등장시킨 것이다. 물론, 그것은 상당히 운이 좋았던 것이고, 장래의 빛남이 약속되는 것 같은 존재이기 때문이라는 조건이 붙어 있다고 생각되지만…….

그리고 그 구원자들은 모두 이름 없는 서민들이며, 결코 권력이나 재력을 보유하고 있는 사람들이 아니었던 점에 유의하지 않으면 안 될 것이다.

비디오 에비스 만다라의 타이틀도 되고, 원점이기도 한 에비스*에 관한 민간신앙도 그 전형적인 하나의 예가 아닐까?

일본판 아담과 이브에 해당하는 이자나기노미코토와 이자나미노미코토의 사이에 태어난 최초의 아이가, 사실은 뇌성마비를 연상케 하는 중증장애아였다. 하반신은 능숙하지 않고 몸은 흐물흐물하며, 말도 못했던 것 같다. 농약시대 이전에는 밭 등에서도 팔랑팔랑 헤엄치고 있었으며, 사람이나 동물의 피를 마시고 있었던 거머리를 닮아 히루코라 불렸지만 나라만들기에 바쁜 부모에게 버림을 받아 갈대배에 태워져 바다에 흘려져 버린다. 따라서 신들의 증거인 미코토**라는 이름을 갖고 있지 않다.

이렇게 古事記 등 권력자측의 정규 역사로부터는 지워져 버린 이 존재가 시간을 두고 서민에게 복의 신으로서 모습을 나타낸 것이다. 부활. 인권 아닌 신권의 '복권'이니 그것이야말로 바로 사회적 재활이다.

본래 선천성 장애여서 있던 것이 상실된 것이 아니라 처음부터 잃어버려야 할 것을 갖고 있지 않았기 때문에 재활의 '재(re)'는 불필요하며, 정확히는 habilitation일 것이다.

그것은 그렇다치고 그 히루코가 어떻게 에비스로 변신하느냐이다.

히루코를 태운 갈대배가 흘러 닿았다고 해서 그 땅에 에비스를 모시는 신사는 瀬戸内海 동부, 멀리는 九州 동남해안에도 있지만 蛭子로 써서 에비스로 읽고 있는 신사가 있기 때문에 이것

* (역자주) えびす(에비스: 惠比須・惠比壽・夷・蛭子) 칠복신(七福神)의 하나. 오른손에 낚싯대를, 왼손에 도미를 안은 바다・어업・상가(商家)의 수호신

** (역자주) 命・尊(미코토): 고대(古代)에 신(神)이나 귀인(貴人)의 이름에 붙인 높임말.

은 이미 결정적일 것이다. 그 외에 蛭의 글자를 에비로 읽는 예가 일본에 있을까?

사회적 재활은 수행하고 있고, 신체적으로도 현저한 회복을 보이고 있는 에비스지만, 장애는 분명히 남기고 있다. 낚싯대를 한손으로 도미를 껴안은 그의 모습은 무너진 책상다리로 웅크리고 있다. 서지도 걷지도 않는다. 거기에 大阪 今宮에비스에서는 귀가 먼 것으로 되어 있다. 그러나 이것도 언어장애로 답변이 늦거나 듣기 힘든 것을 성급하게 귀가 들리지 않는 것으로 해버린 것이다라고 해석 못할 이유는 없다.

어쨌든 늦어도 江戶 중기의 칠복신신앙의 필두에 올릴 수 있을 만큼 일반 서민에게 침투하여 실재감을 강화해 간 것이다.

4. "ふく"와 "ふぐ"

칠복신신앙이 어떻게 일반 서민에게 친숙한 것이었냐는,

弁天をのぞけばあとはかたわなり(변재천을 제외하면 다음은 병신)

이라는 센류(川柳)*가, 초기의 柳多留(센류 선집)에 실려 있는 사실로부터도 알려져 있다. 이만큼의 표현으로 읽은 사람에게는 에비스・다이코쿠・호테이……로 계속되는 칠복신의 실루엣이 상상될 정도로 상식으로서 스며들고 있었다. 그렇기 때문에 비만의 한도를 넘고 있는 듯한 호테이, 수두증으로도 보이는

* (역자주) 川柳: 俳句(하이쿠)와 같은 형식인 5・7・5의 3구 17음으로 된 단시(短詩).

엄청난 머리 크기의 쥬로진·후쿠로쿠쥬, 피부나 골격이 이상할 정도로 울툭불툭한 비샤몬……과 비교해 보면, 물론 일년 내내 웃고 있는 다이코쿠는 지적장애인 같고, 에비스는 지금 말한대로이며, 제대로 된 것은 유일한 여성인 벤텐 정도로, 그 외는 분명히 모두 심상치 않다. 즉 '병신'(장애인·기형)이 아닌가라고 조롱조로 놀리려는 기분도 샘솟는다는 것이다. 어느 정도 널리 공통적으로 공감할 수 있는 기반이 없으면, 센류의 웃음으로서 성립할 리가 없다. 그것이 없으면 필경 썰렁한 자기만의 웃음에 지나지 않는 것이다.

그렇다 치더라도 이 센류에서는 유일한 예외이며 성역으로 인정받고 있는 벤텐님도 후의 속설에서는 말로 나타내는 것이 꺼려질 만큼 성적인 이상함을 품게 돼 버린다.

즉, 복을 맡는다고 여겨지는 신들(매우 인간적인)은 결손·기형을 의미하는 불구의 신들이 돼버리는 것이다.

'ふく'와 'ふぐ'*. 이 두 가지 말, 여담일지 모르지만 밀접한 관련으로 연결되어 있다고 말할 수 있다. 자칫 동일어의 가능성조차 있다. 원래 일본어에는 연탁이라고 해서 동일 단어를 되풀이하거나 복수의 단어를 합하여 하나의 숙어로 할 경우, 뒤에 연결되는 단어가 청음에서 탁음으로 변하는 성질이 있다. 'ひとびと', 'かみがみ', 'ひとどおり', 'たきび' 등 의미는 같고 소리만 바뀐다. 역으로 말하면 H~B, K~G, T~D와 소리는 달라도 의미는 변함없게 된다. 이 성질은 'ささめく'가 'さざめく'가 되듯이 연탁 이외에도 보여지는 것 같다. 단락적으로 말하면 어떤 시기의 일본어에는 청음·탁음의 엄밀한 구별은 없게 된다. 고

---

* (역자 주) ふく(福)의 의미, ふぐ(河豚-'복어'의 의미)

전적인 仮名 쓰기에는 탁음점이 보이지 않는 것도 그 증거라고 말하면 말할 수 있을 것이다.

그러한 것보다 더욱 간단한 예도 있다.

겨울의 미각으로 여겨지는 복어. 東京에서는 분명히 '복어'로 (발음이) 흐려지지만,* 본 고장 下關근처에서는 'ふく(후쿠)'라는 맑은 소리로 부르고 있다고 한다. 정말로 'ふぐ'과 'ふく'은 동일하다는 것이다.

더욱 비약일지도 모르지만 江戶 시대에 실재 모델이 존재했다고 하는 장사를 번성케 해 주는 마스코트인 福助가 과장되게 말하면 3등신 내지 2등신의 머리로 소위 不具助로도 부를 수 있을 것 같은 모습을 하고 있어도 이상하기는커녕 당연한 말 것이 될 수도 있다. 'ふぐ'야말로 'ふく'이니까.

5. "손님(まろうど)"이 의미하는 것

불구가 복인 것의 의미적인 관련에는 하나 더 福子 신앙이라는 것을 들 수 있다. 요즘으로 말하는 장애아가 태어나면 그 집이 번성한다는 것이다. 이는 한 권의 책으로 정리될 만큼 일본 각지에 뿌리내리고 있는 것 같다.

그렇게라도 믿지 않으면 고생해서 키우는 기력도 샘솟지 않는 것이 아닐까라든가 그 아이를 중심으로 운명에 맞서고자 하는 노력이 결과적으로 그 집의 번영을 가져온 것을 주변의 제삼자

*(역자 주) ふぐ의 ぐ=구

가 '저 아이가 복을 몰고 왔다'고 간단히 부러워한 것이 아닐까 라든가 해석을 덧붙이고 싶어 하는 것은 역시 현대적 사고 방법에 매여 있는 것일지도 모른다. 보다 근원적인 생명의 숨결의 표시로서, 느긋하게 느끼고 이해해야 하지 않나?

다시 시대는 거슬러올라 보다 간접적이 될 것 같지만, 칠복신 신앙의 기반에 관계될 것 같으므로 대강이나마 언급해 두고자 한다.

갑작스럽기는 하지만 여기에 등장하는 것은 국문학・민속학에서 알려진 折口信夫박사의 'まろうど(마로오도)'설이다. 특별히 따뜻한 마음으로 맞이하는(또 보내는) 귀중한 손님을 의미하는 'まろうど'. 그것이 '稀(まれ-마래 : 드문)人'에서 전화한 것은 우선 의심의 여지가 없다.

그런데 태어난 장애아, 나아가서는 장애인이 드문 사람, 즉 'まろうど'로서의 상태를 공유하고 있다고도 말할 수 있다. 일반적이지 않은, 지극히 귀한 '드문' 존재라는 점에서 말이다.

상당히 강제적인 연상임에는 틀림없지만 기형적인 것에 대한 두려움으로 태어난 경외의 마음에 의한 존재로 해버리는 것보다 같은 이단자로서 다루어져도 'まろうど'로서 대우되는 존재였다고 생각하는 쪽이 기분은 편해지지 않을까? 그리고 'まろうど'의 대부분은 바다 저편의 다른 세상에서 오는 것을 보통으로 하고 있다. 칠복신도 그 예에 들어가지 않을까?

ダイコク(다이코쿠)님. 일본 국적인 분의 大國主命*인 분이지만 이 ダイコク님의 지혜 주머니로 여겨지고 있는 スクナヒコナ

* (역자주) 出雲(이즈모)大社에 모시는 神인 大國主命(오오쿠니누시노미코토).

ノミコト(스쿠나히코나노미코토). 그야말로 'まろうど'의 전형으로 어울린다.

나방의 껍질을 벗겨 의복으로, 박주가리의 실제 콩깍지를 배로 하여 해안에 밀려온 그는, 풀의 이삭을 타고 놀면서 공중에 튕겨 날려질 만큼에 작은, 정말로 コビト(코비토)의 신이다. 그리고 바다 저편 미지의 나라에서의 손님(まろうど)이었던 것이다. 그런데 이러한 그가, 치수사업에서 벼 등의 농작물, 의학인 약초의 효능에서 재배법에 이르기까지 첨단기술을 익히고 있었던 것이다.

더욱 압권인 것은, 이 나라를 떠나는 결별의 장면이다. 불시에 종적을 감춘 그는 大國主命에 새삼 이별을 고하러 오는데, 그 나타나는 모습이 실로 예사롭지 않다. '넓고 푸른 바다는 빛나고, 목소리는 공중에 울려 퍼졌다'라고 하여 마치 UFO의 강력한 서치 라이트와 고성능 스피커가 아닐까라고 말하고 싶어진다. 그렇다, 그야말로 우주로부터의 'まろうど(마로오도)'였을지도 모른다. (竹取物語의 히로인, かぐや공주도 마지막엔 동료 우주인들?이 마중을 나와 원래 고향으로 돌아간다. 그리고 성장함에 따라서 급속히 지구인의 사이즈에 맞춰 변신을 이루는 것이지만, 원래는 대나무 마디에 들어갈 정도 スクナイコナ(스쿠나이코나)크기의 매우 コビト인 것이다. 우주로부터의 'まろうど'가 コビト크기인 것은 20세기 후반의 SF영화에 등장하는 'ET'도 마찬가지라서 재미있다.)

6. 발로는 못가도

또 スクナヒコナ의 등장에는 열쇠를 쥐는 인물(? 로서 이미 한사람의 '장애인'의 존재가 이야기되고 있다. クエビコ(쿠에비코), 다른 이름으로ヤマダノソホド(야마다노소호도)이다.

간단히 현대어로 번역하면, 그렇다고 현재의 도회지 아이에게는 먼 존재가 되어 버렸지만, 山田의 '허수아비(かかし)', 다리 하나인 허수아비이다.

다만 이 허수아비, 까마귀 등에 놀림받아 논 한복판에서 오도 가도 못하고 있는 근방의 허수아비와는 사정이 다르다.

大國主命의 일행이 이 작고 기묘한 생물의 정체를 알 리 없고, 어떻게 대응할지 모르고 있었을 때, 이것이야말로 신들의 나라에서 온 보기 드문 지능의 주인이라고 경력에서 재능까지를 정말로 훌륭히 밝혀 들려준 것이다.

'발로는 못가도 하늘이 발 아래 모든 것을 앎'이라고 평을 받을 만큼 정평있는 박식가였던 것이다. 단지 서 있었던 것은 아니다. 논의 한복판에서 전망 좋은 주위를 응시하고, 바람이 옮겨다 주는 여러 가지로 소리에 귀를 기울여 정보 수집에 노력하고 있었던 것이다.

그리고 움직일 수 없는 그를 도와 정보의 집산에 노력하는 '자원봉사자'가 있었다. タニクグ(타니쿠구), 즉 개구리이지만 단순한 개구리보다도 관록 있는 두꺼비가 어울린다. クエビコ(쿠에비코)를 大國主命에 소개하고 판 것도 바로 이 タニクグ(타니쿠구)였다.

クエビコ(쿠에비코)가 빠뜨리기 십상인 발꿈치 땅을 부지런히 돌아다녀서는 정보를 모아 보고하고, 한편으로는 クエビコ(쿠에비코)의 존재를 퍼뜨리면서 걷고 있었던 것이다. 이 고사에 따라 クエビコ(쿠에비코)를 자칭하는 뇌성마비 동호회가 활약하고 있다고 들었다. 물론 여기에도 タニクグ(타니쿠구)역으로 협력하고, 지지하고 있는 사람들이 있는 것은 확실할 것이다.

クエビコ(쿠에비코)와 관련된 여담으로 재미있는 이야기가 또 하나 있다.

유감스럽게도 아직 현실의 무대에서는 볼 수 없지만 古神道* 의 민속예능 춤 중에, 'えびす舞い(에비스마이)'라 불리는 유머러스한 일련의 춤이 있는 것 같다.

그 안에 허수아비를 주인공으로 한 것이 있다고 한다.

결실의 가을이 끝나고 임무가 끝난 허수아비에게 잘 했다고 신은 포상으로 발을 두 개 주신다. 그런데 한 발에 익숙해져 있었던 허수아비는 두 개 된 발이 서로 얽혀, 오히려 비틀거리면서 산으로 되돌아간다는 것.

철이 없다고 하면 말 그대로이지만 해석하기 여하에 따라서는 의학상의 재활과 장애인 자신이 가지는 생활적 재활과의 사이에 있는 갭이라는 장애학의 현재적 명제와 훌륭하게 결부될 듯하다.

일반적인 발 두 개로 하는 것이 최선이라고 해서 그것에 가깝게 하려고 하는 의학과 모처럼 친숙해진 발 하나로 생활의 페이스가 어지럽혀져 또 어지럽혀지고 싶지 않다고 반발하는 부류의

* (역자주) 일본 고유 종교

장애인과의 알력. 일반적으로 되는 것이 절대·최선의 방법이 아니라 장애인에게는 장애에 적합한 독자적인 생활이라든지 생애를 보내는 방법이 있는 것이라는 주장이다. 장애학의 기반도 이 근처에 둘 수 있을 것이다.

다만 내 개인적인 감정으로서는 만약 걸을 수 있게 될 수 있다면, 이대로 걷지 못해도 좋다고 속시원하게 말을 해댈 기세는 없다. 생애가 끝나려는 현재에 이르러도 자신의 발로 돌아다니고 싶은, 손을 자유롭게 사용하고 싶은 바람은 다 버리지 못하고 있다. 장애인으로서 눌러 앉아 책상다리를 하고 있는 것도 한꺼풀 벗으면 미련이 가득하다.

미련에 집착해 임종시 나쁘게 아무것도 하지 않는 것도 화가 나기 때문에 일이라고 칭하는 것을 꾸며내고 있다. 극단적으로 얘기하면 그런 것일지도 모른다.

그렇다고는 해도 아무리 좋아진다고(그것도 정도 문제이지만) 꼬임을 받아도 이른바 사는 보람이 되고 있는 생활이든지 일과 교환하게 되면 역시 고려하지 않을 수 없을 것이다.

의학적 재활과 생활 재활과의 균형. 이것도 장애학의 커다란 테마가 될 수 있지 않을까?

7. 정보를 지배하는 자

'발로는 못가도 하늘이 발 아래 모든 것을 앎'

이 얼마나 긍지에 찬 선언인가? 이렇게 クエビコ(쿠에비코),

山田의 허수아비를 찬양하는 말 치고는 너무 강한, 보통을 넘은 찬사가 아닐까? クエビコ(쿠에비코)를 핑계삼아 사실은……. 그렇다, 이 이야기를 이야기하고, 계승해 간 화자들의, 화자들 자신에 대한 자부의 외침이 아닌가? 그렇지 않으면 아무리 이 만큼의 자신에 넘친 말을 쏟아 부을 수는 없는 것이다.

사실, 이러한 이야기의 창조와 전승에 즈음한 이야기꾼이라 불리는 사람들은, 대부분 '발로는 못가도' (사실은 갈 수 없는) 상태에 있었을 것이라고 상정하는 것은 지극히 자연스러운 결과이다.

古事記의 원형을 실제로 구성한 이야기꾼들에 이르기 이전의, 이른바 원시적인 집들, 마을들의 이야기꾼들은 난롯불의 수비역이었음이 확실하다. 난롯가 가장자리는 사람들이 모이는 장소이며, 그것은 자연히 정보의 집산 거점이었다. 난롯불은 항상 꺼지지 않도록 지키지 않으면 안 되었다. 그 불의 수비역은 항상 화롯가를 떠나지 않는 사람에게 한정된다. 필연적으로 수렵이나 농경 등에 동원된 적이 없는, 직접 생산력으로서는 기대되지 않는 사람들. 즉 노인이 장애인이 된다.

'화로이야기'라는 말이 최근까지 전해온 것 같이, 사람들이 모여 정보가 오고가는 화롯가는 그 정보를 바탕으로 한 이야기가 만들어지고 이야기가 펼쳐지는 홈 그라운드였다. 그리고 거기의 주도권을 잡고, 정보의 집산을 장악하며, 컨트롤하고, 바이브레이션을 더해 누구라도 공유할 수 있는 이야기로 마무리해 간 이가 그들 화롯불의 수비역을 담당한 노인이 장애인이었던 것이다. 정보를 장악하는 자가 하늘 아래 모두를 아는 것은 인터넷의 현재와 다름없다.

그렇기 때문에 발로는 못가도 가슴을 펼칠 수 있는 것이다. 물론 그들이 クエビコ(쿠에비코)를 둘러싼 タニクグ(타니쿠구) 역의 존재에도 충분히 은혜를 받아서의 일이지만…….

古事記의 내용 모두를 암송·구술하고, 문자화·문장화해서 정착시키는 토대를 쌓은 것으로 여겨지는 稗田阿. 조정에서 공식적으로 대우받아 '이야기꾼'의 대표적·상징적인 존재가 되고 있는 그도, 고령으로 인한 맹목이었다고 전해진다.

장애인 중에서도 특히 시력장애인이 이야기꾼으로서 깊게 관련되고 있었음은 상상하기 어렵지 않다. 시력장애인 중에 기억력이 뛰어난 사람이 많다는 특징은 동서고금에 걸쳐 변하지 않는 현상으로서 존재한다. '다른데 관심을 쏟거나', '한눈 팔기' 등과 같은 상태와는 인연이 없는 정신의 집중에 의해 '귀동냥'으로 얻은 정보를 충분히 발효·숙성시켜 가는 조건을 구비하고 있었던 것이라고나 할까?

8. 선명한 작자의 투영

그리고 일본의 古事記뿐만 아니라 충분히 조사했다고는 말할 수 없어도 세계 각지의 신화나 오랜 전승 문학 속에 장애인이 의외일 정도로 많이 등장한다는 공통성은 인정받고 있다고 단정해도 좋을 것이다.

물론 장애의 문제는 인류가 시작된 이래, 즉 두 발로 걷기 시작한 무리함이 등뼈에 오기 시작한 이래의 영겁의 문제임에 틀림없다. 그리고 고대만큼 형태가 다른 것에 대한 소박한 외포의 마음이 강했던 사실도 엿볼 수 있다.

그러나 소위 이야기를 만드는 측에 관련된 나의 감정은, 그러한 내용에 의한 영향뿐만 아니라 작자인 화자들 자신의 농도 짙은 투영이 작용하고 있음에 동감해 버린다. 매우 단락적이지만 작자(화자)인 장애인들의 바람을 담은 분신들이 작품(이야기) 속에서 자유자재로 춤추고 있는 것이다.

되풀이하지만 장애인을 선명하게 등장시킬 수 있었던 것은 만드는 장애인 자신(혹은 그것에 가까운 사람들)이 건재해 있기 때문이다.

그것을 뒷받침하듯이 이야기를 만드는 사람들이 서민에서 궁정의 귀족・부인들에게 옮겨져 버리면 장애인들은 생기를 잃어 등장하는 일도 없어져 버린다. 우아함이라든가 전형이라든가 표면적인 것이 중시되는 궁정생활에서는 기형인 자의 존재는 실생활에 있어서도 기피되었음이 틀림없지만, 그것이 장애인들을 한층 이야기 창조의 장에서 멀리하게 하고, 점점 작품에의 영향력을 잃게 해 가는 것에 박차를 가해 버린 것이다.

그리고 간신히 장애인의 그림자는 서민을 기반으로 한 설화문학에 여기저기 보이게 될 뿐이었다. 장애인의 그림자를 둘 수 있는 무대도, 그 그림자를 떠오르게 하는 연출가들도, 한정된 한 편의 세계에 쫓겨 보내져 버린 것이다.

이야기 즉 문학이 작자・작자층의 변화・변천에 의해 변화・변천해 가듯이 역사라고 불리는 것도 기술자(화자・필자, 또 그것을 위촉하는 자)측의 의도・의향에 의해 변화・변천해 갈 가능성을 나타내고 있음은 의심의 여지가 없다. 방대해서 전부 떠낼 수 없는 현실에서 지극히 한정된 공간 안에 취사선택해야 하기 때문이다. 극히 눈에 뜨이는 것이라고 것 외에 취사선택에는 아무리 뭐라 해도 기술하는 측의 주관적인 가치기준이 우선시되는 것도 의심의 여지가 없는 것이다.

의도적이라고 하면 古事記 日本書紀가 천황가로 칭하는 大和조정의 정통성·우위성을 강조하기 위한 것임은 말할 필요도 없다. 적대시하고 있었던 궁성 부근이나 지방 호족들의 그것은 왜곡되거나 무시될 운명에 있다고 봐도 좋은 것이다. 조정내의 신흥세력에 멸망된 蘇我씨. 그 멸망을 알리는 저택을 태우는 불은 수일에 걸쳐 수도의 하늘을 태웠다고 있지만, 그 불 속에 古事記에 필적하는 것이 포함되어 있었다고 생각되지 않는 것은 아니다.

그럼에도 불구하고 大和조정이 정복한다는 결말은 약속되어 있다 해도 出雲를 비롯한 각지에서 직접 천황가와는 관계가 없는 설화가 산재해 있다. 분량을 조정하기 위함이기도 했겠지만, 역시 화자들의 생각이 면면히 뿜어져 나와 있는 모습임을 느끼지 않을 수 없다.

즉 권력자가 의도하거나 권력측에서의 역사의 그림자에 몇 개(라기보다 무한한)의 역사가 숨겨져 있는 것이다. 장애인의 역사도 그 예에서 제외되지 않는다.

그렇다면 고대 이후 귀족사회·무가사회와, 점점 역사의 무대로부터는 매몰되어도 그러한 역사·문학에 숨을 죽이고 그리고 민간전승 등에 약간의 활약의 장을 추구하고 있는 장애인들을, 외계인이 아니지만 훌륭하게 부활시켜 새로운 역사를 구축하지 않으면 또는 역사를 새로운 시점에서 구축해 고치지 않으면 안 된다.

시력장애인이나 한센병 관계로는 몇 몇 선인의 빛나는 실적이 있으며, 나의 〈일본의 장애인 … 그 문화사적 측면 (중앙법규)〉도 그런 시도이기도 한다.

물론 역사가 과거를 개간할 뿐만 아니라 현재와의 관련과 현재에 어떻게 활용될지에 관한 검토야말로 긴요한 것은 새삼 말할 필요도 없다. 장애학에서의 발전이 기대되는 것도 이 점에 있다.

그 점, 파헤쳐야 할 밀도가 짙은 역사가 있어 그에 대한 단서도 준비되어 있는 점에 있어 말하자면 '일본에 태어난 행복'도 느낄 수 있을 터이다.

9. 역사 · 문학 · 기술자

역사와 문학과 기술자. 이 연결을 아주 훌륭하게 가리키고 있는 좋은 예가 하나 있다. 武田信玄의 군사(軍師) 山本勘助이다.

井上靖의 명작 風林火山에서 그 제목이 된 武田의 깃발은 전국을 풍미하는 데 동시에 군사 · 山本勘助의 이름은 천하에 울려 퍼지게 된다.

그러나 이 남자, 외눈에 다리 한 쪽이 나빠 만신창이인 추남으로 손가락도 없고 하여간 세세한 곳까지 신경이 쓰인다. 그러나 군략의 재주는 발군으로, 특히 정보의 해석에 뛰어난 흔적이 있다. 당면한 적뿐만 아니라 제국의 상세한 지형에서 성의 모양새, 성 안 마을의 모습, 나아가 사람의 움직임에 이르기까지 마치 눈앞에 있는 것처럼 정확하게 지적하는 재능의 소유자였던 것 같다. 제국을 돌아다녔다고도 전해지고 있지만 실제로는 그렇게 돌아다녔다고는 생각할 수 없다.

서적이나 다른 사람으로부터 얻은 정보를 바탕으로 3차원 내지 4차원의 세계를 구성하는 능력이 뛰어났다. 지금 유행하는 버추얼 리얼리티이다. 그것이 정확했던 것이, 그의 작전을 치밀하게 한 치의 오차도 없게 한 것이다.

그러나 이 사람의 이름은 武田가의 본기는 물론 중신들의 가서에도 특히 명기되어 있지 않다. 기록되어 있을 경우라도 사무라이대장 정도 정도로 도무지 군사(軍師)같은 눈에 띄는 존재가 아니다. 그러한 그를 武田은 물론이고 전국시대 굴지의 군사(軍師)로까지 올린 것은 아무래도 甲陽軍鑑가 이룬 업인 듯하다.

드라마틱한 武田가의 성쇠를 이야기하는 이 책은, 역사책이며 전국의 일대 서사문학임과 동시에 그 이상으로 현재의 강담의 전신인 군담서로서의 색채가 짙다. 全國시대 말기부터 江戶시대 초기에는 이미 탄생했다고 생각되는 군담(軍談)이다.

그 군담은 군담이야기에 의해 전해져 일반적으로 유포된 것이지만 한편으로 이야기되는 동안에 커져 간 것도 의심할 수 없다.

松尾芭蕉보다 조금 빠른 시기의 俳諧師인 野野口圃가 그린 盲人畵卷에 접은 부채를 떼 내고, 무릎을 세워 몸을 내밀고 있는 법사모습의 남자. 그것이 군담이야기인 것은 틀림없다. 그 모습은 비파법사의 변신이라든가, 그 흐름을 잇는 맹인들의 전진된 모습인 것도 말하고 있다. 반주 악기 비파를 버리고, 부채만 가지고 화술에 일관한 것이다. 짊어지고 있는 무거운 것을 버리는 것은 시대의 흐름이었던 것이지만, 하여간 군담이야기 또한 맹인과 가까운 관계에 있었던 것은 확실하다.

사실, 甲陽軍鑑의 작자는 맹인의 아들이라는 설도 있다. 그것이 어떻든 만드는 사람・이야기꾼으로서 연결되는 맹인들의 생각이 동료인 한 사람의 장애를 가진 인간을 영웅으로까지 만들어간 것이다.

勘助의 실재를 증명하는 자료가 최근 새롭게 발견되어 약간 높은 위상을 부여하는 것이 가능하게 되었다지만, 井上의 風林火山이 주로 甲陽軍鑑에 따른 것은 우선 틀림없다. 그리고 이미 일반적으로는 風林火山에 약동하고 있는 勘助의 모습이 자세한 사서적인 사실을 넘어 진실로서 정착해 있다고 말해도 좋을 것이다.

만들어진 역사가 영웅을 낳고, 만들어진 영웅이 역사를 만들어 가는 것이다.

10. 일본어・일본문의 확립자는?

전국시대에서 몇 백 년 거슬러 올라가는 源平의 흥망의 역사도 맹목인 비파법사들이 낳아 키워 간 平家物語에 의해 일반적으로 보급되고 정착한 것은 확실하다. 그렇기 때문에 더욱 국민의 공유물로서 상식화한 것이라고 말할 수 있을 것이다.

이 보급이, 누구나 공유하고 있다는 의미에서의 국민문학에 平家物語를 정착시킴과 더불어 그 平家物語를 통해 일본문화 그 자체에 보다 크고 근본적인 영향을 끼치게 된다. 그다지 알려져 있지도 않지만, 지극히 중요한 진실이다.

사실, 이 平家物語의 성립에 의해 현재의 일본어·일본문이 확립된 것이다.

듣기가 좋은 平家物語의 구어체 문장은 강하고 무거운 비파현의 소리에 응하듯이 단단한 한자·한음을 뿌려 놓고 있다. 소위 일한(日漢)혼성 문장이다.

일본 고래의 'やまと(야마토)말'과 그것을 옮겨 적기 위해 궁리된 'かな(카나)문자·かな문자문', 그것과 외래의 '한어·한자·한문'은 (공용으로서 이용되어 일본화했다고는 해도) 완전히 다른 세계를 형성하고 있어 교차할 일은 없었다. 그것을 훌륭히 융합해 보인 것이다. 아니 들려준 것이다.

마찬가지로 현재의 영어는 셰익스피어의 수많은 작품, 이태리어는 단테의 신곡에 의해 각각 확립되었다는 것이 하나의 정설로 되어 있다.

신곡이 어떻게 이야기되었(불러졌)는지는 모르지만 셰익스피어의 모든 작품은 연극으로서 상연됨으로써 '불특정 다수'의 많은 사람들에게 말을 걸어 그 반응을 양식으로서 자라갔다는, 이른바 공유재산적 성격을 갖추고 있는 점에서 平家物語와 같은 것이다.

단지 종이에 쓰인 만큼 쌓이면 그것이 아무리 뛰어난 작품이라도 '국어'로서 인지될 리는 없다. 기반이 되는 많은 사람들에게 직접 친숙하게 되는 것이 아니면 안 되는 것이다.

또한 말인 이상 귀에 기분 좋게 들어가는 것이 첫 번째이며, 저절로 흥얼거릴 만큼 리듬의 유쾌함도 조건으로서 당연히 생각될 수 있다. 국민 각층에의 보급을 포함해 이들 조건 모두를 平

家物語에 부여하고 있던 것이 바로 전맹인 비파법사들이었던 것이다.

그들의 활약이 없으면 平家物語는 국민적인 문학으로서 인지될 만큼의 존재가 될 수 있었을까? 원래 힘찬 문장 그 자체가 비파의 음에 실려 이야기될 것을 약속하여 만들어진 것이 아니었던 것인가?

어쨌든 비파법사를 빼고 平家物語의 존재는 생각할 수 없고, 그 平家物語가 현재의 말이나 문장을 형성해 갔다고 하면, 현재 일본어를 이야기하고 일본어로 말하고 있는 한, 모든 사람들은 아느냐 모르냐와 관계없이 좋아하냐 싫어하느냐와 관계없이, 전맹인 비파법사들의 은혜, 좀 안 좋게 말하면 영향을 받고 있게 되는 것이다.

이것 또한 알려져 있지 않는 역사, 알리지 않은 역사가 아닐까?

11. 허약한 영웅

井上靖의 風林火山이 일세를 풍미하기 시작한 昭和 29년(1955), 그 해 작가들은 경쟁하듯이 소재를 일본의 역사에서 구했다. 패전 후 일본을 지배하고 있었던 점령군GHQ의 일본역사에 대한 터부가 풀어지고, 한국 전쟁에 의해 미국의 대일정책이 크게 변경되어 완화되었기 때문이다.

그렇다 치더라도 기념해야 할 해금의 첫 번째 작품에 뽑힌 것이 秀吉, 義經 등의 국민적 영웅이 아니라 그다지 지위도 없는 만신창이 남자였던 것은 왜일까?

거기에는 특수 경기에 의해 겨우 다시 일어나기를 촉진했다고 해도 아직 패전의 상처 자국을 남기고 '일류국'에는 멀었던 당시의 일본이 상징적으로 투영되어 있었다고 볼 수 있고, 너무나 빛나는 일본의 영웅들을 그리는 데는 아직 일본에 있었던 미국 당국에 대한 배려를 필요로 하지 않았을까라고 의심해 버리고 싶지 않은 것도 아니다.

하지만 내게 여기에서 크게 클로우즈업되어 오는 것이, 영웅 허약론이라고도 부르고 싶은 松岡正剛씨의 설이다.

고대, 동서양을 막론하고 영웅들은 그리스의 아킬레스, 일본의 스사노오노미코토를 비롯하여 육체적인 약점, 약함을 갖거나 갖게 된다는 운명을 공유하고 있다는 것이다. 보는 시각에 따라 장애를 갖고 있는 것이다. 그러한 결점, 결함을 가짐으로써 완전무결한 신보다도 보다 인간적인 친밀감을 가진 존재가 된다고 말할 수 있을 것이다.

이 허약한 사고와 서민 사이에 흐르고 있는 영웅대망으로도 말할 수 있는 심정이 합쳐 이루어진 현상으로도 생각할 수 있는 것이다.

리얼리티를 중요시하는 근대 이후 문학의 주류는 영웅 혹은 초인적 존재를 용서하지 않게 되었다고도 말할 수 있다. 특이성이 아닌 일상성의 존중이다.

그러나 일찍이 설화 등 민중을 대상으로 한 문학 안에 살아있는 장을 추구한 것 같이 비일상적 존재인 영웅이나 장애인은 강담 등에도 결부되는 대중 문학 안에 계속 존속하게 된다.

井上의 風林火山은 물론 순수문학으로서의 평가를 의심시키는 것은 아무 것도 없지만, 甲陽軍鑑를 기반으로 쓰고 있는 한, 서민이 가지고 있는 영웅대망적 낭만을 면면히 계승하고 있는 것도 확실할 것이다. 그것도 허약한 면을 가진 영웅인 것이다.

12. 장애는 특징

江戶 말기부터 明治에 걸쳐, 정확하게는 근대 이전일지도 모르나 본인이나 윗 세대에서는 "세 살 차이의 형과……"라는 명문구로 뇌리에 남아 있는 壺坂靈驗記의 맹인 澤市도, 아내에게 끌린 'いざり(앉은뱅이)車'출신으로 복수하는 〈箱根權現* 인연의 첫 꽃송이〉의 앉은뱅이 勝五郞도 또한 人形淨瑠璃・歌舞伎라는 직접적으로 서민과 접하는 세계에서 숨쉬며 활약하고 있는 것이다.

다시 전후로 돌아가면 새로운 문화 매체에서 그야말로 서민적인 텔레비전 화면에 모두가 주지하는 勝新太郞의 座頭市가 서민의 영웅으로서 종횡무진 활약한다.

서민의 꿈을 맡긴 영웅인 만큼 전맹이라는 장애도 핸디캡으로서 자각되는 일은 거의 없다. 충분히 연마된 전신의 감각으로 대상이든 외계이든 모두 확인할 수 있는 것은, 현실의 시력장애인에게도 보고들을 수 있는 것이기 때문에 완전한 허구라고는 말할 수 없지만, 지나칠 정도로 자유롭고 부자유스러움이 없어

* (역자주) 일본 신의 칭호의 하나

육체적 제약을 통감하고 있는 이, 그것을 당연한 것으로 유추하려는 이에 있어서는 역시 몽상이라는 느낌으로 받아들이고 싶어진다. 좀더 말하면 묘하게 맥이 빠지는 것과 같은, 허무한 기분마저 든다.

이 육체의 장애를 초월하고, 초월하는 과정을 겪었다고 한다면……이라고도 말할 수 있지만, 하여간 말도 안 될 정도로 강한 장애인은 座頭市 이전에도 등장한다.

전전의 丹下左膳이며, 大菩薩峠의 机龍之助다.

특히 '左膳'은 외눈 · 외팔이로 당시 최대의 문화 매체인 영화를 통해 아이들의 검극 놀이의 주역, 동경의 대상으로 군림한다.

이렇게 되어 버리면 조금은 비약일지도 모르지만 '장애는 극복해야 할 핸디캡이 아니라 하나의 귀중한 특징이다.'는 장애학의 기본적 테마와 훌륭하게 일치할 수도 있다.

이들 강담의 계보를 잇는 것이라면 浪花節에는 次郎長外伝에 외눈인 石松가 天保水滸伝에도 중증의 결핵환자인 平手造酒로 언급되고 있다.

이 사람들은 강담계의 주인공처럼 엄청나게 강하지는 않고, 인정에 약하고, 보다 장애인을 느끼게 한다. 보다 나약하다.

핸디캡인가, 특징인가? 이 명제는 물론, 서민이 추구하는 친숙한 영웅들에게 왜 나약함의 주인공이 끌리는가?

또한 이러한 나약한 영웅들이 만들어지는 기반이 되는 영웅대망의 사회란 어떤 상황 · 환경을 특색으로 하는 사회인가?

장애학으로서 해명해야 한 역사의 부분은 많고, 장애학자신도 역사를 만들어 가지 않으면 안 된다.

말할 것도 없이, 역사는 만들어져 가는 것이기 때문이다.

제10장

장애학에서 바라본 정신장애

-정신장애의 사회학-

山田富秋
Yamada Tomiaki

들어가며

장애학이란 무엇일까? 長瀨에 의하면 장애학이란 '장애'의 사회·경제·정치적 측면에 눈을 돌리는 연구이며, 그것은 의료모델 혹은 개인의 비극 모델이라 불리는 개인의 손상을 문제의 핵심으로 보는 종래의 시점과 명확히 관계를 끊는다는 점에 그 특징이 있다.[1] 그리고 장애학은 그 성립 당초부터 장애인의 해방운동과 긴밀한 연계를 유지해 왔다. 일본에서도 安積純子 외에 의한 〈생의 기법〉은 본격적인 장애학의 시동을 고하는 것이라 생각된다. 예를 들면, 저자들은 장애인에 대한 사회의 억압을 가족이나 시설 혹은 활동보조인의 문제에 초점을 맞추면서 제도적·사회학적으로 분석하고, 일본의 장애인운동과 복지정책을 역사적으로 고찰하고 있다. 지금까지 미국이나 북유럽 제국의 '선진' 복지의 현상을 소개하는 연구가 많은 가운데, 실제 조사에 근거해 일본의 현실을 다각적으로 분석한 점에서 높게 평가할 수 있을 것이다.[2)]

그런데 그 후, 장애학 속에서 특필해야 할 사건이 일어났다. 그것은 1995년 木村晴美·市田泰弘에 의한 '농문화선언'이다. 이 선언은 '농인'이라는 집단에 고유한 문화를 가진 문화적 소수자(민족)로서의 위치를 부여했다. 즉,

> "농인이란 일본 수화라는, 일본어와는 다른 언어를 이야기하는 언어적 소수자이다…… (중략) 이것은 농인= 귀가 들리지 않는 자, 즉 장애인이라는 병리적 시점에서 농인= 일본 수화를 일상 언어로서 사용하는 자, 즉 언어적 소수자라는 사회문화적 시점에의 전환이다. 이러한 시점의 전환은 농인이 사용하는 수화가 음성언어와 비교해서 손색없는, '완전한' 언어라는 인식하에서 비로소 가능하게 된 것이다."[3)]

이 선언의 지식사회학적 의의에 대해 ましこ ひでのり가 간결하게 요약하고 있다.[4)] 농인, 특히 선천성 농인은 수화라는 완전한 언어를 소유하고 있기 때문에 들리게 되고 싶다고는 생각하지 않는다는 점, 그리고 농인의 문화적 커뮤니티를 유지하고 재생산하기 위해 '농학교'를 거점으로 한 WAN이 필요하다는 점, 그 때문에 정상화라는 표어 밑에 추진되는 '통합교육'도, 농인의 커뮤니티(deaf community)의 파괴와 다수에의 동화를 강제한다는 점, 그리고 농학교에서의 구화주의나 현행의 수화통역이 실

제의 일본 수화와는 동떨어진 점. 이상의 지적은, '농문화'를 문화적으로 독립한 소수자로서 인식시키는데 충분히 충격적인 사실이라고 생각된다.

倉本 또한 70년대의 「푸른 잔디」운동을 비판적으로 검토하면서 '비장애인의 역할 기대에 응하는 것이 아니라 대항해야 할 다른 사람의 존재를 전제할 필요도 없고, 독자적으로 존립 가능한 정황에 있는 문화'라고 장애인문화를 정의하고 있다.[5] 그가 고유 문화의 예로 드는 것도 '농문화'이다. 왜냐하면 그들은 수화를 중심으로 하는 고유한 커뮤니케이션 양식을 공유하고 있기 때문이다.

이렇게 최근 몇 년 사이 일본 장애학의 목표는 장애의 '고유문화'로 급속히 이동하고 있는듯이 보인다. 그것은, 장애를 갖고 있기 때문에 그것을 계기로 장애를 가진 당사자들의 집단에 의해 공동으로 산출되는 문화와 같은 정의로 될 것인가?

그렇지만 이러한 정의를 일단 정신장애 혹은 정신병에 맞춰보면 정신병원으로 상징되는 압도적인 정신의료제도에 정신장애의 '고유문화'는 으깨져 버릴 것 같다. 혹은 정신병에 관한 겹겹이 쌓인 현학적인 논의가 당사자를 무시하는 것과 같이 자기들끼리밖에 통하지 않는 특수용어를 점점 만들어낸다. 그러나 정신장애인의 고유문화는 이러한 역경에도 면면히 계속 이어져 왔다. 그리고 다른 장애인해방운동에서 우리들이 목격해 온 바와 같이, 여기에서도 다양한 형태의 당사자문화의 선언이 이루어져 왔다. 예를 들어 '정신병'자 집단이나 정신의료 피해자처럼 정신의료제도에 대해 항의의 목소리를 높여온 사람들 혹은 전국정신장애인가족회연합회를 중심으로 한 가족회나, 나아가 전국정신장애인단체연합회 등의 자조그룹의 움직임이다.[6] 여기 십 수 년간 그들의 활발한 발언을 보면, 확실히 거기에 하나의 '고유문화'의 시동을 느낄 수 있다.

내가 이 소론에서 다루고 싶은 것은, 이 고유문화의 느낌을 어떻게 잘 전할 수 있도록 논리를 짜는 것이다. 왜냐하면 杉野가 지적하듯이 장애의 고유문화는 항상 다수 문화에 의한 동화압력에 노출되어 있고,[7] 정신장애의 경우에는 특히 다수 문화에 의한 배제가 압도적으로 강하다고 생각되기 때문이다. 따라서 지금부터 윤곽을 짜가는 정신장애의 문화는 '농문화'선언에 상징되는 것 같은 '독자적으로 존립가능한 정황에 있는 문화'가 아니라 다양한 권력장치에 얽히면서 거기에 대항하거나 모순되거나 혹은 협조하거나 등등 복잡한 관계를 맺어 가는 문화의 정황이다. 이미 지적되고 있듯이 장애인의 고유문화선언은 항상 잠재적으로 비장애인 문화에 대한 도전의 의미를 포함하고 있었지만, 그것은 장애의 고유문화 구축에 향하지 않고 오히려 비장애인 문화의 부정과 당사자는 당사자밖에 모른다고 하는 '당사자 환상'의 칭찬에 의해 당사자문화의 협애화로 귀결한 적도 있었던 것은 역사의 아이러니로밖에 말할 수 없을 것이다.[8]

그렇지만 우리들은 장애를 가진 자와 가지지 않는 자를 대립적으로 파악할 것이 아니라 오히려 푸코가 지적한 바와 같이 장애인도 비장애인도 더불어 포함하는 전체화의 프로세스를 문제 삼아야 할 것이다. 푸코에 의하면 '국민'의 일원을 '장애인'으로 개별화해 가는 프로세스는 동시에 다른 성원을 '비장애인'로서 규격화(정상화=노멀화)하는 프로세스이기도 한다. 즉, 이상(異常)의 동정(同定)=특수화에 의한 배제는, 비장애인의 규격으로의 동화와 표리일체의 조작이다. 그렇다고 하면 우리들이 할 수 있는 것은 이러한 전체화에 향하는 권력작용이 어떤 형태로 일상적으로 이루어지고 있으며, 또한 그것에 대항하는 권력작용이 어떤 경합을 출현시키고 있는가, 그것을 명확히 밝히는 일이 될 것이다.[9]

여기서 내가 제시하고 싶은 것은 '장애학'으로서 정신장애 사회학의 윤곽이다. 우선 먼저 일본 및 세계의 정신병원을 중심으로 한 정신의료를 비판적으로 살펴보고, 현재까지의 '탈시설화(decarceration)'와 지역복지의 흐름을 간결하게 개관한다. 그리고나서 신체장애인의 해방운동에서 보이는 정체성의 정치와 당사자운동의 의의를 정신장애에서 재확인하고, 마지막으로 민족적 방법론과 사회구축주의의 입장에 의거하여 일상생활과 의료 장면에 있어 '정신장애'가 어떻게 구축되어 가는지를 밝히고자 한다.

Ⅰ. 정신의료복지라는 권력

1. 배제의 대상으로서의 정신장애

정신장애를 장애학의 입장에서 보고자 할 때, 우선 '정신장애'라는 용어 자체가 비교적 새로운 말임을 알 수 있다. 이것은 일본의 정신장애가 복지의 대상이 된 것이 최근의 일이며, 신체장애처럼 정신장애가 오랫동안 의료의 관리 하에 있었음을 시사한다. 그러면 그것은 어떤 성격을 가진 것이었을까? 근대사회 이

전의 '미쳤다'는 체험이 종교적인 체험으로서 때로는 긍정적인 가치가 매겨졌음을 생각하면, 푸코가 지적하듯 '이성'과 '노동'을 지상의 가치로 한 근대의 성립이 '정신병'을 낳고, 관리해 왔다고 다시 볼 수도 있다. '미쳤다'라는 체험이 어떻게 근대의 인지 공간 안에 재편성되어 가느냐의 문제는 확실히 흥미로운 논점이다.[10)] 그러나 여기에서 다루기에는 너무 범위가 넓다.

근대 일본에 이야기를 한정하면, 정신병에 관한 최초의 법률인 '정신병자감호법'(1900년)으로 상징되듯이 정신병은 의학의 대상이라기보다 처음부터 경찰의 단속 대상이며, 정신병자의 구금과 감치를 갖고 왔다. 그것은 전후 일본에 있어서도 정신병에 대한 기본적인 견해를 형성하고 있었다고 생각된다. 그리고 치료보다는 감금에 의한 배제=격리라는 기본적 정책은, 1964년 분열병청년에 의한 Reischauer 미국 주일대사의 자상 사건에 의해 더욱 강화된다. 즉 그 다음해 정신병자의 반 강제적인 입원을 정당화하는 '정신위생법'이 개정되어 정신병자는 공공연하게 공포와 배제의 대상으로 되어 갔다. 그리고 다른 의료분야와는 비교가 안 될 만큼 변변치 못한 설비와 스탭만으로도 개원할 수 있었기 때문에 일본의 정신병원은 1960년대 후반부터 20년간 계속 증설되어 갔다.[11)] 이 점에 더해 1960년대부터 70년대의 법제심의회에 의한 보안처분 신설의 움직임도 놓칠 수 없다. 그것에 의하면 정신장애인으로 금고이상의 형에 해당하는 행위를 하고, 장래 같은 행위를 할 우려가 있을 때는 이를 막기 위해 최고 7년까지 치료 처분이 가능하다는 것이다. 그렇지만 장래 범죄의 예측은 불가능할 뿐만 아니라 치료보다는 치안을 우선하는 것으로, 환자나 가족회는 물론 일본 정신신경학회나 일본 변호사연합회가 반대 운동을 벌여 형법개정은 저지되었다. 이렇게 근대 일본에 있어 정신병원이 치료 시설이라는 것보다는 오히려 치안 유지적인 격리·수용 시설로서 기능해 온 것은 명백하다. 이러한 사회 정세를 배경으로 宇都宮 병원사건으로 대표되는 열악한 정신병원이 연이어 생겨나게 된 것은 당연한 귀결이었다고 하지 않을 수 없다. 그러면 격리·수용 기능을 짊어진 정신병원이란 어떤 시설일까?

2. 정신병원이라는 제도화된 폭력장치

정신병원이 어떤 성격을 가진 시설일가는 사회학적으로 밝혀져 있다. 사회학자 고프만의 선구적 연구인 〈어사이럼〉은, 1950년대 말 미국의 대규모 정신병원을 일 년간 참여 관찰한 조사 결과를 바탕으로, 정신병원도 포함시킨 '전제적 시설(total institution)'의 메커니즘을 이론적으로 밝힌 것이다.[12] 이 연구가 달성한 이론적 업적은 지금까지 행해진 수많은 조사 연구에 의해서도 능가하는 것이 불가능하다. 그리고 중요한 점은 이 연구가 정신병원에 한하지 않고, 전제적 시설의 구조를 갖춘 시설이면 어디나 (예를 들면 형무소나 양로원에 있어서도), '전제적 시설'의 메커니즘이 작용하고 있다는 것이다. 어떤 의미에서 이 메커니즘은 당해 시설에 있어, 시설 스탭과 피수용자에 의해 협동으로 실천됨에 따라 구축되어 온 것으로, 필드 워크나 사회통계학적 서베이 조사에 의해 '검증'되는 것 같은 차원에는 없다(조사는 해당 상황의 사람들=구성원의 구체적 실천의 상세를 밝힐 수는 있다). 따라서 우리들이 문제 삼아야 할 것은, 전제적 시설이 역사적으로 어떤 인간적 상황을 만들어 왔는지를 평가하는 것이며, 그리고 그것이 문제라면 어떤 대안이 가능한지를 생각하는 것이다. 즉 이 문제는 실천적이다.

전제적 시설의 원리는 일반사회에서의 격리와 낙차이다. 입소자(환자)는 시설에 들어감과 동시에 지금까지의 생활과 단절될 수밖에 없다. 그뿐만 아니라 입소하기 전까지는 시민으로서 당연히 자신의 것이었던 것(사물, 재산, 직업, 취미, 인간관계, 생활사, 자기존엄, 일상생활이나 인생의 자기결정권 등)이 체계적으로 박탈되어 그 결과 자기의 정체성은 '능멸'당하고 '깎아내려져' '굴욕'을 받는 '무력화의 과정'을 따라 가는 것이다. 시설의 스탭은 이렇게 해서 박탈한 것을, 그 다음에는 '특권'으로서 피수용자에게 부여하는 권력을 가진 존재가 된다. 즉 거기에서 작용하고 있는 역학은 일반사회에서의 격리를 통한 박탈과 박탈된 것을 특권으로 전화하는 것이다.[13] 여기에서 한정된 특권을 독점하는 스탭과 '무력화'된 피수용자의 사이에 근원적인 균열과 상하 관계가 만들어진다. 우리들은 현재 많은 신체장애인이나 정신의료 생존자들의 증언을 입수할 수 있으므로, 이 상하 관계의 구체적인 예는 얼마든지 있다. 즉 이 상하 관계는 피수용자 생활의 모든 국면에 침투한다. 예를 들어 퇴원, 외출·외박의 허가나 기호품의 제한은 물론, 감정적으로도 스탭에게 겸손하고, 고분고분해질 것이 요구되는 것이다. 그것은 피수용자가 획일적인 관리라는 것보다 '지배'라고 부르는 편이 적절하지 않을까라고 생각될 정도이다.

이렇게 해서 '전제적 시설'에 특유한 생활이 재생산된다. 고프만 자신의 정의로 돌아오면, 그것은 '다수의 유사한 경우에 있는 개개인이 함께 상당기간에 걸쳐 포괄 사회에서 차단되어 폐쇄적이고 형식적으로 관리되는 일상생활을 보내는 거주와 일의 장소'(고프만, 번역, 5쪽)이다. 거기에서는, 생활의 전 국면이 동일 장소에서 동일 권위를 따라 이루어져 피수용자의 일상 활동의 어느 국면도 같은 취급을 받고, 같은 것을 함께 할 것이 스탭으로부터 요구된다. 즉, 피수용자는 한 장소에서 자고, 놀고, 일하고, 전체를 바라보는 합리적이고 관료제적인 계획이 모든 행위를 지도하고 있다. 예를 들어 언제 피수용자가 산책하거나, 목욕을 하느냐와 같은 지극히 사소한 것마저 강제된다. 이렇게 밖의 세계에서는 자신의 의지로 아무런 지장 없이 실행할 수 있는 하찮은 행동마저도 허가를 필요로 하기 때문에 피수용자는 부자연스러운 종속적 역할을 강요받는다. 동시에 이것은, 자신의 행위를 준비함에 있어 스탭의 간섭을 용서하고, 그 결과 자신의 프라이버시라는 성스러운 자기 영역이 제도적으로 침범될 뿐만 아니라 피수용자의 행위의 자율성을 빼앗는다. 또 이 과정을 통해서 과거의 역할박탈도 생기게 한다. 즉 피수용자는 더 이상 아버지나 고용자, 고객과 같은 사회적 역할을 연기할 필요가 없어져 병원이나 시설내에서는 사회적 역할자체가 소멸해버린다. 이러한 '무력화의 과정'을 통해 피수용자는 일종의 문화상실 상태에 빠진다. 다시 말해 버스를 타는 것도, 돈을 사용하는 것도, 음식물이나 옷을 선택하거나 하는 밖의 사회에서의 관습적 행동도 할 수 없게 된다. 그리고 밖의 세계와의 관계는 최소한도로까지 감소해버린다. 요약하면, 정신병원에 있어서의 '무력화'의 귀결은 피수용자의 사회적 경험을 획일화된 단조로운 것으로 환원하는 것이다. 고프만은 이것을 '시민권 상실(civil death)'이라는, 소름끼치는 표현으로 부르고 있다.

그리고 전제적 시설이 정신병원의 경우에는 사태는 더욱 심각한 것이 된다. 왜냐하면 장기입원 분열병의 환자에게 특징적인 사회적 은둔형 외톨이나 감정의 평판화, 수동적 의존성과 같은 증상(음성증상)이, 정신병 자체에 의한 것이라기보다 오히려 전제적 시설에 있어서의 처우에 의해 야기될 가능성이 있기 때문이다. 이것은 '시설증'의 문제로서 일찍부터 주목받아 왔다. 고프만의 문제의식에 촉발되어 실제로 그것을 필드 워크와 서베이 조사에 의해 실증한 연구로 윙과 브라운의 연구가 있다.[14] 그들은 경험적인 조사의 전통에 따르면서 전제적 시설이 끼치는 효과와 음성증상은 논리적으로 구별해야 하지만, 실제의 현상으로서는 구별하기가 불가능하다고 주장한다. 윙 등은 가설로서 장기입원환자의 임상증상을 '임상적 빈곤'이라 부르고, 전제적 시설의 사회적 환경을 '사회적 빈곤'이라 부른다. 그러면 사회적 환경의 빈곤이 임상적인 빈곤과 강하게 결부되며, 그것이 환자의 퇴원에의 무심한 태도를 형성하고, 장기입원과 더불어 '시설증'을 발전시키는 것이다. 즉 사회적 빈곤이 강한 시설에 있어, 피수용자는 '조직에 완전히 의존하거나, 외출하는 것에 무관심하거나, 밖의 사건에 전혀 관심을 보이지 않거나, 부과된 일 이외의 활동을 할 능력이 전혀 없거나, 요컨대 시설 생활에 몸을 맡겨 버리는 경향이 강하다.[15]'

이렇게 해서 그들은 다음과 같이 결론을 짓는다. 정신병원처럼 퇴원의 가능성이 낮고, 퇴원을 허가하는 권한이 스탭에게 모두 맡겨져 있으면, 스탭과 다른 환자의 기대가 절대적인 것이 된다. 그리고 입원중의 역할 박탈이나 문화 박탈에 의해, 환자의 병동환경에 대한 저항력은 대단히 약해지고, 특히 입원전의 인간관계가 희박하면 희박할수록, 또 빈곤·노령·사회적 지위의 낮음 등과 결부되어 약화되어 간다. 그리고 임상적 빈곤과 병동의 분위기나 문화를 구별하는 것이 어렵기 때문에, 장기 입원이 임상적 빈곤을 만들어내는 데도 큰 영향을 주고 있다고 생각하는 것이 가능하다고 한다. 즉, 처음에는 쭉 병원에 있을 마음이 없었던 환자가, 조금씩 태도를 바꿔 마지막에는 병원을 떠나고 싶어 하지 않게 된다는 상태가 출현한다. 이것이 그들이 정의하는 '시설증'이다.

윙과 브라운의 결론과 고프만의 '전제적 시설'의 정의를, 여기에서의 과제로 끌어 와서 재해석해 보자. 오해를 두려워하지 않고 말하면, 많은 사람들을 밖의 사회에서 격리하고, 생활 전체를 하나의 관리 하에 두는 조직, 즉 '전제적 시설'은, 권위주의적이고 구금적이며 피수용자를 '약자'로 전환시킨다는 점에서, 인간이 사는 권리가 현저히 침해받는다. 이탈리아에서 정신병원 전폐를 달성한 바자 리어는, 정신병원에 있어서 개인의 사회적 정체성은 억압되고, 정신의학에 의해 주어진 딱지(즉 정신병)로 완전히 일체화하는 과정이 강제적으로 진행된다고 표현한다. 즉, 정신병원 안에서는 '환자' 혹은 '정신병자'라는 정체성밖에 허용되지 않고, 그것은 '시민권 박탈'에 이르는 길이다. 바자 리어는 이것을 '정신병원의 신체화'라고 부른다. 즉, 가령 퇴원했다고 한들 정신병원에서 내면화된 정체성은 개인을 계속 지배한다.

이상에서 언급해 온 정신병원이 초래하는 파괴적 효과는 정신의료의 내부에서도 물론 인식되고 있었다. 예를 들어, '병'을 인간의 생의 자연스러운 과정으로서 파악하는 '반-정신의학'이나, 스탭과 피수용자의 균열을 될 수 있는 한 메우려는 '치료 공동체'운동 혹은 정신의료를 '당연한 의료'로 전환하려는 시도, 게다가 병원의 개방화나 병동내 쾌적함의 개선 등이다.[16] 그렇지만 '전제적 시설'이 정신병원에 한정된 것이 아니었던 것 같이, 공공공한 반역은 정신의료와는 다른 곳에서 생긴다. 그것은 중증 신체장애인의 '자립생활운동'이다. 다음에 자립생활운동의 의의를 재확인하면서 이탈리아에서의 정신의료개혁에 대해서 논의해 가고자 한다.

Ⅱ. 격리 · 수용주의와 정체성의 정치

미국에서 태어난 '자립생활운동(Independent Living Movement)'에 대해 많이 이야기할 필요는 없을 것이다. 시설과 가정밖에 생활의 장이 없었던 중증 신체장애인들이 '보통의 생활'을 추구하고, 일상생활로부터의 격리와 시설 수용에 대해 공공연하게 싸움을 건 것이다.[17] 그 역사나 현재의 활동에 대해서는 다른 연구에 맡기기로 하고, 여기에서는 전제적 시설에 대한 도전이라는 점에서 생각해 보려고 한다. 長瀨에 의한 장애학의 정의가 가르치듯이 아주 최근까지 사람들은 장애인의 몸을 나쁜 것으로 파악하여, 그것을 의학이나 재활에 의해 '갱생'하는 것이 유일한 '사회복귀'의 길이라고 생각하고 있었다. 따라서 장애를 '바르게 고칠' 수 없다고 하면, 사회에서 격리된 시설에서 일생을 보내는 길밖에 남겨져 있지 않다. 이것은 정신병에 대해서도 똑같다.

이러한 상황에 항의의 목소리를 낸 것은 시설에서 나와 '자립생활'을 시작한 중증 신체장애인들이었다. 장애를 가지고 있는 것만으로 왜 평범하게 사는 것이 부정되지 않으면 안 되는 것인가? 그들은 시설이나 가정에 격리되어 살고 있는 상태를, 우선 '차별'이라고 정의한다. 그리고 그에 대한 싸움은 '장애'를 의료에 의해 '치료하거나 갱생하지' 않으면 안 된다는 '의료모델'과 싸우는 것이었다. 그것은, 다양한 장애인해방운동에서 보여지듯이 의료모델에 대해 '장애를 긍정한다'라는 정체성의 싸움을 시작하는 것이다.[18] 그리고 이 정체성의 정치의 과정에서, 사회의 상식으로 된 차별 의식이 역으로 노골적으로 된다. 그것은 장애를 가치가 낮은 무엇인가 특별한 것으로 간주하고, 때문에 '연민'이나 '치료·갱생'이 필요하다는 논리이다. 장애인에 대한 편견을 추궁해 가면, 이 '특수화'라는 사고법이 근저에서 나타난다. 그리고 장애인의 '특수화'는 장애인을 일상생활에서 배제하는 원리로 작용한다. 즉 바자 리어가 지적한 바와 같이 어떠한 원조를 필요로 하는 사람에게는 그들의 '특별한 문제'를 다루는 전문가나 시설이 필요하며, 그 때문에 그들을 모아 전문적인 '치료·갱생'이 시행되는 시설에 위탁하는 것이 필요하다는 것이다. 장애를 무엇인가 특수한 것이라고 보는 것, 즉 장애의 낙인화는 장애인의 격리와 시설에의 수용을 필요로 하는 사회(='격리 수용형 사회')를 만들어간다.[19]

그리고 그 결과는 장애인이 살아가는 장과 그 이 외의 사람이 살아가는 장을 분단하고, 비장애인은 일상생활에서 장애인과 접할 수 없게 된다. 즉 장애인을 어떠한 낙인화한 카테고리를 통해서밖에 볼 수 없게 되고, 예를 들어 그들을 '아이 취급' 하거나 혹은 성욕을 가진 보통 남성이나 여성임을 보류하고, 장애인의 성격이나 행동을 과도하게 찬양하거나 등등. 한마디로 말하면 장애인에 대한 편견의 고정화와 강화를 진행시켜 왔다. 이렇게 해서 장애인은 전문가가 관리하는 시설의 내부에서 전문가가 붙이는 의학적 레테르 밑에서 생활하는 길밖에 허용되지 않는 것이다. 그러한 의미에서 장애를 가진 당사자임에도 불구하고, 그들은 '장애'라는 전문적인 문제에 영향을 끼칠 수 없는 것이다. 게다가 이것은 격리된 전제적 시설 안에만 한한 것이 아니다. 푸코가 주장하듯이 '건강하고 정상적인' 정체성의 근거가 '병이나 이상'의 출산에 의해서만 주어지는 것이라면, 우선은 '장애'라는 레테르를 안 붙이고 지나칠 사람들도 항상 '건강하고 정상적인' 전문적 카테고리에 의해 관리되고 있다고 말할 수 있다. 즉, 얼핏 사람들의 건강이나 복지에 마음을 쓰는 복지국가는 '건강하고 정상적'이라는 전문적 카테고리를 통해 사람들을 관리=감시하는 국가이기도 하다.[20]

그러면 세상은 격리 수용형 사회에 대해 어떤 대응을 해 온 것일까? 예를 들어, 현대 일본의 노인복지 슬로건인 '지역복지'를 보면, 그것은 노인을 익숙한 지역사회로부터 격리해서 시설에 수용하는 것이 아니라 지금까지의 생활과 될 수 있는 한 계속성을 유지하면서 가정에서 돌보고 지원하자는 계획이다. 그러나 지역복지(커뮤니티 · 케어)가 영국의 정신의료개혁으로부터 시작된 것은 의외로 알려져 있지 않다. 이것은, 일본이 정신장애도 포함하여 장애인문제를 항상 뒤로 미뤄온 예증이 될 것이다. 그러나 격리 수용형의 시설을 해체하고, 될 수 있는 한 보통 생활에 가깝게 하자는 노력은 1950년대부터 세계 각지에서 보이게 된다. 물론 '탈시설화(decarceration)'가 전제적 시설의 비판에서 시작되었다기보다는 오히려 그 시대의 자의적인 정치적·경제적인 이유로 행해졌다는 논의도 설득력이 있다.[21] 그러나 여기에서 문제 삼고 싶은 것은 탈시설화와 지역복지의 흐름이 격리 수용형 사회를 어떻게 다시 짜맞추어 갔는가 그리고 그것이 '정체성의 정치'는 물론 우리들의 일상생활을 어떻게 재편성하고 있는가를 사회학적으로 밝히는 것이다. 여기에서는, 정신의료에 있어서의 탈시설화의 일례로서 이탈리아에서 정신병원전폐법인 제180호 법을 통과시킨 운동의 중심인물인 바자 리어를 들어 보기로 한다.

바자 리어 등의 정신의료개혁에 대해서는 이미 다른 곳에서 논한 바가 있으므로,[22] 여기에서는 그들 개혁의 요점과 그 문제점에 대해서만 간단히 말하고자 한다. 그들의 개혁은 크게 두 가지로 모아진다. 하나는 전문가 지배의 해체와 '정신병원화'한 정체성의 해체이다. 우선 그들은 '치료 공동체'를 배우면서 병원 '개방'을 실천에 옮긴다. 이 '개방'은 병원운영 면에서 두 가지 개혁을 수반하고 있었다. 하나는 지금까지 작업요법으로 여겨지고 있었던 병원내 노동을 폐지하고, 그것을 임금노동으로 했다. 주방이나 농장에서의 노동 등에 밖의 사회와 거의 같은 임금을 지불하도록 했다고 한다. 또 하나의 개혁은 독자적인 '앗센브레아'라는 집회를 매일 연 것이다. 그곳은 오랫동안 침묵을 강요당해 온 환자들이 표현의 기회를 가지기 위한 장이었으며, 종래의 정신병원에서는 스탭의 독점적인 권한에 맡겨져 있었던 환자의 입퇴원, 취직, 가족관계의 조정 등을 결정하는 장으로 되어 갔다고 한다. 이것은 전문가에 의한 관리의 해체와 당사자의 복권으로 연결되어 간다.

또한 바자 리어 등의 타겟은 정신병원에 의해 강제된 자기 정체성을 해체해 가는 '정체성의 정치투쟁'에 있었다. 그것은 '병원의 주체는 스탭이 아니라 사실은 환자이다' 혹은 '자유야말로 치료이다'라는 슬로건으로 표현되고 있다. 정신병원의 메커니즘이 외부사회와의 낙차를 토대로 피수용자를 '무력화'하고 '환자'라는 카테고리로 일체화하는 것이라고 하면, 다음 단계는 환자라는 레테르의 관리에 향해져 있었던 시설의 목적을 이번엔 역전시켜서 환자의 욕구에 종속하는 것으로 다시 짜는 것이다. 그리고 이것은 스탭 자신의 해방도 의미한다. 왜냐하면 스탭이 주인이며, 환자가 노예인 관계성 자체가 붕괴되면 스탭 자신도 지배자의 위치에서 풀어져 최종적으로 정신병원이라는 감금 시스템이 해체하기 때문이다. 이것은 정신병원에 의해 강제되어 있었던 정체성으로부터의 해방이다.

그리고 그들 개혁의 두 번째는 정신병원을 해체한 후에 어떻게 지역에서 생활하기 위한 사회환경을 만들어 나갈 것이냐는 점에 있었다. 그 최초의 출발점은 지역의 정신병에 대한 편견을 타파하는 것에 향해 있었다. 그것은 격리 수용의 장소로서의 정신병원을 반전시켜, 오히려 정신병원 안으로 지역주민을 끌어들이는 실천이었다고 한다. 그것은 예를 들어 큰 페스티발을 병원 내에서 열거나 의료를 전혀 모르는 보통 사람들을 자원봉사자로서 부르는 일이었다. 일반 사람들은 구체적으로 정신장애인과 접함으로써 정신병에 대한 편견이 공허한 카테고리에 지나지 않음을 간단히 알아나갔다고 한다. 이렇게 지역에서 정신장애인을 받아들이는 심리적 기반을 확고히 한 후에, 지역에 생활 지원 조직인 정신보건센터를 몇 개나 만들었다. 거기에는 정신병원을 해체한 후의 스탭을 분산 배치하고, 정신보건 서비스는 물론 급식 사업 혹은 공동 주거의 지원 활동이나 직업훈련, 직업 알선소인 코파라티바를 통해 취업 등을 보장한다. 마지막의 코파라티바를 제외하면, 이것은 현재 지역복지(커뮤니티 케어)로서 전 세계에서 실천하고 있는 활동이다.

여기에 우리들은 미국의 자립생활운동과의 유사점을 인정할 수 있다. 그것은 장애를 특수한 것이라 생각하고, 마이너스의 가치로 깎아내리고, 그것을 '갱생'하는 노력을 당사자 자신이나 가족의 책임이라고 말하는 '의료모델'의 부정이다. 그리고 그에 대신해서 '사회모델'이 등장한다. 즉 장애는 누구나 가지고 있는(가질 가능성이 있는) 극히 당연한 것이며, 따라서 장애의 책임을 개인에 지게 하는 것이 아니라 ADA법(미국 장애인차별 금지법)에 명문화되어 있듯이 장애를 가지고 있어도 '보통으로' 살 수 있는 사회를 만드는 것이 새로운 목표가 된다. 이렇게 해서, 격리 수용형 사회의 대표적 상징인 정신병원에 대신하여 지역에서의 생활을 기반으로서 필요한 치료와 케어를 제공하는 제도가 정신장애인의 새로운 연결점이 되어 간다. 그리고 지금까지 정신병원을 향해 있었던 사회학적 주목은, 작업소나 공동주거(그룹홈) 혹은 자조그룹과 같은 지역에서의 생활의 장으로 옮겨져 가게 된다. 실제, 미국에서 '정신의료의 사회학'의 주된 관심은 노숙자의 문제뿐만 아니라 일시 긴급 체류시설의 연구 혹은 정신병원에의 입퇴원을 정하는 재판 과정의 연구나 공동주거의 연구가 중심이 되고 있다.[23)]

마지막으로 이탈리아에서의 개혁의 문제점을 요약하면, 그것은 정신장애인 당사자에 의한 개혁이었다기보다는 전문가인 정신과 의사를 중심으로 한 위로부터의 정치개혁이었다는 점이다.

그 때문에 이탈리아 북부의 상황은 상당히 개선되어 있지만, 재정적 기반이 약한 중앙이나 남부에서는 정신병원 입원이 금지된 장애인이 지역에서 생활하기 위한 자원이나 지원 조직이 대부분 정비되어 있지 않은 상태라고 한다. 그 결과, 장애인의 가족이 실질적으로 모든 케어를 맡게 되는 것 같다. 그리고 장애의 증상이 일시적으로 악화되었을 경우의 긴급 체류 시설도 부족하여 다시 '의료모델'이 지지되는 것 같은 위험한 상황이 부활하고 있다고 한다.[24)] 그러면, 격리 수용형의 사회로 후퇴하지 않기 위해 무엇이 필요한 것일까? 그것은 문제를 안은 당사자를 중심으로 한 일상적 지원 네트워크의 확립이다. 확실히 이탈리아의 개혁에는 배워야 할 바가 많지만 장애를 가진 당사자의 조직화가 대부분 존재하지 않고 그 때문에 당사자가 주인공인 지역생활 지원 시스템은 성립할 여지가 없었다고 생각해도 좋을 것이다. 그렇다고 하면 우리들의 연구 과제는 역량 강화라는 말로 표현되는 것 같은, 당사자에게서 장애를 배우는 것부터 출발하여 지역생활을 가능케 하기 위한 지원 조직이나 제도를 어떻게 구축해 나갈지 생각하는 것이 아닐까? 그 최초의 발판은 현재 이루어지고 있는 정신의료의 현장이나 공동주거, 작업소, 혹은 다양한 자조그룹의 실천 양상을 세심하게 필드 워크하는 일이 될 것이다.

Ⅲ. 장애는 어떻게 만들어지는 것인가?

장애를 가진 당사자를 중심으로 한 일상적 지원의 네트워크를 만들어 내기 위해 다양한 제도적 장면이나 일상적 장면에서 어떻게 정신장애가 문제가 되고 혹은 문제가 되지 않는가를 분명히 해야 한다. 왜냐하면 정신의료라는 제도적 장면과 일상 장면에서 정신병 혹은 정신장애의 취급 방식이 완전히라고 말해도 좋을 정도로 다르기 때문이다. 양자 사이에는 일종의 균열이 유지되어 있다. 즉 정신의료라는 제도의 틀 속에서는 다양한 의료활동이 허용될 뿐으로 정신병이 당사자에게 어떤 체험인가, 혹은 그 가족이나 일반 사람들에 대해 어떤 문제로서 체험되는가, 그리고 그것은 어떤 구체적인 상호행위를 통해 드러나는 것인가라는 것은 모두 옆으로 비껴진다.

그렇지만 제도로서의 정신의료와 일상 장면에 있어서의 정신병(정신장애)의 경험과는 전혀 다른 것일까? 아니다. 민족적 방법론의 연구 성과에 의하면 정신의료가 어떤 형이상학이나 신경생리학이론으로 무장했다고 해도 어떤 사람의 행동을 '정신병'으로 인식하는 활동은, 철두철미하게 우리들의 실천적이고 도덕적인 일상적 영위로부터 면할 수 없는 것이다. 즉, 쿨타가 간결히 말하고 있듯이 '우리들은, 우리들의 정신의료 현상에 대해 사회적 책임을 취할 필요가 있다. 왜냐면 정신의료에서 진단시 이용되는 방법은 우리들 자신의 문화적 시민적 능력을 행사하는 하나의 방법이기 때문이다. 이 방법은 우리들이 공유하고 있는 기술(기량)이며 동시에 우리들 자신에 의해 유지되고 있는 기술이다.[25)]' 그렇다고 하면 정신의료와 일상생활과의 사이에 존재하는 균열은 정신의료 전문가가 행사하는 하나의 '권력작용'으로 바로 잡을 수 있다. 예를 들어 그것은 이 소론의 마지막에 소개하는 전문적으로 '망상'이라고 취급되는 현상이, 일상적 장면에서 당사자 사이에서 이야기되는 '망상'과는 전혀 다른 사실로부터도 알 수 있다. 따라서 우리들은 만약 정신의료와 일상생활과의 사이에 균열이 유지되어 있다고 하면, 거기에 어떤 '권력작용'이 작용하고 있는지 해독하고, 그것을 다양한 관점에서 다른 모양으로 의미를 부여할 필요가 있을 것이다. 그것은 정신의료라는 권력에 억압되어 있었던 다양하고 이질적인 현실을 석방하는 것에 연결되어 간다.

마지막으로 여기에서 제시한 연구 방침에 따라 지금까지 어떤 연구가 이루어져 왔으며 향후 어떤 것을 분명히 해야 한 것일지에 관해 개관하고자 한다. 하나는 민족적 방법론의 제도로서의 의료장면의 연구이다. 이 분야에서는 많은 연구가 이루어져 왔지만, 어느 것도 전문가와 환자의 비대칭성이 상호행위를 통해 산출되는 방법을 상세히 분석해 왔다. 어떤 의미에서는 '정신장애'의 제 특징이 정신의학적 면접이라는 장면을 통해서 산출된다.[26] 여기에 푸코의 시점을 받아들이면, 의료장면에 있어 환자로서 주체화시키는 권력작용이 어떻게 작용하고 있을지를 문제삼게 된다.[27] 대상이 정신장애는 아니지만 맥더모트 등은 '학습장애'가 교실장면에 있어 구체적인 상호행위를 통해 만들어지는 것으로서 기술하고 있다. 그리고 그 밖의 장면에 있어 장애는 구축되지 않는, 즉 유표(有標)화한 현상이 되지 않는다는 것이다.[28] 이 연구 분야는 제도가 재생산되는 메커니즘을 해명함으로써 유익하다고 생각된다. 그렇지만 정신의료라는 권력에 회수되지 않는 다양한 현실을 밝히기 위해서는 그것과 대항하는 것 외의 장소에 주목하지 않으면 안 된다. 그것은, 최근 활발한 활동을 시작한 자조그룹이다. 거기에는 정신의료와 편견에 의해 오랜 세월 침묵을 강요당해 온 사람들의 이야기가 존재한다.[29] 정신장애인의 생애사는 그들의 이야기를 재현하는 유력한 방법이 될 것이다. 또 일본에 있어 정신병원 이외에 생활의 장소가 없는 '사회적 입원' 문제가 지적된 것은 오래전의 일이지만, 정신병원의 대안으로서, 생활의 장소로서의 작업소와 공동주거에 주목해야 할 것이다. 그리고 정신장애인이 다양한 장소에서 구체적으로 어떤 생활을 보내고 있는가, 그 실태조사도 필요하다.[30] 이러한 연구가 축적되면 다원적인 다성부 음악(polyphony)으로서의 정신장애상이 생겨나게 될 것이다.

그 느낌을 나타내기 위해 내가 10년 전에 행한 沖繩의 어떤 정신병원에서의 필드 노트로부터 하나의 에피소드를 소개한다. M씨는 20대 전반의 남성으로 간호사의 설명에 의하면 현실감을 확인하는 수단으로서 벽이나 밑바닥에 몸을 문질러 비비면서 이동하는 습관을 가지고 있었다. 나는 처음에 이 행동을 보았을 때 그에게 공포를 느꼈다. 그로부터 1개월 정도 지나 내가 데이룸에서 일지를 적고 있었는데, 우연히 내 주변에는 스탭도 환자도 아무도 없을 때에 그가 평상시와는 달리 평범하게 곧장 내가 있는 곳까지 걸어 왔다. 그리고 '바보'라고 나를 향해 소리쳤다. 나는 평소 그에게 공포를 느낀 것에 죄악감을 가지고 있었으므로 곧 '미안합니다'라는 말이 입에서 나왔다. 그런데 이 사건을 계기로 그와의 사이에 이상한 신뢰감이 완성되고, 그가 곤란한 일을 때에는 직접 나에게 도움을 구하게 되었다. 그러자 처음에는 작은 도움에서 시작되고, 조금씩 그가 자신의 '망상'을 이야기하기 시작하게 되었다. 이것은 나에 있어서는 일종의 놀람이었다. 왜냐하면 다른 환자는 좀처럼 자신의 '망상'을 나에게 이야기하지 않기 때문이었다. 그리고 그러한 이야기하는 방식은 확실히 스탭의 일원으로서 나에 대한 말투였을지도 모르지만, 의사와의 면접에 있어 '망상'을 이야기하는 방법과도 분명히 달랐다. 즉 진찰 장면에서 환자가 '망상'을 이야기하는 것은 환자의 병의 징후의 일부로 진단되고, 민족적 방법론의 분석이 시사하듯이 의료라는 제도적인 대상이 되는 것 외에 길은 없다. 그러나 그와 신뢰관계를 확립했을 때 그에게서 이야기되는 '망상'은 한 사람의 같은 인간으로서 체험되는 이야기인 것이다. 정신의료를 대신하는 대안을 추구하는 쥬디・쳄벌린이 지적하듯이 자신의 '병'의 체험을 의료라는 권력 밑에 관리되는 것이 아니라 같은 인간의 체험으로서 통상의 지원을 서로 제공하는 것은 가능하지 않을까?[31)]

또, 北海道의 日高에 있는 'べてるの家'라는 작업소에서는 일년에 한번 '망상 대상'을 마련해 표창하는 제도를 가지고 있다고 한다.[32)] 즉, 그 날만큼은 망상을 자유롭게 표현하고, 그것을 함께 긍정적으로 평가하는 제도이다. 이것은 의료나 상식의 낙인에 대항하는 하나의 전략으로 생각할 수 있다. 또 자조그룹에 있어서는 '망상'과 잘 사귀어 가는 것이 하나의 실천적인 테마가 되고 있다. 이렇게 해서 '망상'이 다양한 장면에서 다양한 의미를 부여받는다. 정신병=정신장애의 의미를 일상생활의 다면성 속에서 다양화하는 것은 정신의료라는 권력을 멀리하고 '장애학'을 구축하는 일에 연결될 수 있다고 생각된다.

[주]

(1) 長瀨修(1995)『障害學を』. 季刊福祉勞働, 69호.
(2) 安積純子・岡原正幸・尾中文哉・立岩眞也(1990)『生の技法 ・ ・家と施設を出て暮らす障害者の社會學』. 藤原書店.

(3) 1996. ろう文化.『現代思想總特集』, 4월 임시증간, 8쪽.
(4) ましこ・ひでのり(1996) 聾文化宣言の知識社會學的意義.『現代思想』, 4월 임시증간, おとのある世界/おとのない世界(1996)『解放社會學研究』, 10.
(5) 倉本智明(1997) 未完の〈障害者文化〉··横塚晃一の思想と身体.『社會問題研究』, 47(1).
(6) 예를 들면 이하를 참조. '정신병'자 그룹 ごかい(1988)『わしらの街じゃあ』. 社會評論社, 吉田おさみ(1980)『狂氣からの反擊』. 新泉社.
谷中輝雄·藤井達也(1988) 『心のネットワークづくり··やどかりの里の活動グループ』. 松籟社.
1994.『精神障害者の主張 編集委員會精神障害者の主張』. 解放出版社.
1994.『全國精神障害者団体連合會全精連結成大會&全國交流集會報告集』.
全家連·全精連編(1993) 『こころの病··私たち一〇〇人の体驗』. 中央法規出版.
1995. こころの病2··家族の体驗. 中央法規出版.
(7) 杉野昭博(1997)障害の文化と共生の課題 青木保ほか編岩波講座.『文化人類學』, 第8巻異文化の共存岩波書店.
(8) 倉本智明, 전게 논문. 豊田正弘(1998)『当事者幻想論』. 現代思想, 2월호 참조.
(9) 山田富秋(1996)『アイデンティティ管理のエスノメソドロジー 栗原彬編差別の社會理論1』. 弘文堂.
(10) フーコ(1975)『狂氣の歷史』··古典主義時代における田村俶譯. 新潮社. 또, 이러한 문제에 비교문화적인 시점을 받아들인 비교문화정신의학이나 의료인류학의 사고방식도 흥미롭다.
野田正彰(1981)『狂氣の起源をもとめて』. 中公新書.
藤喬一譯(1982)『キーフトランス文化精神医學』. 誠信書房.
大橋英壽(1984) 信仰治療と現代医療の機能連關··沖縄シャーマニズムへの社會心理學的接近.『東北大學文學部研究年報』, 제34호.
1990.『川村邦光幻視する近代空間』. 青弓社.
(11) 이하를 참조. 廣田伊蘇夫(1981)『精神病院』. 岩崎學術出版社.
石川信義(1990)『心病める人々』. 岩波新書.
岡上和雄監修(1992) 『共に生きる社會を求めて··地域生活支援の方法論としての作業所』. 相川書房.
또한 국제법률가위원회에 의한 일본의 정신의료의 점검 보고에 대해서는 國際法律家委員會編, 廣田伊蘇夫·永野貫太郎監譯(1996)『精神障害患者の人權』. 明石書店. 참조.
(12) ゴッフマン 石黑毅譯(1984)アサイラム. 誠信書房.

(13) 고프만의 표현을 소개하면 '가향(家鄕)세계와 시설이라는 세계 사이에 독특한 긴장을 만들어 내고, 그것을 유지함과 더불어 이 지속적 긴장감을, 피수용자를 취급할 때의 전략적 지레로서 이용한다.'는 것이다. 번역판 15쪽

(14) Wing, J. K. & Brown, G. W.(1970) *Institutionalism and Schizophrenia; a comparative study of three mental hospitals ,1960-1968.* Cambridge University Press. 또 이것을 일본적 맥락 속에서 추시한 것으로서 ぜんかれん保健福祉研究所モノグラフNo.9精神病院における生活環境と分裂病の陰性症狀・・ウィングとブラウンの方法による詳細調査(1994) 및 ぜんかれん保健福祉研究所モノグラフNo.15長期入院患者の施設ケアのあり方に關する調査研究・・全國精神病院の實狀把握と「施設ケアサービス指標」の試み(1998) 참조.

(15) Wing & Brown, p. 15.

(16) 나는 병동환경의 개선을 시도하는 정신병원을 몇몇 조사하고, 그 문제점을 지적해 왔다. 이하를 참조.
山田富秋(1986)一ツ瀨病院のエスノグラフィー.『解放社會學硏究1』, 明石書店. 山田富秋(1991) 精神病院のエスノグラフィー. 新曜社.

(17) 定藤丈弘・北野誠一・岡本榮一(1993)『自立生活の思想と展望』. ミネルヴァ書房. 등을 참조.

(18) 소수자의 '정체성의 정치'에 대해서는, 石川准(1992)『アイデンティティ・ゲーム・・存在証明の社會學』. 新評論. 참조.

(19) Nancy Scheper-Hughes and Anne M. Lovell (eds.) (1987) *Psychiatry Inside Out: Selected Writings of Franco Basaglia.* Columbia University Press ,1987. 이 책의 간결한 소개로서 山田富秋(1992) 精神医療批判のエスノメソドロジー. 思想社. 참조.

(20) 복지국가에 있어 '생…권력'의 탄생에 대해서는, 渡辺守章譯(1996) フーコー性の歷史Ⅰ：知への意志. 新潮社. 참조. 또 이 개념의 비판적 검토로서 市野川容孝(1993)生・・權力論批判.『現代思想』11월호. 참조.

(21) 예를 들면 재정요인을 '탈 시설화'의 주된 원인으로 하는 스컬의 논의가 유명하다. Scull, A.(1977) Decarceration, Prentice-Hall. 이것에 대한 비판적 검토로서,「社會福祉と社會統制」(社會學評論, 제45권 1호, 1994년) 참조.

(22) 山田富秋(1992) 전게서.

(23) 예를 들면 필드 워크를 중심으로 한 연구를 보면 이하의 것이 있다. Rhodes, L. A. (1991) *Emptying Beds: the Work of an Emergency*

Psychiatric Unit. University of California Press; Holstein, J. A. (1993) *Court-Ordered Insanity: Interpretive Practice and Involuntary Commitment.* Aldine de Gruyter; Shaw, L. L. Stigma and the Moral Careers of Ex-Mental Patients Living in Board and Care. *Journal of Contemporary Ethnography*, 20, 285-305; Emerson, R. M. *Tenability and Troubles: The Construction of Accommodative Relations by Psychiatric Emergency Teams.* in Gale Miller and James A. Holstein, (eds.) *Perspectives on Social Problems: A Research Annual*, 1, 215-37. JAI Press.

(24) 예를 들면, 인터넷상에 있어서의 이탈리아 가족회의 정보(www.vol.it/PSICHE2000)나 미국 정신장애인연합 (National Alliance for the Mentally Ill, 통칭 'NAMI', www. nami. org)의 홈페이지에서 그 저서 (Surviving Schizophrenia)가 베스트 셀러가 된 Fuller Torrey의 분열병의 바이러스설이라고 한 의료모델이 지지되고 있는 것을 주목할 필요가 있다.

(25) 西阪仰譯(1998) 『クルター心の社會的構成』. 新曜社. 쿨타의 주장은 흥미 깊다. 그것은 정신의학이라는 '과학'을 상식의 견지에서 감시하라는 것이다. 또 다음의 발언은 슛츠의 '적합성의 공존'을 상기시킨다. '정신과 의사의 활동은 일상적인 흔한 실제적인 말을 유지할 수 있는 것이기 때문에 그 말로 번역할 수 없는 것 같은 활동은 있어서는 안된다.' 상기. Coulter, J.(1979) *The Social Construction of Mind", Rowman and Littlefield*, 151-2. 혹은 또는 Sass는 위토겐슈타인을 인용하면서 분열병에 특유한 '망상'이 정신의학에 의해 규정된 '퇴행'상태 등이 아니라 철학적 사색에 유사한 고도로 추상화된 사고 형식이 아닐까라고 문제제기하고 있다. 이것도 상식과 정신병의 연속성을 확인하는 것이 될 것이다. Sass, L. A. (1994) *The Paradoxes of Delusion: Wittgenstein, Schreber, and the Schizophrenic Mind.* Cornell University Press.

(26) 예를 들면, Bergmann, J. R. (1992) *Veiled Morality: notes on discretion in psychiatry'in Drew, P. and Heritage, J. , Talk at Work: Interaction in Institutional Settings*, Cambridge University Press.

(27) 山田富秋(1997) The Politics of Paternalism. mimeo.

(28) McDermott, R. & Varenne, V. (1995) Culture as Disability. *Anthropology and Education Quarterly.* 26(3), 324-48.

이 논문이 제기한 문제를 부연한 것으로서, 皆川滿壽美(1997) 障害としての文化. 武藏大學人文學會雜誌, 29(1・2) 참조.

(29) 예를 들면, 전가련의 활동 역사에 대해서 내부에서 이야기하는 것으로, 瀧澤武久(1993)『こころの病と家族のこころ』. 中央法規出版. 또, 정신장애의 당사자의 이야기를 문제삼은 연구는 최근 많이 보이게 되었는데, 그 선구적인 연구로서 藤澤三佳(1992)スティグマとアイデンティティ··精神病患者會の會報の分析から. 『社會學評論』, 42(4) 및 藤井達也. ある〈精神障害者〉家族の生活史と一民間団体の社會復歸活動.『社會學年誌』, 26호 참조.

또 장애를 가진 당사자에 의한 장애인문제입문으로서 堀正嗣編著(1997)『子ども情報センター·障害者問題ゼミナール··共に生きよう、樂に生きよう』. 明石書店.)이 있다.

(30) 지금까지 다양한 연구가 행해져 왔지만 특히 이하를 참조.

岡上和雄·大島巖·荒井元傳(1988)『日本の精神障害者』. ミネルヴァ書房.

大島巖編(1992)『新しいコミュニティ作りと精神障害者施設』. 星和書店.

岡上和雄·吉住昭·大島巖·瀧澤武久編著(1993)『精神保健福祉への展開』. 相川書房.

宮本眞巳(1993)『科研費研究成果報告書セルフヘルプ·グループの理論的背景とケアシステムへの位置づけに關する研究』.

岡上和雄監修(1997)『精神障害者の地域福祉』. 相川書房.

또한 실천 매뉴얼로서 柏木昭監修(1989)『精神障害者地域生活ハンドブックくらしの知恵』. 全家連. 참조.

(31) ジュディ·チェンバレン(1996)『精神病者自らの手で··今までの保健·医療·福祉に代わる試み』. 中田智恵海監譯, 大阪セルフヘルプ支援センター譯, 解放出版社.

(32) 向谷地生良(1996)『べてるの家から學ぶもの··精神障害者の生活據点づくりの中で』. こころの科學, 67号, 日本評論社. 참조.

저자 프로필(* 은 편자)

*石川准 (이시카와 쥰)
静岡縣立大學國際關係學部教授
저서 · 논문
- アイデンティティ · ゲーム——存在証明の社會學新評論, 1992년
  人はなぜ認められたいのか——アイデンティティ依存の社會學旬報社, 1999년
  見えないものと見えるもの——社交とアシストの障害學医學書院, 2004년

市野川容孝 (이치노카와 야스타카)
東京大學大學院總合文化研究科准教授
저서 · 논문
- 先進諸國における生殖技術への對応 (共著) 三菱化學生命科學研究所, 1999년
  「医療倫理の歷史社會學的考察」(岩波講座現代社會學第14卷、岩波書店, 1996년)
  「近代医學と死の医療化」(思想1998년 8월호, 10월호)

金澤貴之 (카나자와 타카유키)
群馬大學教育學部准教授
저서 · 논문
- 聾教育の脱構築 (編著) 明石書店, 2001년
  「手話 · 口話論爭の再評価」(中村滿紀男 / 荒川智編著障害兒教育の歷史明石書店, 2003년

倉本智明 (쿠라모토 토모아키)
東京大學大學院経濟學研究科特任講師
저서 · 논문
- 障害學の主張 (編著) 明石書店, 2002년
  セクシュアリティの障害學 (編著) 明石書店, 2005년
  だれか、ふつうを教えてくれ！理論社, 2006년

立岩真也 (타테이와 신야)
立命館大學大學院先端總合學術研究科教授
저서 · 논문
- 弱くある自由へ——自己決定 · 介護 · 生死の技術青土社, 2000년
  自由の平等——簡單で別な姿の世界岩波書店, 2004년

ALS――不動の身体と息する機械医學書院, 2004년

玉井真理子 (타마이 마리코)
信州大學医學部保健學科准教授
저서 · 논문
• 障害兒もいる家族物語學陽書房, 1995년
新生兒医療現場の生命倫理 (共編著) メデイカ出版, 2005년
遺伝相談と心理臨床 (編著) 金剛出版, 2005년

*長瀬修 (나가세 오사무)
東京大學大學院経濟學研究科特任准教授
저서 · 논문
• 障害學を語る (共編著) エンパワメント研究所, 2000년
障害者の權利條約――國連作業部會草案 (共編著) 明石書店, 2004년
障害者の權利條約と日本 (共編著) 生活書院, 2008년

花田春兆 (하나다 슌쵸)
作家, 俳人, 日本障害者協議會顧問
저서 · 논문
• 日本の障害者――その文化的側面中央法規出版, 1997년
日本文學のなかの障害者像――近 · 現代篇 (編著) 明石書店, 2002년
支援費風雲錄――ストップ · ザ · 介護保險統合 (編) 現代書館, 2004년

森壮也 (모리 소야)
日本貿易振興機構アジア経濟研究所新領域研究センター主任研究員
저서 · 논문
• ろう文化の歴史と展望　ろうコミュニティの脫植民地化 (監譯) 明石書店, 2007년
障害と開發――途上國の障害当事者と社會 (編著) アジア経濟研究所, 2008년
「障害者のエンパワメント」 (山形辰史編) 貧困削減戰略再考　生計向上アプローチの
可能性岩波書店, 2008년

山田富秋 (야마다 토미아키)
松山大學人文學部社會學科教授
저서 · 논문
• 日常性批判――シュッツ · ガーフィンケル · フーコーせりか書房, 2000년
老いと障害の質的社會學――フィールドワークから (編) 世界思想社, 2004년

후기

본서는 '장애를 분석의 단면으로서 확립하는 학문, 사상, 지식의 운동'(본서 제1장)의 우리들 나름대로의 자그마한 시도였다. 장애인복지나 재활 교과서 등을 접한 적이 있는 독자라면, 그리고 그것들을 열심히 배운 독자라면 더더욱 우리들의 논의의 전부가 전해지지 않았다고 해도 본서가 지금까지의 장애인복지, 장애인재활 혹은 장애인교육의 대부분의 서적과는 장애에 대한 기본적인 사고방식을 달리하고 있는 것만은 느끼고 이해해 주셨다고 생각한다. 그렇다고 해도 지금 다시 한 번 통독해 보면 '장애학에의 초대'라고 하면서 우리들은 손님에 대해 다소 변변찮게 대접하지 않았는가라고도 생각한다. 말하고 싶은 것을 말하는데 열심인 나머지, 접대가 소홀하지는 않았을까? 그렇다면 그것은 특히 편자의 책임이다. 독자가 본서를 통독해서 여전히 납득할 수 없을 지도 모르는 의문의 어느 정도에 내 나름대로 대답하는 것으로 본서의 후기에 갈음하고 싶다.

그런데 독자를 가장 괴롭힌 것은 역시 '장애의 문화'라는 견해일 것이다. 그리고 장애학을 표방하는 본서는 장애인의 인권이나 통합을 어떻게 생각하고 있는 것인가라는 점이다. 의료, 재활·모델 등이라고 말하지 않아도 훈련과 도구에 의한 장애의 극복은 노력과 고통과 희생을 아무리 지불해도 추구할 가치가 있다는 견해는, 우리들이 생활하는 이 사회=문화가 평소에 재생산하는 압도적으로 강고한 생각이다.

장애와 장애인을 비인격화하고, 개의치 않고 배제하고자 하는 사회의 차별성이나 적의를 전통적이고 비합리적이며 비인간주의적인 것으로서 없애기 위해서는 장애는 기능적 차이에 지나지 않는다는 견해를 확립해야 한다. 그것을 위해서도 사회는 기능적 차이에만 관심을 향하고 그 축소나 극복을 위해 해야 할 일을 하는 것이라는 생각으로 보면, 차이를 특히 증폭하고자 하는 '장애의 문화'는 반대를 향하고 있다고 느껴져도 이상할 것이 없다. 장애인복지, 재활, 의료, 교육, 무장애화와 같은 것에 관련되고 있는 사람일수록 그러한 생각에 얽매일지도 모른다.

확실히 장애란 보이지 않는, 들리지 않는, 신체가 움직이지 않는, 머리가 움직이지 않는다고 하듯이 특정한 기능이 기능하지 않는 혹은 '정상적'인 상태에서 보면 불충분하게밖에 기능하지 않는다는 것이 고정된 상태이다. 상황에 따라 그러나 대부분의 상황에서 행위 수행을 곤란케 하는 것이라는 단지 그 정도의 것이기 때문에 장애나 장애를 가진 자에 대한 부정적인 차이화는 말할 것도 없이, 긍정적인 가치부여라도 그 이상의 과도한 의미부여에는 근거는 없다는 것은, 배제 카테고리로서 외화되고 차별되어 온 '장애인'을 통합(혹은 재통합)하기 위해 근대주의가 세운 평등에의 시나리오이다. 혹은, 그렇다고 일컬어져 왔다.

그렇지만 장애인의 배제 · 차별은 비합리적인 것, 종교적, 주술적인 것일까? 정말로 합리주의의 외부에 있는 것일까? 기능과 능력에 의해 사람을 집요하게 분류하고, 사람의 가치에 세세하게 등급을 붙이는 근대야말로 장애인 카테고리를 구축해 장애인을 배제해 처우하는 장본인이 아닐까? 능력 차원에의 투영에 의한 차이의 축소는 능력주의의 철저를 의미하는 것이라고 생각할 수는 없는 것인가? 만약 그렇다면 장애의 문화를 풍부하게 해감으로써 차이에 의미를 주어 되돌리는 것이야말로 장애인들의 생은 빛날 것이라 생각할 수 없는가?

본서 안에서 이 입장을 가장 분명하게 한 것은 倉本智明다. 그는, 장애인이 사회가 다양한 영역에서의 활동에 참가하는 것을 막는 사회적 장벽을 제거했다고 한들, 장애인의 '신체'는 남는 것이기 때문에, 장애인/비장애인이라는 차이는 소멸하지 않는다고 말하면서, 장애인의 신체를 전제로 할 때 우리들은 우리들에게밖에 없는 독자적인 것에 눈을 뜨고, 거기를 출발점으로 해야 한다고 하였다.

그러나 장애의 문화는 서양 지식인의 오리엔탈리즘이나 현지 지식인에의 그 투영과 같은 것이 아니다. 내가 본서에서 장애의 문화와 극복 노력을 같은 평면에서 논한 것은 도식적인 말투는 되어도 장애인의 삶의 전체성을 과부족 없이 제시하고 싶었기 때문이다. 사람은 보다 좋게 살기 위한 방법을 생각하는 동시에 의미를 준다. 장애인도 그렇게 해서 생활하고 있다. 그 전체성이 굳이 말한다면 '장애의 문화'이다. 따라서 극복을 위한 방법이나 기술을 엮어 가는 것도 훌륭한 '장애의 문화'이다. 적어도 나는 그렇게 생각한다. 문화란 처음부터 환경에의 동적인 적응이기 때문에.

그런데 이러한 논의와는 거의 관계없이 장애인의 일방적인 극복 노력만을 요구하는 사회의 모습을 자기반성하고, 보다 많은 사람들이 유능하게 있을 수 있는 사회의 실현을 위한 공생의 인터페이스 만들기를 목표로 하는 사상이 사회에 등장하고 있다. 무장애화, 유니버설・디자인, 접근성 등으로 불리는 일련의 실천적인 이념이다. 그러나 얼핏보면 바람직한 것으로 보이는 이념에 대해서도 장애인운동의 일부(차이파)에는 능력주의의 현대적 전개, 확장으로 보아 경계하는 논의가 있다. 즉, 무장애화 사회란 사실은 할 수 없는 채 사회에 참가하는 것에 더욱 관용적이지 못한 사회가 아닌가라는 비판이다. 확실히 할 수 있도록 하는 기술(enabling technology)을 매개로 장애인과 비장애인이 함께 사는 사회란 장애인의 있는 그대로의 신체를 더욱 받아들이지 않는 사회가 될 위험을 내포하고 있기도 하다.

그러나 이 통찰은 약간 낙관적이며 또 기우이기도 한다는 의미에서 반밖에 옳지 않다. 원래 이 사회는 아직 무장애화를 기본이념으로서 합의하고 있지 않다. 누구나 유능하게 있을 수 있는 사회를 만들자는 정열은 하위문화에서밖에 없다. 이러한 하위문화는 장애인운동 전체 중에서는 후방에 위치한다고 여겨져 온 사람들, 거친 표현을 하면 특히 시각장애인과 난청인 및 그들과 관계되는 정안자, 청인, 휴먼・인터페이스의 방향성에 관심을 기울이는 기술자, 건축가, 연구자 등에 의해 강하게 지지되어 있는 것에 지나지 않는다. 시각장애인은 컴퓨터와 전자 네트워크로의 접근 분야에서는 GUI액세스 문제의 해결에 강한 관심을 갖고 있고 또 당사자 자신이 필요한 소프트웨어, 하드웨어 개발에 적극적으로 영향을 미치고 있다. 한편, 오랫동안 텔레비전 등의 방송 미디어로부터 소외되어 온 청각장애인은 자막방송의 보장을 요구하는 끈질긴 운동을 행하고 있다.

이러한 무장애화 사회의 내실을 음미하고, 간과되고 있는 문제를 지적하며, 너무나도 다양해서 그러면서도 대부분 동질인 우리들의 신체로 생을 서로 인정하고, 경애하며 살아갈 수 있는 사회를 위한 창조적인 제안을 행하는 것도 장애학의 일이다.

한편 長瀨修도 쓰고 있지만, 우리들은 '장애학 연구 네트워크' 라는 메일링 리스트를 운영하고 있다. 거기에는 장애학에 관심이 있는 각 방면의 연구자, 기술자, 당사자, 학생이 참가하며 상당히 활성화되고 있다. 메일링 리스트의 주제와 목적(이라고 말해도 완만한 것이지만)에 동의하는 사람이라면 누구나 참가할 수 있다. 참가를 희망하는 사람은 《http://www. u-shizuoka-ken. ac. jp/~ishikawa/index. htm》을 방문해서 참가 방법을 읽어 주셨으면 싶다.

마지막으로, 본서의 기획은 재작년의 JIL(전국장애인자립생활센터 협의회)의 전국 심포지엄에서 長瀨씨와 石川이 처음으로 만난 것에 발단을 둔다. 당초 예정으로는 이번 봄에 출판할 생각이었지만, 편자의 태만으로 여기까지 와 버렸다. 마감을 엄수하고, 계속 기다려 주신 金澤貴之씨, 花田春兆, 玉井眞理子씨에게는 특히 죄송하게 생각하고 있다.

또 이 기획을 편집자로서 담당된 明石書店의 高橋淳씨와 鈴木正美씨에게는 좀처럼 진행되지 않는 우리들의 작업에 참을성 있게 끝까지 해 주셔서 감사하고 있다. 또한 편자들이 중시한 독자에의 전자 텍스트 판의 제공이 실현된 것은 明石書店의 石井昭男 사장의 담력과 실제로 작업을 담당된 樺山美保씨의 노력의 덕분인 점도 부기하고 싶다.

1998년 10월 25일 石川准

찾아보기

[역자 약력]

• 조원일(趙源逸)

고려대학교, 일본 筑波大學 心身障害學研究科 졸(心身障害學 박사)

현 경기대학교 사회복지학과 교수

〈저서〉

趙源逸 외(2009).『障害科學の研究法』明石書店.

趙源逸 외(2009).『特別支援教育を創造するための教育學』. 明石書店.

趙源逸 외(2006).『世界のインクルシーブ教育』. 明石書店. 외

〈논문〉

조원일(2009). 한국과 일본의 주요 일간지에 보이는 장애인관 비교 분석—'오마이뉴스'에 나타난 장애학의 다중 패러다임 관점을 중심으로—.

조원일 외(2009). 특수학교와 특수학급에 근무하는 특수교사들의 직무경험에 관한 질적연구.

조원일 외(2008). 일본 장애인 소규모 공동작업장의 실태분석과 한국에의 시사점.

조원일(2007). 일본의 사회복지에 있어 장애인 자립 패러다임의 변천.

조원일(2007). 지체부자유아 교육자활사업 성립조건에 관한 국제비교연구-20세기 초두 일본 및 미국의 정형외과의 역할을 중심으로-. 외

장애학에의 초대

2010년 9월 20일 중판인쇄
2010년 9월 25일 중판발행

편저자 石川 准, 長瀬 修
저 자 立岩真也, 玉井真理子, 市野川容孝, 森壮也, 金澤貴之, 倉本智明, 花田春兆, 山田富秋(집필순)
역 자 조 원 일
발행인 유 성 렬
발행처 청목출판사
서울특별시 영등포구 신길동 233-96
전화 (02) 849-6157(代) · 2820
FAX (02) 849-0817
등록 제318-1994-000090호

파본은 바꾸어 드립니다. 값 15,000원

http : //www.chongmok.co.kr

ISBN 978-89-5565-320-5